V&R

Eva Brockmann / Albert Lenz

Schüler mit psychisch kranken Eltern

Auswirkungen und Unterstützungsmöglichkeiten im schulischen Kontext

Mit einem Vorwort von Frank Nestmann

Vandenhoeck & Ruprecht

Für meine Mutter und meine Schwester Theresa
Eva Brockmann

Bibliografische Information der Deutschen Nationalbibliothek
Die Deutsche Nationalbibliothek verzeichnet diese Publikation in der
Deutschen Nationalbibliografie; detaillierte bibliografische Daten sind
im Internet über http://dnb.d-nb.de abrufbar.
ISBN 978-3-525-40225-2

Weitere Ausgaben und Online-Angebote sind erhältlich unter: www.v-r.de

Umschlagabbildung: Depressed young boy sitting alone in a hallway
© Suzanne Tucker/shutterstock.com

© 2016, Vandenhoeck & Ruprecht GmbH & Co. KG, Theaterstraße 13, D-37073 Göttingen /
Vandenhoeck & Ruprecht LLC, Bristol, CT, U.S.A.
www.v-r.de
Alle Rechte vorbehalten. Das Werk und seine Teile sind urheberrechtlich
geschützt. Jede Verwertung in anderen als den gesetzlich zugelassenen Fällen
bedarf der vorherigen schriftlichen Einwilligung des Verlages.
Printed in Germany.

Satz: SchwabScantechnik, Göttingen
Druck und Bindung: ⊕ Hubert & Co GmbH & Co. KG,
Robert-Bosch-Breite 6, D-37079 Göttingen

Gedruckt auf alterungsbeständigem Papier.

Inhalt

Vorwort von Frank Nestmann 9

Einführende Worte 13

Ausgangslage 16
Anzahl der Kinder psychisch erkrankter Eltern in der Schule 17
Gesetzliche Grundlagen im Hinblick auf die Schule 17
Auswirkungen der elterlichen Erkrankung auf die schulische
Leistungsfähigkeit 20
Auswirkungen der Schule auf den kindlichen und familiären Alltag 22
Auswirkungen der schulischen Belastungen 22

Belastungen der Kinder psychisch kranker Eltern 26
Objektive Belastungsfaktoren 27
    Psychosoziale Belastungsfaktoren 27
    Mangelnde Inanspruchnahme professioneller Unterstützungen 28
Subjektive Belastungsfaktoren 30
    Tabuisierung der elterlichen Erkrankung 31
    Soziale Isolation 38
    Parentifizierung 40
    Emotionale Nicht-Verfügbarkeit des Elternteils 42
    Ent-Normalisierung des familiären Alltags 43
    Exkurs: Kindeswohlgefährdendes Elternverhalten
    bei psychisch erkrankten Eltern 45
Quantitative und temporale Kumulation der Belastungsfaktoren 48

Risikofaktoren 51
Diagnosespezifische und generelle Erkrankungsrisiken 51
Vererbung psychischer Erkrankungen 56

Resilienz 59
Resilienz als Wechselwirkung zwischen internalen und
externalen Ressourcen 61
Coping als Resilienzstrategie 63

Schutzfaktoren 68
Spezifische Schutzfaktoren für Kinder psychisch erkrankter Eltern 69
    Psychoedukation 69
    Familiäre Krankheitsbewältigung 75
Generelle Schutzfaktoren 77
    Kindzentrierte Schutzfaktoren 79
    Familiäre Schutzfaktoren 85
    Soziale Schutzfaktoren 88

Schule und Lehrer als Schutzfaktoren 94
Soziale Beziehung zwischen Schülern und Lehrern 96
Lehrer als Vertrauensperson 101
Lehrer als Kompensator 104

Lehrer als Berater 106
Gestaltung einer guten Beratungsbeziehung durch Klärung der Rolle ... 106
Einnehmen einer »Holding-function« 109
Förderung von Empowerment-Prozessen 110
Berücksichtigung des zeitlich begrenzten Rahmens 110
Teil eines psychosozialen Unterstützungsnetzwerks 112

Subjektive Sichtweisen von Schülern, Eltern und Lehrern 114
Subjektive Sicht der Schüler 115
    Emotionale Belastung und Hilfebedarf der Kinder 115
    Professionelle und familiäre Unterstützung 116
    Verhalten der Kinder in der Schule 118
    Enttabuisierung in der Schule 119
    Wissen der Mitschüler 127
    Thematisierung psychischer Erkrankungen im Klassensetting 128
    Subjektive Sichtweise der Schüler – ein Ergebnisüberblick 129
Subjektive Sicht der psychisch erkrankten Eltern 130
    Kommunikation mit den Kindern über die Erkrankung 130
    Enttabuisierung in der Schule 132
    Erwartungen der Eltern 137

Folgen des enttabuisierenden Gesprächs mit dem Lehrer 140
  Ansprechpartner in der Schule 142
  Thematisierung im Klassensetting 142
  Subjektive Sichtweise der Eltern – ein Ergebnisüberblick 143
 Subjektive Sicht der Lehrer 144
  Verhalten der Kinder in der Schule 145
  Verhalten der Eltern 147
  Enttabuisierung der elterlichen Erkrankung 147
  Auswirkungen der Enttabuisierung auf den Schulalltag 154
  Schulinterne Kooperationen 159
  Thematisierung im Klassensetting 160
  Weitere Bedarfe und Wünsche der Lehrer 161
  Subjektive Sichtweise der Lehrer – ein Ergebnisüberblick 163

Konsequenzen für das Handeln im schulischen Kontext 164
Handlungsbezogene Ebene 164
Institutionelle Ebene 167
Fazit 169

Konkrete Handlungsempfehlungen für die schulische Praxis 170

Literaturempfehlungen und hilfreiche Links 185

Literatur 187

Vorwort

Eva Brockmann und Albert Lenz ist es mit ihren wissenschaftlichen Arbeiten und Publikationen bereits in der jüngeren Vergangenheit gelungen, ein bis dahin weitgehend übersehenes Problemfeld kindlicher Entwicklung und eine meist nicht beachtete Risikogruppe – Kinder psychisch kranker Eltern – ins Bewusstsein der Sozial- und Geisteswissenschaften sowie der (Fach-)Öffentlichkeit zu rücken. Mit diesem Buch eröffnen sie eine notwendige, erweiterte Perspektive auf die kritische Lebenssituation vieler betroffener Kinder und Jugendlicher heute.

Bei aller Schwierigkeit der Ermittlung korrekter Fallzahlen ist davon auszugehen, dass bei circa drei Millionen Kindern ein Elternteil im Laufe eines Jahres von einer psychischen Störung betroffen ist. Zwei Millionen dieser Kinder und Jugendlichen gehen in die Schule und circa 280.000 Schüler und Schülerinnen, so wird geschätzt, erleben, dass ihre Eltern bzw. ein Elternteil psychiatrisch stationär oder ambulant behandelt werden. Was läge näher, so fragt man sich, als deshalb neben Elternhaus und Familie, auf die sich die wenigen bisherigen Analysen konzentrieren, auch die Schule als eine zentrale Erziehungs-, Sozialisations- und Bildungsinstanz in den Mittelpunkt der Aufmerksamkeit zu rücken? Ist diese nicht der zentrale Kontext, wenn die spezifische Lebenslage von Kindern psychisch kranker Eltern in ihren vielfältigen Anforderungs- und Belastungsdimensionen und das Leben der Kinder und Jugendlichen in und mit diesen Anforderungen und Belastungen so umfassend und so detailliert wie möglich erkannt und verstanden werden sollen? Brockmann und Lenz leisten das mit diesem Buch erstmals und liefern das gelungene Beispiel einer eindrucksvollen empirisch-wissenschaftlichen Analyse gepaart mit einer praxisnahen und anwendungsorientierten Handreichung für die Schule und für alle schulischen und außerschulischen Akteure, die in ihrem Beruf mit Kindern psychisch kranker Eltern konfrontiert sind – vor allem Lehrer und Lehrerinnen.

Was an den Untersuchungen und Reflexionen der Autorin und des Autors zur Lebensführung und Lebensbewältigung von Kindern psychisch kranker

Eltern bereits in ihren früheren Arbeiten gefällt, ist auch hier wieder, dass die Kinder und Jugendlichen nicht als Opfer einer zweifellos schwierigen und oft stressreichen Eltern-Kind-Konstellation, sondern durchgängig als aktiv stressverarbeitende Fühlende, Denkende und Handelnde begriffen werden.

Die zentralen Fragen sind: Wie wirkt sich Schule auf das Leben dieser Kinder aus? Werden die wahrgenommenen Belastungen, die sozialen Isolationstendenzen dieser Familien, die oft strenge Tabuisierung der elterlichen Erkrankung, eine emotionale Nichtverfügbarkeit des kranken Elternteils und die häufig beobachtbaren Prozesse der Übernahme von Erwachsenenrollen durch übliche und hier zugespitzte schulische Stressfaktoren verstärkt? Wie wirken sich die bei diesen Kindern vermehrt festgestellten Aufmerksamkeits- und Konzentrationsstörungen, die Ängste oder erhöhten Risiken zur Entwicklung eigener psychischer Störungen auf die schulische Leistungs- und Integrationsfähigkeit aus?

Andererseits aber – kann und muss Schule nicht auch als eine Bewältigungsressource betrachtet werden? Können nicht gerade Lehrer und Schulsozialarbeiter, aber auch Mitschüler in einem gelingenden Vertrauensverhältnis zu wichtiger Stressabwehr und zu auffangenden, entlastenden und hilfreichen Beziehungspartnern dieser Kinder werden – im Alltag wie in seinen Krisenmomenten? Sind dafür günstige und ungünstige persönliche wie strukturelle Bedingungen auszumachen?

Wie, wann und warum gelingt in Netzwerken von persönlichen Beziehungen und Interaktionen zwischen kranken Eltern, betroffenen Kindern, Lehrern, Mitschülern und anderen bedeutsamen Personen eine Enttabuisierung der elterlichen Krankheit und was wird damit an Hoffnungen verbunden und an Erleichterungen erreicht?

Mit der ebenso sensiblen und achtsamen wie vielfältigen und tiefgehenden Untersuchung dieser Frage in Kinder-, Eltern- und Lehrerinterviews schaffen die Autoren eine beeindruckende Basis für einen angemessenen Umgang mit Kindern psychisch kranker Eltern in der Schule. Es gelingt ihnen theoretisch, empirisch und praktisch zu verdeutlichen, dass auch für Kinder psychisch kranker Eltern Schule ein Lebensmittelpunkt ist – nicht nur zentraler Bildungs-, sondern eben auch zentraler Kontext für Sozialisation und Persönlichkeitsentwicklung. Schule tangiert die Familien psychisch kranker Kinder und die psychischen Krankheiten der Eltern tangieren direkt und vermittelt über die Kinder auch die Schule. Die objektiven wie subjektiv erlebten Belastungsfaktoren für diese Kinder, oft in temporärer Kumulation, werden hier sehr einfühlsam und plastisch herausgearbeitet. Im Fokus steht die nahezu durchgängige und allumfassende Tabuisierung der elterlichen Krankheit. Sie ist Belastungsphänomen an sich, aber auch Folge von Versuchen, die Problemsituation und den

Alltag irgendwie zu meistern, wird Mitursache und Bedingung für Nichtwissen und naive Krankheitstheorien der Kinder und produziert und verstärkt zudem soziale Isolation und Parentifizierungstendenzen dort, wo betroffene Kinder und Jugendliche unangemessene Eltern- und Partner-Unterstützerrollen übernehmen, wo eine Entnormalisierung des Familienalltags stattfindet.

Die Tatsache, dass bei weitem nicht alle Kinder psychisch kranker Eltern selbst Symptome psychischer Störungen entwickeln, und das trotz erhöhter Vulnerabilität/Verletzlichkeit und der Signifikanz hoher Stressbelastungen, erklären die Autoren über eine entwickelte persönliche und familiale Resilienz, über Copingkompetenzen auf der Basis internaler Kontrollüberzeugungen und positiver Selbstwirksamkeitserfahrungen sowie über eine wichtige soziale Unterstützung, die sie auch in der Schule erleben. Und hier rücken die Lehrer und Lehrerinnen als potenzielle Vertraute und Berater der Kinder in den Mittelpunkt.

Weil die Forscher Brockmann und Lenz über ihre Untersuchung von miteinander verknüpften Kinder-, Eltern- und Lehrerperspektiven einen quasi trialogischen Einblick erhalten, können sie überzeugend herausarbeiten, wie bedeutsam ein positiver Beziehungshintergrund und eine aktive Zugewandtheit in der Schüler-Lehrer-Interaktion – aber auch zwischen Kindern und Eltern und Eltern und Lehrern – als Voraussetzung förderlicher Enttabuisierung- sowie sozialer Unterstützungsprozesse sind.

Auch wird deutlich, wie Distanz und Reserviertheit und/oder reine Wissens- und Leistungsorientierung von Lehrern und Lehrerinnen auf der einen Seite und Stigmatisierungsängste von Kindern und Eltern auf der anderen Seite Bewältigung und Unterstützung konterkarieren. Kinder wie Eltern wünschen sich persönliche Rücksichtnahme und Verständnis, gerade auch in der Schule, ohne einen Sonderstatus in der Klasse einzunehmen und ohne positive Diskriminierung. Die betroffenen Schüler wollen ernst- und angenommen, aber nicht zu einem Fokus fallspezifischer Aufmerksamkeit vor ihren Mitschülern werden.

Eine kontinuierlich offene, transparente und vertraute Kooperation von Kindern, Eltern und Lehrern – eingebettet in stützende Peerkontakte zu Mitschülern und Mitschülerinnen sowie schützend begleitende Hilfeinstanzen von der Schulsozialarbeit bis zu Beratungsstellen – lässt es zu, Motive, Erwartungen und Bedürfnisse aller, insbesondere aber der betroffenen Kinder zu erfahren und ihnen ausbalanciert gerecht zu werden. Auch Barrieren und Grenzen zu erkennen ist Voraussetzung dafür, (oft gar nicht notwendigerweise aufwendige) Bemühungen zu entwickeln, um die Schule und die Lehrerschaft als wichtige Hilfequelle in der kritischen Lebenslage von Kindern psychisch kranker Eltern zu erschließen und zu qualifizieren.

Brockmann und Lenz leiten stringent nicht nur markante Desiderate und Empfehlungen aus ihren überzeugenden Analysen ab, sondern weisen ganz konkrete Wege für eine zukünftige Kooperation schulischer und außerschulischer Unterstützungspraxis und programmgeleiteter Fort- und Weiterbildung für Lehrer und Lehrerinnen.

»Schüler mit psychisch kranken Eltern« wird so zu einem unabdingbaren Grundlagen- wie Anwendungswerk für Wissenschaft und (schulische) Praxis, dem eine möglichst weite Verbreitung zu wünschen ist.

Frank Nestmann

Einführende Worte

> »*Meine Mutter ist ja schon betroffen. Ich gehe zur Schule und muss damit umgehen. Ich habe viel auf meinen Schultern, die ich tragen muss. Und hätte ich mir schon mal gewünscht, dass mich jemand gefragt hätte: ›wie geht es dir?‹*«
>
> (Schülerin einer Gesamtschule, deren Mutter an Depression und Essstörung erkrankt ist)[1]

In Deutschland erleben im Laufe eines Jahres circa zwei Millionen Schüler, dass eines ihrer Elternteile von einer psychischen Störung[2] betroffen ist, 160.000 Kinder[3], deren Elternteil ambulant psychiatrisch behandelt wird, gehen zur Schule und von circa 120.000 Schülern befindet sich ein Elternteil in stationärer Behandlung.

Nüchterne Zahlen, die zunächst nur verdeutlichen, dass Kinder psychisch erkrankter Eltern in der Schule keine Seltenheit darstellen. Sie sagen jedoch nichts über die Lebenssituation der Kinder und über die Belastungen aus, mit denen diese täglich konfrontiert werden. Hierzu gehören insbesondere subjektiv wahrgenommene Belastungen wie die Tabuisierung der elterlichen Erkrankung, die soziale Isolation der Familie, die Übernahme der Elternrolle, eine Ent-Normalisierung des familiären Alltages und die emotionale Nicht-Verfügbarkeit des erkrankten Elternteils (Lenz, 2014). Hinzu kommen alltägliche Stressoren insbesondere aus dem Schulkontext (Beyer u. Lohaus, 2007), die es zusätzlich zu der elterlichen Erkrankung und ihren Auswirkungen zu bewältigen gilt.

Die Bewältigung der schulischen Stressoren ist für die Kinder psychisch erkrankter Eltern erschwert, da sie vermehrt Defizite in der Aufmerksamkeits- und Informationsverarbeitung sowie kognitive Störungen zeigen und unter einem erhöhten Risiko aufwachsen, selbst eine psychische Erkrankung zu entwickeln (Wiegand-Grefe, Geers u. Petermann, 2011a). Diese kann sich wiederum negativ auf die schulische Leistungsfähigkeit auswirken. So weisen Kinder,

---

1 Die Zitate, die in diesem Buch die Ausführungen begleiten, belegen und veranschaulichen, entstammen den Interviews meiner Dissertation (Brockmann, 2014) und entsprechen in den Satzabbrüchen, Anakoluthen etc. der mündlichen Diktion.
2 In diesem Buch werden die Begriffe »Krankheit«, »Erkrankung« und »Störung« bedeutungsidentisch zugunsten eines abwechslungsreichen Schreibstils verwendet. Ebenso verhält es sich mit den Begriffen »Eltern« und »Elternteil«, »Lehrer« und »Lehrperson«.
3 Unter dem Begriff »Kinder« werden alle Kinder und Jugendlichen bis 18 Jahren subsumiert. Sollte eine Differenzierung notwendig sein, wird an entsprechender Textstelle darauf verwiesen.

die an einer Angststörung leiden, ein hohes Risiko zur Herausbildung einer Schulangst auf (Melfsen u. Walitza, 2013).

Doch nicht bei allen Kindern psychisch erkrankter Eltern zeigen sich psychische Störungen. Denn vielen gelingt es, die Belastungen angemessen zu bewältigen und sich trotz der erschwerten Lebenssituation gesund zu entwickeln. Wie die Ergebnisse der Resilienzstudien zeigen, kommen dabei neben den individuum- und familienzentrierten Schutzfaktoren den sozialen Faktoren eine hohe Bedeutung zu, zu denen auch Lehrer[4] als außerfamiliäre Bezugspersonen zählen (Werner, 2011).

Gelingt es den Lehrern, eine positive Beziehung zu den von der elterlichen Erkrankung betroffenen Kindern herzustellen, können sie eine wichtige Vertrauens- und Bezugsperson darstellen, an die sich die Kinder bei Belastungen und Hilfebedarfen wenden. Lehrer fungieren in dieser Situation oftmals als Berater. Eine Trennung ihrer Rollen als Beurteiler und Berater ist diesbezüglich ebenso unerlässlich wie die Berücksichtigung des zeitlich begrenzten Rahmens (Melzer u. Methner, 2012) und der Einbettung der Schule in ein psychosoziales Unterstützungsnetzwerk (vgl. Nestmann, 2002). Studien zeigen, dass Lehrer den persönlichen Kontakt zu den Schülern als positiv erleben (Grimm, 1996), im Umgang mit belastenden Lebenssituationen der Schüler jedoch die Grenzen ihrer Handlungsmöglichkeiten sehen. Düro (2008) beschreibt diese Ambivalenz als »Helfen wollen, aber nicht helfen können« (S. 117).

In diesem Buch wird sowohl der Frage nachgegangen, wie es Lehrern gelingen kann, eine vertrauensvolle Beziehung zu den betroffenen Kindern aufzubauen, um für sie Ansprechpartner und Unterstützer zu sein, als auch der Frage, wie es Eltern und Kindern erleichtert wird, offen mit dem Lehrer über die psychische Erkrankung zu sprechen. Welche Aspekte fördern diesen offenen Umgang, welche sind hinderlich? Welche Erwartungen an den Lehrer sind mit ihm verbunden? Welche Auswirkungen hat er auf die Beziehung zwischen Schülern, Eltern und Lehrern? Die Einbindung weiterer Ansprechpartner, ein Aufgreifen der Thematik im Klassensetting und die Unterstützung der Lehrer im Umgang mit dieser sensiblen Thematik werden ebenso aufgezeigt wie die Konsequenzen für das praktische Handeln im schulischen Kontext und die Zusammenarbeit von Lehrern, Schülern und ihren psychisch erkrankten Eltern.

Die Grundlage der Ausführungen bildet die von mir, Eva Brockmann (2014), verfasste Dissertation »Kinder psychisch erkrankter Eltern in der Schule. Bedin-

---

4 Auf die gleichzeitige Nennung der weiblichen und männlichen Form wird aus Gründen der Leserfreundlichkeit verzichtet. Wird nicht explizit darauf verwiesen, sind immer beide Geschlechter gemeint.

gungen und Konsequenzen der Enttabuisierung der elterlichen psychischen Erkrankung im schulischen Kontext auf die Beziehung zwischen Eltern, Schülern und Lehrern – eine qualitative Studie«, die im Bibliothekskatalog der Technischen Universität Dresden veröffentlicht ist.

Zunächst erfolgt eine ausführliche Darstellung der bisherigen Forschungslage und ihrer Erkenntnisse zu den Belastungen, Risikofaktoren, zur Resilienz und zu den Schutzfaktoren der Kinder bzw. Schüler erkrankter Eltern sowie in einem letzten Kapitel zu den Lehrern als Berater. Es schließt sich das Kapitel zur subjektiven Sicht der Schüler, erkrankten Eltern und Lehrer an, dem die Interviewauswertungen der Dissertation (Brockmann, 2014) zugrunde liegen und das die individuellen Erfahrungen der von einer Enttabuisierung der elterlichen Erkrankung Betroffenen aufzeigt, veranschaulicht und auswertet. Nachdem dann zunächst die aus den vorherigen Ausführungen sich ergebenden Konsequenzen für das Handeln im schulischen Rahmen auf der Handlungsebene der Personen und der Institutionen in einem kurzen Kapitel erläutert wurden, werden im vorletzten Kapitel Lehrern dann ganz konkrete Handlungsempfehlungen für die schulische Praxis gegeben. Ein letztes Kapitel bietet Literaturempfehlungen und hilfreiche Links.

Unser Dank gebührt den Kindern, Eltern und Lehrern, die sich zur Teilnahme an der Studie bereit erklärt und die Gespräche durch tiefes Vertrauen, Offenheit und Ehrlichkeit geprägt haben. Danken möchten wir auch Günter Presting und Imke Heuer vom Verlag Vandenhoeck & Ruprecht für die konstruktive Zusammenarbeit.

Ausgangslage

> »Sonst war ja immer schön ein Deckmäntelchen drüber, um Gottes Willen, die ist ja bekloppt, mal gleich einen Stempel auf die Stirn. Und ich denke, das ist so verbreitet diese Krankheit, ne? Verschiedene Schichten, verschiedenes Alter. Warum soll ich das nicht publik machen? Auch für meine Kinder. Um damit besser umzugehen. Wie viele Kinder gibt es vielleicht, die zuhause leben und es nicht wissen und wo die Eltern betroffen sind?«
>
> (an Depression und einer Essstörung erkrankte Mutter einer 14-jährigen Schülerin)

»Leider verfügen wir auch heute noch nicht über genaue Zahlenangaben darüber, wie viele Kinder insgesamt bei einem psychisch kranken Elternteil aufwachsen« (Mattejat, 2008, S. 74), »die bis heute vorliegenden methodisch kontrollierten Studien zeigen aber übereinstimmend, dass Kinder psychisch kranker Eltern mit Sicherheit keine Randgruppe darstellen« (Lenz, 2008a, S. 7). Da aufgrund fehlender Studien die Prävalenzrate der Kinder psychisch kranker Eltern nicht eindeutig genannt werden kann, kann diese nur annähernd über die Elternschaftsrate bei psychisch erkrankten Menschen geschätzt werden. In der Literatur wird dabei auf die Ausführungen von Mattejat (2008) zurückgegriffen, der seinen Berechnungen die Anzahl der Betten der psychiatrischen Abteilungen in Deutschland zugrunde legt. Der Autor kommt zu dem Schluss, dass zu einem beliebigen Zeitpunkt »etwa 175.000 Kinder pro Jahr die Erfahrung machen, dass ein Elternteil wegen einer psychischen Erkrankung stationär psychiatrisch behandelt wird« (Mattejat, 2008, S. 75). Ausgehend von der Winterthurer Studie, in der nicht nur Daten von stationären Einrichtungen, sondern auch von ambulanten Versorgungssystemen erhoben wurden (Gurny, Cassée, Gavez, Los u. Albermann, 2007), führt Mattejat (2008) aus, dass zu einem beliebigen Zeitpunkt 250.000 Kinder in der Bundesrepublik Deutschland leben, deren Eltern sich in ambulanter psychiatrischer oder psychotherapeutischer Behandlung befinden. Angesichts der hohen Prävalenz der psychischen Störungen in der Gesamtbevölkerung kann hochgerechnet werden, dass circa drei Millionen Kinder in Deutschland im Verlauf eines Jahres einen Elternteil mit einer psychischen Störung erleben.

Anzahl der Kinder psychisch erkrankter Eltern in der Schule

Um eine Einschätzung vorzunehmen, wie viele Schüler mit der psychischen Erkrankung ihres Elternteils konfrontiert sind, werden die Statistiken zur Schülerzahl in der Bundesrepublik Deutschland herangezogen. Im Schuljahr 2013/2014 besuchten 8,42 Millionen Schüler eine allgemeinbildende Schule in Deutschland (statista, o. J.). Somit kann davon ausgegangen werden, dass circa zwei Millionen Schüler im Laufe eines Jahres erleben, dass ihr Elternteil von einer psychischen Störung betroffen ist, 160.000 Kinder zur Schule gehen, deren Elternteil ambulant psychiatrisch behandelt wird und sich von circa 120.000 Schülern ein Elternteil in stationärer Behandlung befindet.

Um die Relevanz der Thematik für die Lehrpersonen, die die Kinder in den Klassen unterrichten, zu verdeutlichen, werden im Folgenden die in der Studie der OECD 2013 veröffentlichten Zahlen aus dem Jahr 2011 von 25 Schülern pro Klasse in der Sekundarstufe 1 herangezogen. Aus diesen ergibt sich, dass knapp sechs Schüler einer durchschnittlichen Klasse im Laufe eines Jahres erleben, dass ihr Elternteil eine psychische Störung zeigt, also circa jeder vierte Schüler. In jeder zweiten Klasse[5] befindet sich ein Kind, dessen Elternteil in ambulanter bzw. teilstationärer Behandlung ist, und in circa jeder dritten Klasse ist ein Schüler vom stationären psychiatrischen Aufenthalt seines Elternteils betroffen.

Gesetzliche Grundlagen im Hinblick auf die Schule

Die Bedeutung, die Kindern psychisch kranker Eltern in den Schulen bzw. bei den Lehrpersonen zukommt, kann nicht allein aus der Anzahl betroffener Kinder in den Klassen abgeleitet werden, sondern auch aus den gesetzlich bestehenden Grundlagen. Da Schulbelange in dem Aufgabenbereich der Bundesländer verortet sind, wird hier beispielhaft das Schulgesetz des Landes Nordrhein-Westfalen (Jehkul, 2013) herangezogen. Aus folgenden gesetzlichen Aspekten lässt sich eine Zuständigkeit der Schulen bzw. Lehrpersonen für die Risikogruppe der Kinder psychisch kranker Eltern ableiten:

---

5   Mit dieser Angabe ist nicht die Klassenstufe 2 gemeint, sondern jede zweite Klasse einer Schule. Anders ausgedrückt, befindet sich in der Hälfte aller Klassen ein Kind mit einem ambulant behandelten Elternteil.

1. Individuelle Unterstützung und Berücksichtigung der individuellen Lebenslagen:
   Bereits im § 1 Absatz 1 wird auf die individuelle Förderung der Schüler hingewiesen, allerdings ohne dass eine solche ausschließlich auf die schulische Förderung begrenzt wird: »Jeder junge Mensch hat ohne Rücksicht auf seine wirtschaftliche Lage und Herkunft und sein Geschlecht ein Recht auf schulische Bildung, Erziehung und individuelle Förderung«. Dabei sind nach § 1 Absatz 4 die individuellen Voraussetzungen der Schüler zu berücksichtigen und die Schüler auf diese Weise in der Entfaltung ihrer Persönlichkeit, ihrer Selbständigkeit und in der Gestaltung ihres eigenen Lebens zu unterstützen.
2. Beratung und Betreuung des einzelnen Schülers durch den Lehrer:
   Eine besondere Rolle kommt den Lehrpersonen zu. So wird durch den § 57 Absatz 1 hervorgehoben, dass die Aufgaben der Lehrpersonen weit über den fachlichen Unterricht hinausgehen: »Lehrerinnen und Lehrer unterrichten, erziehen, beraten, beurteilen, beaufsichtigen und betreuen Schülerinnen und Schüler in eigener Verantwortung im Rahmen der Bildungs- und Erziehungsziele (§ 2)«. Darüber hinaus weist § 44 Absatz 5 darauf hin, dass neben den Schülern auch die Eltern in Fragen der Erziehung durch die Lehrer beraten werden sollen. Hinsichtlich dieser beratenden und betreuenden Aufgaben der Lehrpersonen erscheint § 2 Absatz 9 von besonderer Relevanz, was die Situation von Schülern mit psychisch kranken Eltern betrifft. Es wird ausdrücklich darauf hingewiesen, dass der Schüler nicht nur bei schulischen, sondern auch bei anders gelagerten Problemen in Zusammenarbeit der Schule mit den Eltern Unterstützung erfahren soll: »Drohendem Leistungsversagen und anderen Beeinträchtigungen von Schülerinnen und Schülern begegnet die Schule unter frühzeitiger Einbeziehung der Eltern mit vorbeugenden Maßnahmen«.
3. Zusammenarbeit mit den Eltern:
   Nach § 2 Absatz 3 achtet die Schule »das Erziehungsrecht der Eltern. Schule und Eltern wirken bei der Verwirklichung der Bildungs- und Erziehungsziele partnerschaftlich zusammen«. Nach § 42 Absatz 4 sollen sich Eltern aktiv am Schulleben ihres Kindes beteiligen und ihr Kind in der Erfüllung seiner schulischen Pflichten unterstützen. In Absatz 5 wird ausdrücklich benannt, dass Eltern, Schüler und Lehrer bezüglich gemeinsamer Ziele in den Dialog treten sollen: »In Bildungs- und Erziehungsvereinbarungen sollen sich die Schule, Schülerinnen und Schüler und Eltern auf gemeinsame Erziehungsziele und -grundsätze verständigen und wechselseitige Rechte und Pflichten in Erziehungsfragen festlegen«.

4. Förderung der Gesundheit der Schüler:
   § 54 betont, dass die Förderung und Aufrechterhaltung der Gesundheit der Schüler eine Aufgabe der Schule ist, die gemeinsam mit den Eltern wahrgenommen werden soll. Dabei kommt der Früherkennung einer gesundheitlichen Gefährdung eine besondere Bedeutung zu. So heißt es im Absatz 1: »Die Schulgesundheitspflege hat das Ziel, Krankheiten der Schülerinnen und Schüler vorzubeugen, sie frühzeitig zu erkennen und Wege zu ihrer Heilung aufzuzeigen«. Da hier allgemein von Krankheiten die Rede ist und somit keine Beschränkung auf physische Erkrankungen ausgedrückt wird, können unter diesen Paragraphen auch die Vorbeugung und Erkennung psychischer Erkrankungen gefasst werden. Neben dieser präventiven Ausrichtung des § 54 wird die Beachtung des Kindeswohls als Aufgabe der Schule in § 42 Absatz 6 gesetzlich verankert: »Die Sorge für das Wohl der Schülerinnen und Schüler erfordert es, jedem Anschein von Vernachlässigung oder Misshandlung nachzugehen. Die Schule entscheidet rechtzeitig über die Einbeziehung des Jugendamtes oder anderer Stellen«.
5. Zusammenarbeit mit unterstützenden Diensten:
   Zur Erfüllung der vielfältigen Aufgaben in der Arbeit mit den Schülern und Eltern ist die Schule nach § 5 Absatz 2 zur Zusammenarbeit unter anderem mit den Trägern der öffentlichen und der freien Jugendhilfe aufgefordert. Insbesondere wird in § 44 Absatz 5 auf die Kooperation mit dem schulpsychologischen Dienst hingewiesen.

Neben den Ausführungen des Schulgesetzes des Landes Nordrhein-Westfalen wird auch in der Allgemeinen Dienstordnung für Lehrerinnen und Lehrer, Schulleiterinnen und Schulleiter an öffentlichen Schulen (ADO) des Schulministeriums Nordrhein-Westfalens (2015) darauf verwiesen, dass auf die persönliche Lebenssituation der Schüler Rücksicht zu nehmen ist (§ 8). Die ADO spricht dem Klassenlehrer eine besondere Rolle zu, da dieser die Kontakte zu den Eltern fördert und koordiniert und sie bei besonderen Anlässen benachrichtigt (§ 18 Absatz 3).

Es zeigen sich also diverse Ansätze im Schulgesetz des Landes Nordrhein-Westfalen sowie in der Allgemeinen Dienstordnung für Lehrerinnen und Lehrer, die darauf ausgerichtet sind, dass die Aufgaben der Schule bzw. der Lehrer im Hinblick auf die Schüler über die Vermittlung von Lerninhalten im Unterricht hinausgehen und dass für eine individuelle Unterstützung des Schülers gesorgt wird. Diese Unterstützung soll die persönliche Lebenssituation des Schülers berücksichtigen und die Zusammenarbeit mit den Eltern und externen Diensten fördern.

Auswirkungen der elterlichen Erkrankung auf die schulische Leistungsfähigkeit

Die elterliche Erkrankung wirkt sich auf zwei Wegen auf die schulische Leistungsfähigkeit des Kindes aus: Zum einen kommt es zu einer Verminderung der schulischen Kompetenzen des Kindes, zum anderen besteht für die Kinder ein erhöhtes Risiko, selbst eine psychische Störung zu entwickeln, die sich wiederum auf den schulischen Alltag auswirken kann.

Wenngleich der direkte Zusammenhang elterlicher Erkrankung und schulischer Fähigkeiten der Kinder bisher noch nicht explizit erhoben wurde, so lassen sich doch in einigen Studien Hinweise dafür erkennen, dass sich die psychische Erkrankung eines Elternteils negativ auf diejenigen Kompetenzen des Kindes auswirkt, die für die schulische Lern- und Leistungsfähigkeit benötigt werden. Bohus et al. (1998) führen für die Kinder schizophrener Eltern aus:»Im Vorschulalter erweisen sie sich als depressiver, zurückgezogener, ängstlicher und zerstreuter, in der Schule imponieren Defizite im Bereich der Aufmerksamkeit, der affektiven Kontrolle und der sozialen Kompetenz. In der Adoleszenz werden Tendenzen zu kognitiven Störungen, wie tangentiales Denken, schlechtes Kontextverständnis sowie kognitives Gleiten mit konkretistischen bzw. magischen Denkstilen beschrieben« (S. 134). Wiegand-Grefe et al. (2011a) sprechen von Defiziten in der Aufmerksamkeits- und Informationsverarbeitung sowie von kognitiven Störungen. In der Erhebung von Lenz (2005), in der stationär psychiatrisch behandelte Elternteile mit Hilfe der Children Behaviour Checklist Auffälligkeiten ihrer Kinder einschätzten, zeigte sich, dass »ca. 15 % der Patient(-innen) ihre Kinder als auffällig bzw. im Grenzbereich zwischen auffällig und unauffällig befindlich einschätzten. Am häufigsten gaben Eltern Auffälligkeiten bzw. eine grenzwertige Ausprägung auf den Unterskalen Schule und Soziale Kompetenz an. So hoben die Patient(-innen) in ihren Einschätzungen Leistungsschwierigkeiten und andere schulbezogene Probleme sowie Kontaktprobleme hervor« (S. 45).

Neben diesen direkten Auswirkungen auf die für die Bewältigung schulischer Anforderungen benötigten Fähigkeiten weisen – wie im Kapitel »Risikofaktoren« noch näher dargestellt wird – Kinder psychisch erkrankter Eltern vermehrt eigene psychische Erkrankungen bzw. psychische Auffälligkeiten auf, wie Störungen des Sozialverhaltens, Angststörungen und depressive Symptome. Diese psychischen Störungen wirken sich ebenfalls auf den Schulalltag aus. Mohler (2006) führt aus, dass bei Kindern und Jugendlichen mit Störungen des Sozialverhaltens neben Hyperaktivität und Aufmerksamkeitsdefiziten weitere Auffälligkeiten bestehen, die das Lernen beeinträchtigen. »Neben verminderten Fähigkeiten zur Regulation der Affekte und der Impulskontrolle wirken kognitive Einschränkungen nicht nur verstärkend auf die Entwicklung der Störung des Sozialverhaltens, sondern direkt auf das Lernverhalten eines Kindes oder Jugendlichen. […] Kinder mit derartigen Defiziten haben Mühe, soziale Situationen oder an sie gestellte Aufgaben zu verstehen. Sie interpretieren fehlerhaft und zeigen hinsichtlich sozialer Konflikte wie auch schulischer Anforderungen mangelhafte Problemlösestrategien« (S. 243 f.). Zu Angststörungen merken Melfsen und Walitza (2013) an, dass insbesondere sozial ängstliche Kinder ein hohes Risiko haben, unter Schulangst zu leiden, da Schule einen großen Lebensbereich der Kinder darstellt, in dem eine fortwährende Aneinanderreihung sozialer Situationen stattfindet. Im Kontakt mit Lehrern und Mitschülern erleben die Schüler eine stetige Konfrontation mit ihren Ängsten. Depressive Kinder und Jugendliche weisen eine reduzierte Leistungsfähigkeit und ein verringertes Konzentrations- und Durchhaltevermögen auf. Hinzu kommen Gefühle der Überforderung, weniger soziale Kompetenzen, häufigere zwischenmenschliche Probleme, schlechtere Schulleistungen und vorzeitige Schulabbrüche (Groen, Pössel u. Petermann, 2004).

Mit diesen Störungsbildern sind Lehrer aufgrund der hohen Prävalenz häufig konfrontiert, wie die Ergebnisse der BELLA-Studie (siehe auch weiter unten) darlegen. »Die Auftretenshäufigkeit psychischer Auffälligkeiten wurde anhand der Angaben über Symptome und Belastung im Strengths and Difficulties Questionnaire (SDQ) und weiterer standardisierter Screening-Verfahren ermittelt« (Ravens-Sieberer, Wille, Bettge u. Erhart, 2007, S. 873). Die Ergebnisse zeigen bei 21,9 % der Kinder und Jugendlichen Hinweise auf psychische Auffälligkeiten. Mit 10 % der Gesamtgruppe ergab sich ein hoher Anteil der Kinder, bei denen Ängste festgestellt wurden, Störungen des Sozialverhaltens wurden bei 7,6 % der Gesamtgruppe belegt, depressive Störungen konnten bei 5,4 % und Aufmerksamkeitshyperaktivitätsstörungen bei 2,2 % nachgewiesen werden. Lehrer sind täglich mit diversen Auffälligkeiten ihrer Schüler konfrontiert und müssen mit den Auswirkungen der Störungen auf den Schulalltag und die Unterrichtssituation umgehen. In der Arbeit mit den Kindern müssen sie dabei berücksichtigen, dass eine Hauptursache für das auffällige Schülerverhalten in der familiären Situation, wie zum Beispiel in einer psychischen Erkrankung des Elternteils, liegen kann.

Auswirkungen der Schule auf den kindlichen und familiären Alltag

Der Einfluss der Schule auf die Entwicklung des Kindes und den familiären Alltag ist in der Literatur vielfach beschrieben und unumstritten. Er soll deshalb hier nur an einigen Eckpunkten exemplarisch dargestellt werden. So kann zunächst sehr allgemein formuliert werden, dass Schule generell eine zentrale Stellung im Lebens- und Erfahrungsraum von Kindern und Jugendlichen einnimmt (Hofmann u. Siebertz-Reckzeh, 2008). Dies ist schon aufgrund der Zeit, die Schüler in der Schule verbringen bzw. in der sie sich mit schulischen Aufgaben beschäftigen, der Fall. So hat eine gemeinsame Studie vom Deutschen Kinderhilfswerk und von Unicef ergeben, dass Sieben- bis Zwölfjährige mehr als 37 Stunden in der Woche in der Schule sind sowie für schulische Belange, wie Prüfungsvorbereitung und Hausaufgaben, aufbringen, bei 13-Jährigen erhöht sich dieses Stundenvolumen auf circa 44 Wochenstunden und in den Klassen 9 bis 13 auf 45 Wochenstunden (Deutsches Komitee für Unicef e. V., 2012). Die Schule umfasst somit einen erheblichen Teil der Zeit von Kindern und Jugendlichen und übt damit großen Einfluss auf die Gestaltung des familiären Alltages aus, da sich familiäre Zeitstrukturen und Aktivitäten am Rhythmus der Schule und an der zur Verfügung stehenden Zeit außerhalb schulischer Aktivitäten orientieren müssen. Schule beeinflusst jedoch nicht nur die familiären und individuellen Zeitstrukturen, sondern trägt maßgeblich zur persönlichen Entwicklung der Kinder und Jugendlichen bei. Denn sie »stellt einen Erfahrungskontext dar, der das Denken, Fühlen und Handeln von Kindern und Jugendlichen beeinflusst« (Hofmann u. Siebertz-Reckzeh, 2008, S. 14). Adler und Tölle (2011) weisen jedoch darauf hin, dass der Zusammenhang von Schule und Familie keine einseitige Wirkrichtung hat: »Versteht sich Schule als ein lebensweltlich ausgerichteter Ort, so ist unübersehbar, dass gesellschaftliche Realitäten und soziale wie individuelle Problemlagen nicht vor dem Schultor Halt machen. Die Lebenswirklichkeiten von Mädchen, Jungen und ihren Familien und deren Folgen ›schwappen‹ zunehmend in die Schule und können kaum noch ignoriert werden« (S. 209).

Auswirkungen der schulischen Belastungen

Beyer und Lohaus (2007) führen aus, dass schulische Belastungen zu den »daily hassles«, also zu den alltäglichen Anforderungen und Problemen zählten, mit denen die meisten Menschen konfrontiert würden. Entscheidend sei jedoch, dass Kinder und Jugendliche sich durch die täglichen Anforderungen stärker belastet fühlten als Erwachsene und insbesondere die Dauerhaftigkeit der Anforderungen zu einem erhöhten Belastungserleben beitragen könne. Von Kindern psychisch kranker Eltern müssen nun zu den täglichen Anforderungen, den Mikrostressoren, zusätzlich noch die Auswirkungen der elterlichen Erkrankung bewältigt werden. Die Erkrankung stellt als Makrostressor eine Verkettung einzelner Belastungsereignisse dar, die über einen längeren Zeitraum andauern. »Es kommt also zu einer Anhäufung von einzelnen Stressereignissen, die in Dauer, Intensität und zeitlicher Abfolge unterschiedlich verlaufen können, sich wechselseitig beeinflussen und in aller Regel das Belastungserleben verstärken« (Lenz, 2008a, S. 43 f.).

Dass sich Kinder und Jugendliche bereits unabhängig von Makrostressoren durch die schulischen Anforderungen – insbesondere durch den Leistungsdruck (Suhr-Dachs, 2006) – stark belastet fühlen und dass die schulischen Anforderungen Auswirkungen auf die Gesundheit und das Wohlbefinden von Schülern haben, soll im Folgenden an verschiedenen Studien beispielhaft dargestellt werden.

Die Ergebnisse des Bielefelder Grundschulsurveys zeigen, dass sich die Belastungen vielfach in psychosomatischen Beschwerden ausdrücken. An dieser Studie nahmen 2.075 Eltern und 1.979 Kinder im Alter von acht bis zwölf Jahren aus 42 Schulen teil. Die Daten zeigen, dass 21,1 % der Schüler dieser Altersgruppe unter Bauchschmerzen und 26,5 % unter häufigen Kopfschmerzen leiden, wobei Mädchen häufiger über diese Beschwerden klagen als Jungen. Während die Bauchschmerzen mit negativen Gefühlen, wie Einsamkeit, Überlastung, Gereiztheit und Ängstlichkeit einhergehen, sind Kopfschmerzen eng mit erlebtem Leistungsstress verknüpft. »Die Diskriminanzanalyse für die Gruppen mit häufigen oder seltenen Kopfschmerzen zeigt eindeutige Hinweise darauf, dass es sich hier fast ausschließlich um psychosomatische Beschwerden handelt. […] Besonders bedeutsam ist der Unterschied im Erleben von Belastungen in der Schule. Je höher der Wert eines Kindes auf dem o. g. Belastungsindex ist, umso wahrscheinlicher ist es, dass das Kind unter häufigen Kopfschmerzen leidet« (Settertobulte, 2000, S. 60). Neben diesen psychosomatischen Beschwerden konnten bei etwa einem Drittel der Kinder psychosoziale Probleme, wie emotionale Störungen und Verhaltensstörungen, beobachtet werden.

In einer Querschnittstudie von Gerber und Pühse (2007) mit 1.183 Schülern im Alter von 13 bis 25 Jahren finden sich ähnliche Ergebnisse für die Schweiz. Erschöpfungsgefühle werden von den teilnehmenden Jugendlichen über alle Altersgruppen hinweg am häufigsten genannt, gefolgt von Gefühlen der Kälte, Erkältungssymptomen, Magensymptomen, Kreislaufbeschwerden und Gliederschmerzen. Körperliche Beschwerden und psychische Probleme zeigen einen engen Zusammenhang auf. »Insbesondere Depressivität und Ängstlichkeit stehen mit den Körperbeschwerden in einer engen Wechselbeziehung. Ebenso sind die Ärgerneigung, die Lebenszufriedenheit und das Stressempfinden mit dem Beschwerdeempfinden verbunden« (S. 230). Bei Mädchen konnte ein stärkerer Zusammenhang zwischen dem Beschwerdedruck und psychischen Problemen festgestellt werden. Mittels Clusteranalyse wurde eine Gruppe hochbelasteter Jugendlicher identifiziert, der 22 % aller Studienteilnehmer zugeordnet werden konnten und in der sich mehr Mädchen als Jungen finden ließen. Diese Jugendlichen weisen mehr depressive Symptome auf, neigen häufiger zu Ärger und Ängstlichkeit, können weniger auf Ressourcen zurückgreifen und sind insgesamt mit ihrem Leben weniger zufrieden. Im Unterschied zu den anderen Jugendlichen überschreitet die Gruppe mit hohen Belastungen den Durchschnittswert der allgemeinen Depressionsskala.

Bezüglich der Ängstlichkeit weisen Melfsen und Walitza (2013) auf die negativen, hemmenden Auswirkungen von Angst auf Neugierverhalten, Motivation und Leistungsfähigkeit hin. Der Kampf um die Position innerhalb einer Gruppe und damit eventuell verbundene Mobbing- und Außenseitererfahrungen können in der Schule ebenso Schulangst fördern wie herabsetzende und demütigende Aussagen der Lehrer und ein autoritärer, am Leistungsprinzip ausgerichteter Unterrichtsstil. Leistungskontrollen wirken insofern angstfördernd, dass schulängstliche Kinder ihre eigene Leistungsfähigkeit unterschätzen und Leistungskontrollen mit den Sorgen verbinden, den Anforderungen nicht zu genügen. Verstärkt wird diese Angst durch eine zu hohe Erwartungshaltung der Eltern, negative Rückmeldungen oder Strafen aufgrund schlechter Leistungen. Im familiären Bereich kann die Schulangst außerdem noch zunehmen, wenn Eltern selbst Ängste vor dem Urteil anderer Personen zeigen und dem Kind so signalisieren, möglichst alle sozialen Situationen perfekt bewältigen zu müssen, oder dem Kind wenig Vertrauen schenken, eine neue Situation allein bewältigen zu können (Melfsen u. Walitza, 2013). Ängstlichkeit steht zudem, wie eine Studie von Daniel und Watermann (2013) zeigt, in einem negativen Zusammenhang mit dispositioneller Lernfreude, also mit dem Spaß und Interesse am Lernen und an der Wissensaneignung, und in einem positiven Zusammenhang mit Vermeidungsleistungszielen, wie zum Beispiel, sich nicht zu blamieren oder keine falschen Antworten auf Fragen des Lehrers zu geben. »Demnach entwickeln Schülerinnen und Schüler mit einer positiveren emotionalen Grundhaltung tendenziell weniger Vermeidungsleistungsziele im schulischen Kontext« (Daniel u. Watermann, 2013, S. 303).

Internalisierende Störungen sind somit bei Schülern nicht nur weit verbreitet, sondern wirken sich auch stark auf den individuellen schulischen Alltag aus.

Dennoch messen Schulleitungen externalisierenden Problemen eine höhere Bedeutung bei als internalisierenden Störungen, wie eine Studie von Dadaczynski und Paulus (2011) zeigt. Die Autoren führen dies auf die höhere Relevanz dieser Verhaltensweisen für einen ungehinderten Unterrichtsverlauf sowie auf die erschwerte Erkennung internalisierender Störungen zurück.

Trotz der hohen Prävalenzen bleibt anzumerken, dass die Bewältigung schulischer Situationen und Anforderungen stark vom individuellen Bewältigungsverhalten und den zur Verfügung stehenden Ressourcen abhängt. In der Kindheit und Jugend steht den Schülern jedoch nur ein geringes Maß angemessenen Bewältigungsverhaltens zur Verfügung (Vierhaus, 2012). Zudem verändert sich das Bewältigungshandeln von der frühen zur mittleren Jugend. So untersuchten Hampel und Pössel (2012) in einer zweijährigen Studie mit 200 Sechst- bis Neuntklässlern mittels standardisierter Testverfahren die Stressverarbeitung in sozialen Situationen. Die Schüler im Alter zwischen elf und 15 Jahren besuchten eine Hauptschule, Realschule bzw. ein Gymnasium und wurden von ihren Eltern als psychisch gesund eingeschätzt. In der Studie zeigten die Sechst-/Siebtklässler häufiger Ablenkungen zur Stressverarbeitung und suchten mehr soziale Unterstützung. Ältere Schüler zeigten dagegen mehr positive Selbstinstruktionen. Jungen gaben bezüglich der Stressverarbeitung an, signifikant mehr Bagatellisierung einzusetzen, aber weniger soziale Unterstützung zu suchen als Mädchen, die zudem höhere Werte in der positiven Selbstinstruktion vorweisen konnten.

Während Göppel (2011) kritisch hinterfragt, ob Kinder nicht »ein beträchtliches Maß an Resilienz, an seelischer Stabilität und Widerstandskraft [benötigen], um die mit der Schule verbundenen Belastungen und Zumutungen einigermaßen heil zu überstehen« (S. 383), relativiert Opp (2007) die von der Schule ausgehenden Belastungen, indem er die unterschiedliche Bedeutung von Schule für einzelne Schüler unterstreicht: »Schulen können Orte der Langeweile, der sozialen Ausgrenzung und der Angst sein. Schulen können aber gerade auch im Leben von Kindern, die in ihren Lebenswelten hohen Belastungen und Entwicklungsrisiken ausgesetzt sind, eine wichtige, Entwicklung schützende Funktion ausüben« (S. 240).

Auf die hohen Belastungen und Entwicklungsrisiken, denen Kinder psychisch kranker Eltern ausgesetzt sind, soll in den folgenden Kapiteln näher eingegangen werden. Wie gerade deutlich geworden, sind diese Belastungen, die sich aus dem Zusammenleben mit einem psychisch erkrankten Elternteil ergeben, noch zusätzlich zu den alltäglichen schulischen Belastungen zu bewältigen. Es kommt also zu einer Kumulation, das heißt Anhäufung mehrerer Belastungsfaktoren, denen die Kinder im Alltag ausgesetzt sind.

Belastungen der Kinder psychisch kranker Eltern

> »Weil er ist eigentlich einer, der nimmt Rücksicht mir gegenüber. Weil wenn der merkt, dass ich krank bin, dann schleicht der um einen. Dann ist das kein Kind mehr. Ich habe ihm viel seiner Kindheit auch dadurch genommen. Weil er sich viel um mich kümmern will und machen will.«
>
> (an Posttraumatischer Belastungsstörung erkrankte Mutter eines 13-jährigen Jungen)

Franz (2005) teilt die Belastungen, denen die Kinder psychisch kranker Eltern ausgesetzt sind, in unmittelbare und indirekte Belastungen ein. Unmittelbare Belastungen sind Faktoren, die direkt aus der elterlichen Erkrankung entstehen, also unmittelbar von dieser bedingt werden und abhängig sind. Die Folgeprobleme, die aufgrund der familiären Situation entstehen und mit der Erkrankung somit nicht unmittelbar in Verbindung stehen, werden demnach als indirekte Belastungen bezeichnet. Allerdings ist davon auszugehen, dass für die Kinder und Jugendlichen die im alltäglichen Zusammenleben mit dem psychisch erkrankten Elternteil erlebten Belastungen eine besonders wichtige Rolle spielen, unabhängig davon, ob sie durch die elterliche Erkrankung direkt oder aufgrund der familiären Umstände indirekt entstanden sind (Reininghaus u. Jungbauer, 2010). Entscheidend für den kindlichen Lebensalltag sind somit die subjektiv erlebten Belastungen, die sich aus dem Zusammenleben ergeben und bei jedem Kind unterschiedlich sein können. Objektive Belastungsaspekte werden dann als belastend wahrgenommen, wenn sich daraus eine subjektive Belastung ergibt. So kann die Zugehörigkeit zu einer unteren Gesellschaftsschicht als solches nicht belastend sein, die Auswirkungen dessen, wie zum Beispiel Ausschluss von Unternehmungen mit der Peergroup aufgrund mangelnder finanzieller Mittel, jedoch als sehr belastend empfunden werden.

Im Folgenden werden nun zunächst die objektiven Belastungsfaktoren dargestellt. Das Hauptaugenmerk soll im Anschluss daran auf die von den Kindern und Jugendlichen selbst als belastend erlebten, subjektiven Faktoren gelegt werden. In einer Interviewstudie von Lenz (2005) wurden hierzu Kinder im Alter von acht bis 18 Jahren in leitfadengestützten Interviews unter anderem zu den Problemen und Belastungen, die sich im Zusammenleben mit dem erkrankten Elternteil ergeben, befragt.

Hier vorab ein kurzer Überblick über die nachfolgend näher erläuterten *Belastungsfaktoren:*
1. *Objektive Belastungsfaktoren:*
   - psychosoziale Belastungsfaktoren, wie Armut, Arbeitslosigkeit, problematische Wohnverhältnisse etc.,
   - mangelnde Inanspruchnahme professioneller Unterstützung.
2. *Subjektive Belastungsfaktoren:*
   - Tabuisierung der elterlichen Erkrankung,
   - soziale Isolation,
   - Parentifizierung, das heißt die Übernahme der Elternrolle durch die Kinder,
   - emotionale Nicht-Verfügbarkeit des erkrankten Elternteils,
   - Ent-Normalisierung des familiären Alltags,
   - erhöhtes Risiko für das Wohl der Kinder gefährdendes Elternverhalten, das heißt für eine Kindeswohlgefährdung.

Objektive Belastungsfaktoren

Als objektive Belastungsfaktoren sind vor allem psychosoziale Verhältnisse von Kindern mit psychisch kranken Eltern anzusehen, die sich erschwerend auf das familiäre Leben auswirken. Aber auch eine nicht in Anspruch genommene professionelle Unterstützung stellt einen wesentlichen Aspekt der objektiven Beeinträchtigung dar.

Psychosoziale Belastungsfaktoren

»Dass die Lebensbedingungen für Familien mit psychisch kranken Eltern im Durchschnitt schlechter sind als für andere, ist allgemein bekannt: so leben die Eltern häufiger getrennt, Armut und Arbeitslosigkeit sowie soziale Isolation zusammen mit problematischen Wohnverhältnissen in Gebieten mit allgemein schlechterer Gesundheitsversorgung und Freizeitqualität gehören gehäuft zu den Belastungen, unter denen die Familien zu leiden haben« (Deneke, Beckmann u. Diercks, 2008, S. 64). Lieberz, Spies und Schepank (1998) konnten im Rahmen ihrer Studie zu chronischen Erkrankungen in der Allgemeinbevölkerung im Zehn-Jahres-Verlauf einen Zusammenhang zwischen niedrigem Sozialstatus und erhöhter Prävalenz psychiatrischer Erkrankungen bestätigen. Sie stellen in den niedrigsten sozialen Schichten der Bevölkerung die psychopathologisch gravierendsten Befunde fest. Zugleich bestätigen soziodemographische Angaben zu psychisch erkrankten Personen diesen Befund. So weisen psychisch erkrankte Menschen häufiger einen niedrigeren Ausbildungsstand auf als psychisch gesunde Menschen und sind oftmals von Arbeitslosigkeit betroffen, was für die Kinder das Risiko erhöht, in Armut, sozialer Randständigkeit und unzureichenden Wohnverhältnissen aufzuwachsen (Lenz, 2010b). Unzureichende finanzielle Mittel verhindern eine Teilnahme an Veranstaltungen, Aktivitäten und gemeinsamen Unternehmungen mit Freunden, was sich auf die Zugehörigkeit zur Peergroup auswirken kann. Dass die schwierige finanzielle Situation auch das emotionale Befinden der Kinder beeinflusst, zeigt sich deutlich in den Existenzängsten der Kinder. Finanzielle Schwierigkeiten wurden neben familiären Umbrüchen, Scheidung oder Trennung der Eltern als angstauslösende und stark belastende Situationen beschrieben (Wagenblass, 2001). Umso mehr verwundert es, dass in qualitativen Studien mit schizophren erkrankten Elternteilen und deren Partnern (Jungbauer, Mory u. Angermeyer, 2002) die finanziellen Schwierigkeiten von den Betroffenen bagatellisiert werden und sie erst dann als Belastung erlebt werden, wenn zusätzliche Faktoren, wie Arbeitslosigkeit des erkrankten Elternteils oder anderer Familienmitglieder hinzukommen oder Schulden auftreten. Zu diesen Ergebnissen kommt auch Dahm-Mory (2008) anhand einer qualitativen Studie mit angsterkrankten Patienten und Lebenspartnern. Die finanziellen Belastungen, wie beispielsweise Mehrausgaben durch alternative Behandlungsmethoden, wurden von den befragten Personen selten thematisiert. »Krankheitsbezogene Ausgaben werden häufig bagatellisiert bzw. durch den hypothetischen Vergleich mit anderen, körperlichen Krankheiten als notwendige Unterstützung des Partners ›normalisiert‹. Als vergleichsweise belastender erleben Partner die Veränderungen und Unsicherheiten bezüglich der beruflichen Situation des Erkrankten. Viele Partner befürchten einen sozialen Abstieg der Familie im Zusammenhang mit erlebten bzw. antizipierten Einkommensverlusten« (S. 270).

Mangelnde Inanspruchnahme professioneller Unterstützungen

»Bei vorsichtiger Schätzung können wir davon ausgehen, dass bei etwa 25 % der psychisch erkrankten Menschen sowohl eine Behandlungsnotwendigkeit als auch eine Behandlungsbereitschaft bestehen« (Mattejat, 2008, S. 70). Die Hauptgründe dafür, dass sich viele dieser Personen nicht in professioneller Hilfe befinden, sieht Mattejat in den Problemen der Stigmatisierung und der damit verbundenen Tabuisierung: »Viele psychisch kranke Menschen fürchten eine Stigmatisierung, d. h., sie befürchten, dass sie wegen ihrer Krankheit noch zusätzliche negative Konsequenzen erdulden müssen. Die Stigmatisierung ist ein Grund dafür, warum psychische Erkrankungen häufig tabuisiert werden: Die Betroffenen haben das Gefühl, dass sie ihre Erkrankung verheimlichen müssen; sie finden nicht den Mut, offen über ihre Erkrankung zu sprechen. [...] Die Krankheit wird von Patienten und Angehörigen verheimlicht, verschwiegen oder verleugnet; notwendige und effektive Behandlungen werden nicht wahrgenommen« (S. 71).

Doch die mangelnde Inanspruchnahme betrifft nicht nur den Zugang des betroffenen Erwachsenen zu psychiatrischen oder psychotherapeutischen Behandlungssystemen, sondern auch die Unterstützungs- und Hilfeleistungen für die Familie (Schmutz, 2010; Deegener u. Körner, 2006), denen gegenüber sich psychisch erkrankte Eltern sehr reserviert verhalten, wie eine qualitative Studie von Jungbauer, Stelling, Kuhn und Lenz (2010) zeigt. Hierbei wurden insgesamt 57 Patienten mit den ICD-10-Diagnosen F 20/F 25 (Schizophrenie bzw. schizoaffektive Störung) befragt, die Elternteile minderjähriger Kinder waren. In den problemzentrierten Interviews wurden die Bereiche »Positive Aspekte der Elternschaft«, »Negative Aspekte der Elternschaft« und »Unterstützungswünsche« thematisiert. Im Vergleich zu den ersten beiden Hauptkategorien der Ressourcen und Belastungen, die mit der Elternschaft verbunden sind, wurden Unterstützungswünsche bezüglich der Erziehung bzw. Elternschaft deutlich seltener thematisiert. »Einige der Befragten neigten im Interview auch dazu, die zur Verfügung stehenden oder in Anspruch genommenen Hilfen pauschal als ausreichend zu bezeichnen und das Thema damit gleichsam ›abzuhaken‹. [...] Während in etwa der Hälfte der analysierten Interviews die Studienteilnehmer eine entsprechende Unterstützung wünschten, dankbar dafür waren oder diese für erforderlich hielten, waren andere Eltern reserviert oder lehnten professionelle Angebote sogar pauschal ab« (S. 236 f.). Die Gründe für Letztgenanntes liegen zum einen in der Schwierigkeit für einige Eltern, sich innerhalb des Hilfesystems mit seinen ausdifferenzierten Angeboten zu orientieren, zum anderen aber auch in der Skepsis bezüglich des Nutzens dieser Unterstützungsleistungen. Für einige befragte Personen bedeutete die Inanspruchnahme professioneller Hilfen ein »Eingeständnis eigener Unfähigkeiten, die Kinder zu erziehen« (S. 237). Auch Misstrauen und Ablehnung, insbesondere gegenüber den Angeboten der Jugendämter, kamen in den Interviews zur Sprache.

Diese qualitativen Aussagen bezüglich des Misstrauens gegenüber den Einrichtungen zur Unterstützung in der Erziehung werden in einer Erhebung von Kölch und Schmid (2008) durch quantitative Studien bestätigt. In der Untersuchung gaben 51 % der befragten psychisch erkrankten Eltern an, den Kontakt zum Jugendamt aktiv zu vermeiden. Als Gründe dafür wurden negative Vorerfahrungen, Informationsdefizite auf Seiten der Eltern und Ängste genannt.

Hierin spiegelt sich »die Angst der Eltern, beim Kontakt mit dem Jugendamt ›meine Kinder zu verlieren‹ – eine Angst, die meist unbegründet ist, sich aber andererseits selbst zu erfüllen beginnt, je länger eine erforderliche präventive und niederschwellige Hilfe zur Erziehung aufgeschoben wird, bis schließlich eine ernste Mangel- oder Gefährdungssituation eintritt« (Schrappe, 2011, S. 98). »Insofern sind die angebotenen Hilfen meist invasiv und werden von den betroffenen Familien, etwa im Rahmen einer Fremdbetreuung des Kindes, als Bedrohung wahrgenommen und entsprechend häufig abgelehnt« (Krumm, Ziegenhain, Fegert u. Becker, 2005, S. 80).

Daher sind Eltern bemüht, Schwierigkeiten in der Beziehung zu ihren Kindern und bei der Erziehung ihrer Kinder auszublenden. »Solange die Kinder keine offenkundigen Probleme oder Störungen aufweisen, werden sie von den Eltern nicht in den Einrichtungen der Jugendhilfe vorgestellt. Dies geht einher mit dem Bemühen der Kinder, nach außen möglichst unauffällig zu bleiben« (Schrappe, 2011, S. 98). Das führt dazu, dass Familien über einen meist langen Zeitraum keine adäquaten Hilfen bekommen, obwohl diese durch das Leistungsspektrum der Jugendhilfe zur Verfügung stehen (Schrappe, 2011) und im Hinblick auf das hohe Gefährdungspotenzial für die psychische Gesundheit der Kinder meist in sehr frühen Jahren notwendig wären. »Die Kinder psychisch Kranker kommen erst dann in den Blick, wenn sie selbst bereits hoch belastet sind und einer intensiven Jugendhilfemaßnahme und/oder einer kinder- und jugendpsychiatrischen Behandlung bedürfen« (Krumm, Ziegenhain, Fegert u. Becker, 2005, S. 80). Knuf (2000) zieht aus der mangelnden Inanspruchnahme der Hilfen das Fazit, dass »viele dieser Kinder […] nie eine psychiatrische Behandlung benötigt [hätten], wenn ihnen und ihren Eltern rechtzeitig geholfen worden wäre« (S. 37).

Subjektive Belastungsfaktoren

Ein wesentlicher subjektiver Belastungsfaktor, der als Erstes in den Blick genommen wird, ergibt sich daraus, dass die psychische Erkrankung eines Elternteils tabuisiert wird. Darüber hinaus stellen die soziale Isolation, die Parentifizierung und die Ent-Normalisierung des familiären Alltags häufig auftretende, subjektive Belastungsfaktoren dar, die nacheinander näher erläutert werden. Auch ein erhöhtes Risiko für Kindeswohlgefährdungen, das heißt, für ein Elternverhalten, dass das Wohl der Kinder gefährdet, gehört zu den wesentlichen subjektiven Belastungsfaktoren und wird daher in einem eigenen Punkt behandelt.

Tabuisierung der elterlichen Erkrankung

»Psychische Erkrankungen sind tabuisierte Erkrankungen« (Wagenblass u. Schone, 2001, S. 587), denn »in den Familien herrscht ein Rede- bzw. Kommunikationsverbot, nach außen über die psychische Erkrankung und deren Auswirkungen auf das familiäre Zusammenleben zu sprechen« (Lenz, 2010a, S. 6).

Wie stark die Tabuisierung innerhalb der Familien verbreitet ist, zeigt sich in der Erhebung von Lenz (2005). 37 % der befragten Patienten, die Eltern minderjähriger Kinder waren, »meinten, dass ihre Kinder über kein ausreichendes Wissen über die Krankheit und Behandlung verfügen. Bezogen auf die Diagnosegruppen zeigte sich, dass Kinder von depressiv erkrankten Eltern am besten informiert waren (circa 74 %). In der Gruppe der Psychosen betrug der Anteil circa 57 %, während in der Gruppe der Persönlichkeitsstörungen und Neurosen circa die Hälfte der Kinder informiert war« (S. 44). Zu ähnlichen Ergebnissen kommen Bohus et al. (1998). Bei einer Befragung der stationär aufgenommenen Patienten bezüglich des Informationsgrades ihrer Kinder über die elterliche Erkrankung konnte festgestellt werden, dass 80 % der Kinder wissen, dass sich ihr Elternteil in einer stationären Behandlung befindet. Dass es sich hierbei um einen Aufenthalt aufgrund einer psychischen Erkrankung handelt, wissen jedoch nur 35 %. Bei dem Informationsgrad zeigt sich auch in dieser Erhebung ein diagnosespezifischer Unterschied: Erneut sind die Kinder affektiv erkrankter Eltern am besten über die Erkrankung und die Behandlung informiert. Hier konnte ein Anteil von 76 % festgestellt werden, der den Grund der stationären Behandlung kennt. Kindern, deren Eltern an einer schizophrenen Störung leiden, ist diese Erkrankung des Elternteils nur zu 25 % bekannt. In den übrigen Diagnosegruppen ist circa die Hälfte der Kinder über die Krankheit informiert. Die höheren Aufklärungsraten bei der Gruppe der Kinder depressiv erkrankter Eltern lassen sich vermutlich dadurch erklären, dass das Krankheitsbild der Depression leichter beschrieben werden kann, indem Begriffe wie »müde«, »traurig« etc. genutzt werden, während sich für andere Krankheitsbilder, wie emotional instabile Persönlichkeitsstörungen oder Schizophrenie, im Gespräch mit den Kindern schwieriger Worte finden lassen, die die Erkrankung des Elternteils beschreiben[6].

---

6 Dies zeigt sich auch in den Veröffentlichungen kindgerechter Psychoedukationsmaterialien, die häufig die elterliche Depression thematisieren, wie »Sonnige Traurigtage« (Homeier, 2006), »Mamas Monster« (von Mosch, 2008) oder »Warum ist Mama traurig?« (Wunderer, 2010), während nur in wenigen Materialien, die zudem später veröffentlicht wurden, andere Erkrankungsbilder erläutert werden, wie in »Mama, Mia und das Schleuderprogramm« – Kindern Borderline erklären (Tilly u. Offermann, 2012).

Unabhängig der elterlichen Diagnosen und bezogen auf die Altersspannen der Kinder und Jugendlichen kommt Knuf (2000) zu folgendem Ergebnis: »Bei den Elf- bis Vierzehnjährigen sind es immer noch mehr als 50 Prozent, und sogar bei den Jugendlichen zwischen 15 und 18 ist einer von vieren immer noch nicht aufgeklärt worden« (S. 37).

Die Ursache für die geringe Aufklärung der Kinder über die elterliche Erkrankung ist *in den Ängsten sowohl des erkrankten als auch des gesunden Elternteils* zu finden: Oftmals fürchten die Eltern, die Kinder durch die Informationen zu sehr zu belasten. Ihre diesbezügliche Angst beruht auf der Vorstellung, dass die Kinder das erhaltene Wissen nicht verarbeiten könnten und aufgrund dieser Überforderung in ihrer Entwicklung beeinträchtigt würden (Lenz, 2010a). Die Tabuisierung ist somit als elterliche Schutzhaltung und Sorge gegenüber den Kindern und damit als »eine Folge falsch verstandener Rücksichtnahme« (Wagenblass, 2003, S. 26) anzusehen. Viele Eltern »fühlen sich selber überfordert, ihren Kindern das Thema Krankheit im Gespräch näher zu bringen [sic!] und haben Angst zu viel, zu wenig oder das Falsche zu sagen oder von den eigenen Gefühlen überwältigt zu werden« (Lenz, 2010, S. 192) und so die Kinder in dieser Situation mit der eigenen Hilflosigkeit zu konfrontieren. Insbesondere die gesunden Elternteile befürchten, dass sich die Kinder, wenn sie detaillierteres Wissen über die Erkrankung erhalten würden, vom erkrankten Elternteil zurückziehen, ihn in seiner Rolle als Mutter bzw. Vater nicht weiter akzeptieren oder den Betroffenen sogar verachten könnten. Die Angst vor dem Verlust der Elternrolle ist also ein entscheidender Hinderungsgrund für eine offene Kommunikation (Lenz u. Brockmann, 2012). Des Weiteren überfordert es einige Eltern, den Kindern die Krankheit altersgerecht nahezubringen. Sie spüren, dass sie auf eventuelle Fragen keine Antworten geben können. Denn »mitunter fällt es psychisch kranken Eltern schwer, sich in die Erlebniswelt und Bedürfnisse ihrer Kinder einzufühlen. Bei einigen Erkrankungen steht eine verminderte Empathiefähigkeit insbesondere in akuten Krankheitsphasen im Vordergrund. Einige Eltern haben konkrete Sorgen, inwieweit Kinder mit bestimmten elterlichen Symptomen umgehen können (z. B. mit Selbstverletzungen in Zusammenhang mit Borderline-Erkrankungen). Diese Themen sind den Eltern peinlich und werden daher in der Kommunikation mit dem Kind gemieden« (Lenz, 2010a, S. 193). Darüber hinaus bestehen Bedenken gegenüber dem sozialen Umfeld des Kindes und der Familie. Die Kinder sollen »vor möglichen Vorurteilen und Stigmatisierungen sowie Ablehnung und Ausgrenzung durch das soziale Umfeld geschützt werden« (Lenz, 2008a, S. 32).

Dass diese Ängste bei vielen betroffenen Elternteilen vorherrschen, wird aus der Erhebung von Lenz (2005) deutlich. So nannten 53 % der befragten

Patienten die hohe Belastung, die mit einem ihre Krankheit betreffenden Wissen verbunden sei, als Grund dafür, dass sie die eigene Erkrankung gegenüber ihren Kindern tabuisierten. 24 % fühlten sich von einer Aufklärung ihrer Kinder überfordert und 23 % gaben das geringe Alter des Kindes als Grund der Tabuisierung an. Im Hinblick auf die Diagnosegruppen ist hervorzuheben, dass die Befürchtung, die Kinder durch die Informationsvermittlung übermäßig zu belasten, von depressiv erkrankten Elternteilen am häufigsten genannt wurde. Dies ist zunächst verwunderlich, da die Kinder depressiv erkrankter Eltern, wie oben angeführt, am häufigsten über die Erkrankung aufgeklärt sind. Eine mögliche Erklärung dieser Diskrepanz bietet die erhöhte Belastungswahrnehmung depressiv erkrankter Patienten. Sie nehmen sowohl die eigenen Belastungen als auch die der Kinder sehr genau wahr und sind sensibel für Auffälligkeiten, die auf eine Störung der Kinder hinweisen könnten. Durch die Krankheitsaufklärung möchten sie die von ihnen wahrgenommene Überlastung sowie das Erkrankungsrisiko der Kinder reduzieren.

Die Ängste der Eltern führen dazu, dass weder innerhalb der Familie noch mit außenstehenden Personen über die elterliche Erkrankung gesprochen werden darf. Dieses Schweigegebot erhalten die Kinder einerseits explizit, indem sie konkret gebeten werden, nicht mit anderen Personen über die familiäre Situation zu sprechen, andererseits aber auch implizit (Brockmann u. Lenz, 2011). Denn sobald sie bemerken, dass über das Verhalten des Elternteils und die damit verbundenen familiären Veränderungen weder auf Elternebene noch auf der Eltern-Kind-Ebene gesprochen wird, begreifen die Kinder, dass es sich um einen Themenbereich handelt, der nicht angesprochen werden darf (Lenz, 2008a). Trauen sie sich in einigen Fällen doch, Fragen zu stellen, so nehmen sie schnell wahr, dass sie entweder keine Antworten bekommen oder ihren Fragen ausgewichen wird. Die Kinder sehen also am Kommunikationsverhalten der Eltern, dass offene Gespräche über die Veränderungen im Familienalltag nicht geführt werden dürfen (Lenz, 2005). Sie spüren, dass das Thema angst- und schambesetzt ist und schweigen daher instinktiv (Knuf, 2000). Durch dieses Schweigegebot gewinnt »die psychische Erkrankung [...] den Charakter eines geteilten Familiengeheimnisses« (Lenz, 2010a, S. 6), denn »alle Familienmitglieder wissen um die Krankheit, von der die Außenwelt nichts oder zumindest möglichst wenig erfahren darf« (Lenz, 2008, S. 33).

Aufgrund der innerfamiliären Tabuisierung verschließen sich die Kinder und wagen nicht, Fragen zu stellen und Ängste anzusprechen (Wagenblass, 2003). Insbesondere das »Nicht-fragen-dürfen« belastet die Kinder schwer. Sie beobachten das Verhalten von Mutter bzw. Vater sehr genau und entwickeln im Zusammenleben mit ihrem psychisch erkrankten Elternteil eine sehr feine Wahrnehmung (Sollberger, Byland u. Widmer, 2008). Selbst kleine Kinder können den Unterschied zwischen akuten und relativ stabilen Krankheitsphasen gut unterscheiden und wissen schnell, wann es dem betroffenen Elternteil schlechter geht oder sich sogar neue Krankheitsphasen andeuten. Die Studie von Lenz (2005) zeigt, dass die Kinder und Jugendlichen, die mit einem psychisch erkrankten Elternteil zusammenleben, Frühwarnzeichen identifizieren und ihre Aufmerksamkeit sowie ihr Verhalten darauf ausrichten. Als Frühwarnzeichen werden zum einen Veränderungen in der Affektivität des Elternteils genannt, also beispielsweise vermehrtes Grübeln, Überängstlichkeit und anklammerndes Verhalten oder gesteigerte Unruhe und Gereiztheit, und zum anderen die Auswirkungen bestimmter Krankheitsphasen auf das Familienleben. So berichten die Kinder und Jugendlichen in der Studie davon, dass der betroffene Elternteil Aufgaben im Haushalt und für die Familie nicht mehr wahrnehmen kann und sie zum Beispiel zu spät und unversorgt zur Schule kommen. Nehmen die Kinder die für sich selbst identifizierten Warnzeichen wahr, passen sie ihr Verhalten darauf an: Sie stellen weniger Forderungen, übernehmen Aufgaben und schränken das eigene Freizeitverhalten ein (Lenz, 2005). Über ihre Beobachtungen der Verhaltens- bzw. Alltagsveränderungen äußern sich die Kinder jedoch nicht, Fragen wagen sie aus Rücksicht gegenüber den Eltern, eigener Unsicherheit und aufgrund eigener Ängste nicht zu stellen (Lenz, 2010a).

Die Kinder suchen das Gespräch mit den Eltern also nicht, obwohl sie ein großes Bedürfnis nach Antworten und Informationen haben. Dieses Bedürfnis bezieht sich nach Lenz (2010a) vor allem auf den Umgang mit dem betroffenen Elternteil im familiären Alltag. So fragen sich die Kinder zum Beispiel, wie die erkrankte Mutter bzw. der erkrankte Vater unterstützt werden können und ob sie sich gegenüber dem Elternteil anders verhalten sollten. Sie würden gerne wissen, ob mögliche Veränderungen im Familienleben erwünscht bzw. zu erwarten sind, insbesondere solche, die sich auf ihren eigenen Alltag auswirken. So interessiert es sie, wer sich um sie kümmert oder kümmern darf, wenn es dem Elternteil schlechter geht, und ob sie weiterhin eigenen Interessen und Freizeitaktivitäten, wie gemeinsamen Unternehmungen mit Freunden, nachgehen dürfen.

Kinder stellen sich auch Fragen zu den Krankheitsursachen. Für die Kinder steht jedoch nicht der biologisch-physiologische Aspekt im Vordergrund, sondern vor allem die Frage nach der eigenen Schuld an der elterlichen Erkrankung. Des Weiteren wünschen sie sich, über die Unterschiede zwischen psychischen und körperlichen Erkrankungen und deren Behandlungsmöglichkeiten und -verläufe aufgeklärt zu werden. Im Jugendalter kommen zudem Fragen zu den Erbeinflüssen hinzu. Das heißt, die Jugendlichen beunruhigt die Sorge, dass sie selbst oder ihre Geschwister ebenfalls einmal erkranken werden (Lenz, 2010a).

Weil die Kinder wegen der innerfamiliären Tabuisierung ihre Fragen für sich behalten, müssen sie sich die Veränderungen im Verhalten und Erleben des Elternteils selbst zu erklären versuchen. Auf diese Weise kommt es zu individuellen Krankheitstheorien der Kinder. Zu den *Folgen, die die Tabuisierung für den Lebensalltag der Kinder und Jugendlichen* hat, gehören daher eigene, *subjektive Krankheitstheorien,* die die Kinder und Jugendlichen aufgrund ihrer *Unwissenheit* bzw. aufgrund ihres *ungenügenden Wissens* entwickeln: »Die innerfamiliären Tabuisierungen und Schweigegebote führen dazu, dass Kinder und Jugendliche meist nur über ein diffuses Wissen über die psychische Krankheit ihrer Eltern verfügen. Dieses diffuse Wissen gestattet ihnen kein oder allenfalls wenig Verständnis für den Zustand ihrer Mutter oder ihres Vaters. [...] Die Folge dieser Tabuisierung ist, dass die Kinder auf eigene Vermutungen und Annahmen über die Krankheit angewiesen sind und mit belastenden – oftmals sogar quälenden – Fragen alleine bleiben« (Lenz, 2010a, S. 186). Wissenslücken durch fehlende Informationen werden daraufhin mit eigenen Erklärungstheorien und Fantasien gefüllt. Diese eigenen Erklärungen entsprechen jedoch oftmals nicht der Realität, sondern sind in aller Regel beängstigender als die reale Situation (Wunderer, 2008).

In der Interviewstudie von Lenz (2005, 2014) konnten verschiedene Erklärungsmuster der Kinder und Jugendlichen herausgearbeitet werden:
- *Die psychosoziale Belastung des Elternteils als subjektive Krankheitstheorie:* Viele Kinder und Jugendliche vermuten eine starke psychosoziale Belastung des betroffenen Elternteils als Ursache der Erkrankung. »Am häufigsten wird eine allgemeine Überforderung und Überlastung der Mutter durch die vielfältigen Aufgaben im Haushalt und in der Familie, durch die Versorgung der Kinder und durch die zusätzlichen Belastungen, die mit der Betreuung kleinerer Geschwister einhergehen, als Ursache für das Entstehen der Krankheit genannt« (Lenz, 2005, S. 100 f.). Diese Annahmen werden von den in der Studie von Lenz befragten Kindern immer mit der Schuldfrage in Bezug auf die eigene Person verbunden. Die Kinder »fühlen sich schuldig als Mitverursacher der Erkrankung, weil sie und die Geschwister – obwohl sie die Belastungen wahrgenommen haben – die Mutter nicht bzw. nicht ausreichend unterstützt bzw. sich nicht in dem Ausmaß um sie gekümmert haben, wie es aus ihrer Sicht eigentlich notwendig gewesen wäre« (S. 101). Durch die eigenen Schuldzuschreibungen sehen sich die Kinder und Jugendlichen in besonderer Verpflichtung, der Familie zu helfen, indem sie den Elternteil entlasten, Aufgaben übernehmen und ihr Verhalten an die Bedürfnisse und Wünsche der erkrankten Mutter oder des erkrankten Vaters anpassen. So werden eigene Sorgen oder persönlich belastende Situationen nicht ange-

sprochen und die eigenen Affekte stark kontrolliert, um den Elternteil nicht zusätzlich zu belasten. Die Kinder und Jugendlichen trauen sich aus Angst, eine Verschlechterung des psychischen Zustandes herbeizuführen, nicht, Wut und Ärger zu zeigen oder anzusprechen (Wunderer, 2008).

- *Biologisch-somatische Ursachen als subjektive Krankheitstheorie:*
  Des Weiteren werden biologisch-somatische Erklärungsmuster herangezogen, indem psychische Veränderungen als somatische Beschwerden wahrgenommen und dabei oftmals an Körperteile geknüpft werden. Die Verbindung zu einem schmerzenden Rücken erleichtert es insbesondere jüngeren Kindern, die unverständlichen psychischen Auffälligkeiten mit etwas vertrauteren, greifbaren Symptomen, die klar zu erkennen und verstehen sind, zu erklären. Einige ältere Kinder sehen hirnorganisch-physiologische Veränderungen als Ursache der Erkrankung an (Lenz, 2005). Gleichzeitig bedeutet dies aber auch, dass die Kinder in der Hoffnung leben, dass durch medizinische Eingriffe oder intensive Schonung des erkrankten Körperteils der gesundheitliche Zustand verbessert werden kann.
- *Eine genetische Vorbelastung als subjektive Krankheitstheorie:*
  »Die Frage nach der Bedeutung der Vererbung stellt sich zumindest am Rande für alle Jugendlichen, die sich mit der Möglichkeit der eigenen Erkrankung auseinandersetzen« (S. 102). Insbesondere wenn Jugendliche um eine vermehrte Häufigkeit psychischer Auffälligkeiten in der Großelterngeneration oder bei Familienverwandten wissen, sehen sie sich selbst bzw. ihre Geschwister dem Risiko der eigenen Erkrankung ausgesetzt (Gutmann, 2008).
- *Psychologische Belastungsfaktoren als subjektive Krankheitstheorie:*
  Jugendliche Studienteilnehmer erklären sich die Erkrankung des Elternteils mit psychologischen Theorien. Sie führen die Entstehung der Krankheit sowohl auf belastende teils traumatische Kindheitserfahrungen des Elternteils, wie Missbrauchserfahrungen, stetige innerfamiliäre Konflikte oder mangelnde Zuwendung in der Kindheit, als auch auf Persönlichkeitsmerkmale, wie Perfektionismus oder Verschlossenheit, zurück (Lenz, 2014).

»Auffällig ist, dass die Mehrzahl der Kinder und Jugendlichen immer nur einen Grund für das Entstehen der Erkrankung nennt. Selbst die Jugendlichen besitzen also eine relativ eindimensionale Vorstellung von der Verursachung einer psychischen Krankheit« (Lenz, 2005, S. 103) und führen diese nicht auf die Komplexität mehrerer verursachender Faktoren zurück.

Aufgrund der Tabuisierung können die subjektiven Krankheitstheorien und offenen Fragen nicht besprochen, beantwortet, relativiert bzw. erweitert werden. Dies wäre vor allem vor dem Hintergrund von großer Relevanz, dass diese Krankheitstheorien oftmals beängstigende und für die Kinder und Jugendlichen alltagseinschränkende Inhalte haben. So führt die Vorstellung, Schuld an der elterlichen Erkrankung zu tragen und durch Überlastung des Elternteils einen Krankheitsausbruch herbeizuführen, dazu, dass die Kinder und Jugendlichen ihr Verhalten bzw. die Gestaltung ihres Alltages auf die Unterstützung des Elternteils ausrichten: Kontakte zu Freunden werden reduziert, Aufgaben im Haushalt über das angemessene Maß hinaus übernommen und Wut und Ärger zum Schutz des erkrankten Elternteils nicht gezeigt (Lenz, 2010a). Die Annahme der Vererbbarkeit der psychischen Krankheit und die damit verbundene Angst, selbst einmal psychisch zu erkranken, haben zur Folge, dass das eigene Verhalten sehr kritisch beobachtet wird. »Ähnlichkeiten mit dem erkrankten Elternteil in Gesten, Reaktionen oder Gedankengängen werden dabei als Bedrohung erlebt und schnell als erste Krankheitszeichen bewertet« (Lenz, 2008a, S. 33).

Ihre Krankheitstheorien fördern eine Tabuisierung von Seiten der Kinder, da sie befürchten, dass in einem Gespräch über die familiäre Situation ihre Mutmaßungen eines eigenen Verschuldens der Krankheit oder der Entwicklung einer eigenen psychischen Erkrankung bejaht werden und zur Gewissheit werden könnten. Aus Angst vor den Antworten vermitteln sie ihrerseits den Eindruck, nichts Näheres über die Erkrankung erfahren oder offene Gespräche führen zu wollen. »In dem scheinbaren Nicht-wissen-wollen drückt sich diese Ambivalenz aus, in der die Kinder nicht selten allein und unverstanden gefangen bleiben« (S. 32), weil der Wunsch nach Normalität im familiären Alltag und die gleichzeitige Angst vor genauen Auskünften im Gegensatz zu dem großen Bedürfnis nach Thematisierung, Informationen und dem Wunsch, Fragen stellen zu dürfen, stehen.

Die Tabuisierung birgt die große Gefahr, dass es neben den subjektiven Krankheitstheorien zu *Loyalitätsspaltungen* kommt. Diese beziehen sich vornehmlich auf den Kontakt zu familienexternen Personen und zeigen sich insbesondere in der Diskrepanz zwischen dem Zusammenhalt der Familie einerseits und dem gleichzeitigen Wunsch nach Zugehörigkeit zu den eigenen Peers andererseits (Wiegand-Grefe, Halverscheidt u. Plass, 2011c). Denn eine altersentsprechende Relativierung und Integration von Emotionen wie Angst, Schuld oder Scham scheint »nicht nur für die psychische Entwicklung, sondern für die Aufrechterhaltung der sozialen Integration in der Gruppe der Gleichaltrigen von erheblicher Bedeutung« (Bohus et al., 1998, S. 137) zu sein. »Um den Zwiespalt zwischen Loyalität und Distanzierung abzumildern, verschweigen die Jugendlichen ihren Freunden gegenüber Sorgen, Ängste und Probleme, die im Zusammenhang mit der elterlichen Erkrankung stehen« (Lenz, 2005, S. 121). Eine

»offene Kommunikation gilt dann als Verrat an der Familie« (Gehrmann et al., 2009, S. 52). Die Kinder haben deshalb »häufig das Gefühl, ihre Erfahrungen verbergen oder verleugnen zu müssen, um sich selbst oder ihre Eltern davor zu schützen, abgelehnt oder moralisch verurteilt zu werden« (Trepte, 2008, S. 81 f.).

Soziale Isolation

Die fehlende Unterstützung durch familienexterne Personen und der sich daraus ergebende Anspruch, in jeder Situation auf sich allein gestellt sein zu müssen, wird als sehr hoher Belastungsfaktor empfunden (Könnecke, Ropeter, Wening u. Häfner, 2005). Die Gründe für die familiäre soziale Isolation liegen nach Lenz (2005) in folgenden fünf Aspekten:
1. Tabuisierung der Krankheit in der Familie,
2. Rede- und Kommunikationsverbot,
3. Schamgefühle,
4. Angst vor Ablehnung und sozialer Ausgrenzung,
5. Stigmatisierung und Abwertung.

Die oben angeführte Tabuisierung der elterlichen Erkrankung und das damit einhergehende implizit oder explizit ausgesprochene Redeverbot führen zu einem sozialen Rückzug der Familie, da Gespräche mit familienexternen Personen eine Gefahr für das Familiengeheimnis darstellen (Gehrmann, Söhle u. Boida, 2009). Hinzu kommt, dass insbesondere jüngere Kinder oftmals keine Worte und Beschreibungen finden können, mit denen sie die elterlichen Verhaltensweisen einer außenstehenden Person angemessen beschreiben können. »Da in der Familie nicht offen über die Krankheit gesprochen wird, fehlen den Kindern häufig einfach die passenden Worte. Das Schweigen und Verheimlichen ist daher nicht selten auch ein Ausdruck ihrer Sprachlosigkeit in Bezug auf die elterliche Erkrankung« (Lenz, 2005, S. 120). Beeinflusst werden der Aufbau und die Aufrechterhaltung sozialer Beziehungen zudem von Schamgefühlen der Kinder. Sie vermeiden den Kontakt von Freunden mit dem betroffenen Elternteil, indem sie beispielsweise andere Kinder nicht nach Hause einladen, um zu umgehen, dass Freunde und Bekannte das oftmals befremdliche, auffällige und bizarre Verhalten des Elternteils miterleben. Neben der Scham, die die Kinder in solch einer Situation für die Mutter oder den Vater empfänden, könnte der Kontakt von Freunden zu dem erkrankten Elternteil eine Ausgrenzung aus der Peergroup oder Stigmatisierung durch diese zur Folge haben. »Mit Stigmatisierung und Entwertung ihres kranken Elternteils und der ganzen Familie sind vor allem auch Jugendliche konfrontiert. Psychische Krankheit steht in der Öffentlichkeit häufig immer noch für Unberechenbarkeit, Geisteskrankheit und Schwachsinn. Manche Jugendliche müssen deshalb selbst im engen Freundeskreis versteckt oder offen mit abwertenden Kommentaren und Bemerkungen über die kranke Mutter oder den kranken Vater rechnen. Sie fühlen sich dadurch verletzt, erniedrigt und ausgegrenzt« (Lenz, 2005, S. 121). Die soziale Isolation kann somit nicht nur als eine Schutzfunktion für das Familiengeheimnis, sondern auch als Schutz vor peinlichen und beschämenden Situationen und den damit verbundenen Konsequenzen angesehen werden. Die Vermeidung von sozialen Kontakten führt dazu, dass die Familie insgesamt und die Kinder im Besonderen nur gering ausgeprägte Netzwerkbeziehungen besitzen oder der Bezug zu engen Vertrauten gar nicht gegeben ist. »Oft fehlen zuverlässige und vertrauensvolle soziale Beziehungen, die in der belastenden Familiensituation für die Kinder eine ausgleichende und normalisierende Funktion übernehmen könnten. Die Kinder wissen nicht, an wen sie sich mit ihren Problemen wenden können, und haben niemanden, mit dem sie darüber sprechen können, häufig gelingt es ihnen nicht, die Scham- und Schuldgefühle sowie das familiäre Schweigegebot zu überwinden und den Schritt nach außen zu wagen« (Lenz u. Kuhn, 2011, S. 271).

Hinzu kommt, dass die vielfach übernommenen Verantwortungen im familiären Alltag eine Orientierung und aktive Teilnahme an sozialen Beziehungen nahezu unmöglich machen, denn »die Kinder finden oftmals weder innerlich noch äußerlich einen Freiraum, der für den Aufbau und die Aufrechterhaltung von sozialen Beziehungen notwendig ist. Sie fühlen sich vielmehr zu Hause unentbehrlich und können sich meist nicht von der Angst befreien, dass ohne ihre Anwesenheit und Hilfe der labile Zustand innerhalb der Familie zusammenbrechen und vielleicht sogar etwas Schlimmes passieren könnte. Außerfamiliäre Kontakte und Aktivitäten werden auf diese Weise zu Nebenschauplätzen im Leben der Kinder« (Lenz, 2010a, S. 157). In Studien konnte zwar belegt werden, dass kleine Netzwerke sehr wohl vorhanden sind, diese aber aus sehr oberflächlichen Beziehungen bestehen und die Kinder keine Möglichkeiten sehen, sich dieses Netzwerk zu ihrer Unterstützung zunutze zu machen (Kuhn u. Lenz, 2008). Daher tragen die Kinder ihre Probleme »nicht nach außen, sondern versuchen, diese ohne Unterstützung ihrer sozialen Umwelt zu lösen. Diese nach innen gerichtete Verarbeitung lässt die Kinder häufig nach außen als unauffällig erscheinen und verstärkt somit die Nichtreaktion der Umwelt« (Wagenblass, 2003, S. 27). Kommt es zu Beziehungsangeboten aus dem nahen sozialen Umfeld der Familie (Lenz u. Kuhn, 2011) oder Gesprächsangeboten von Lehrern und Schulsozialarbeitern (Habers, Stelling u. Jungbauer, 2010) werden diese oftmals aufgrund der Scham- und Angstgefühle abgelehnt.

Parentifizierung

Die Kinder empfinden vor allem in akuten Krankheitsphasen ihrer Eltern Angst, Verunsicherung, Ratlosigkeit, Verzweiflung, Unruhe und Überforderung und begegnen der wahrgenommenen Unkontrollierbarkeit und Unberechenbarkeit mit Versuchen der Verantwortungsübernahme für die Eltern (Kuhn u. Lenz, 2008). Während jüngere Kinder kaum Möglichkeiten besitzen, sich den schwierigen Lebensumständen im Alltag, wie unregelmäßigen Mahlzeiten oder unstrukturierten Tagesabläufen, zu entziehen (Lenz, 2008a), können Jugendliche sich aufgrund der größeren Selbständigkeit zumindest zeitweise von der familiären Situation distanzieren. Doch gerade an Jugendliche richten die erkrankten Elternteile gezielte Erwartungen und Aufträge, die »in ihrem Kern die Wunschvorstellung nach einer Rollenumkehr, in der die Kinder Eltern- und Partnerfunktion für ihre Eltern übernehmen« (Lenz, 2005, S. 96) beinhalten. Diese Rollenumkehr kann sowohl die familienfunktionale Ebene als auch die emotionale Ebene betreffen.

Zur familienfunktionalen, der instrumentellen Parentifizierung (Ohntrup, Pollak, Plass u. Wiegand-Grefe, 2011) gehören die Übernahme von Verantwortung für ganze Lebensbereiche, wie Organisation des Haushaltes oder finanzielle Angelegenheiten, die Versorgung und Erziehung der jüngeren Geschwister und auch die Versorgung der erkrankten Mutter bzw. des erkrankten Vaters. So achten die Kinder beispielsweise darauf, dass der Betroffene seine Medikamente zu den vorgegebenen Zeiten einnimmt, Arzttermine einhält und soweit es möglich ist, eine Entlastung erfährt (Lenz, 2005). In Familien, in denen kein gesunder Elternteil oder eine andere nahestehende Person aus der Familie zur Unterstützung der Kinder beitragen kann oder der gesunde Elternteil bzw. die andere nahestehende Person mit der Situation überfordert ist, ist diese Parentifizierung besonders stark ausgeprägt (Müller, 2008).

Die emotionale Parentifizierung zeichnet sich dadurch aus, dass die Kinder eine »emotionale Stützfunktion« (Müller, 2008, S. 145) sowohl für den erkrankten als auch den gesunden Elternteil übernehmen. »Die emotionale Parentifizierung beinhaltet [...], dass Eltern sich mit alters- und entwicklungsinadäquaten persönlichen Anliegen an das Kind wenden oder im Sinne eines Partnerersatzes in unangemessener Weise Liebe und Zuneigung vom Kind einfordern« (Ohntrup et al., 2011, S. 377). Insbesondere der gesunde Elternteil »projiziert häufig Wunschvorstellungen auf das Kind, die in der Beziehung zum kranken Partner unerfüllt bleiben. Das Kind rutscht auf diese Weise gewissermaßen zwischen die Eltern und übernimmt eine Art ›Sorgerolle‹, indem es dazu beiträgt, dass die Ehe weiter zusammenhält oder dem gesunden Elternteil die vermisste

Zuwendung und Aufmerksamkeit als Gesprächspartner vermittelt« (Lenz, 2005, S. 96). Schier et al. (2011) weisen darauf hin, dass insbesondere die emotionale Parentifizierung Auswirkungen auf die Entwicklung einer Depression und von somatoformen Schmerzen der Kinder im Erwachsenenalter hat: »Emotionale Parentifizierung stellt für beide Diagnosegruppen einen Risikofaktor dar. Während das Auftreten von Depressionen eher durch mütterliche Parentifizierung prädiziert wird, ist bei der Entwicklung von somatoformen Schmerzen auch der väterliche Einfluss relevant« (S. 364).

Durch die Umkehr der Eltern-Kind-Rolle machen die Kinder und Jugendlichen einerseits die Erfahrung, »nur anerkannt zu werden, wenn man für andere da ist und sich um sie sorgt« (Wagenblass, 2003, S. 26). Andererseits, so das Ergebnis der Interviewstudie von Lenz (2005), erleben sie, dass sie den Wünschen und Erwartungen der Eltern nie gerecht werden können und sich diese aufgrund der unerfüllten Bedürfnisse und damit verbundenen Enttäuschungen aggressiv von ihnen abwenden. »So kann die Rollenumkehr, in der die Kinder Eltern- und Partnerrolle übernommen haben, plötzlich kippen in eine Überkontrolle und Überfürsorge« (S. 99), die den Kindern und Jugendlichen keine eigenen Freiräume mehr lässt. Zudem empfinden die Jugendlichen den stetigen Wunsch des erkrankten Elternteils nach enger Bindung und die damit verbundene Vernachlässigung eigener sozialer Kontakte als bedrängendes Klammern, Kontrolle und Einmischung in das außerfamiliäre Leben (Lenz, 2008a). Diese Empfindungen lösen bei ihnen aufgrund der Schuldgefühle, die elterliche Erkrankung mit verursacht zu haben und daher den Elternteil bestmöglich unterstützen zu müssen, sowie der eigenen intensiven Einbindung in das Familiensystem mit den damit übernommenen Verantwortungen und Aufgaben ambivalente Gefühle aus. Sie »stürzen sie in eine Ausweglosigkeit und ein Wechselbad von Schuldgefühlen, Verzweiflung und aggressiven Abgrenzungsversuchen, die eine positive Gestaltung der Beziehung zum erkrankten Elternteil sowie der Ablösung und Autonomieentwicklung ohne ›Trennungsschuld‹ zumindest wesentlich erschweren« (Lenz, 2005, S. 96).

Dennoch soll nicht unerwähnt bleiben, dass Parentifizierung nicht per se einen Belastungsfaktor darstellen muss (Ohntrup et al., 2011). So zeigen Studien der Bewältigungsforschung (auf die weiter unten noch näher eingegangen wird), dass Kinder, die Verantwortung in angemessenem Umfang in diversen Lebensbereichen, wie bei der Versorgung jüngerer Geschwister oder der Haushaltsführung, übernehmen, widerstandsfähiger gegenüber Belastungen sind und häufiger eine gesunde Entwicklung vorweisen können. »Die Tätigkeiten gaben ihnen die Fähigkeit, Bedeutung und Wert im eigenen Tun sowie Sinn und Zweck in der eigenen Existenz zu sehen« (Wustmann Seiler, 2012, S. 105). Zudem wird den Kindern durch die Bestätigung, die sie in der ihnen zuteilgewordenen Rolle erfahren, ein

Gefühl der Stärke und der Kompetenz gegeben (Wagenblass, 2003). Parentifizierung stellt dann einen Belastungsfaktor dar, wenn durch die fortwährende Rollenumkehr der kindliche Handlungs- und Erfahrungsspielraum eingeengt wird und die Kinder so in ihrer Entwicklung gehemmt werden. Ist die Rollenumkehr jedoch zeitlich begrenzt und lässt den Kindern die Möglichkeit, sich ihr zu entziehen, eigenen Interessen und Bedürfnissen nachzugehen und ausschließlich entwicklungsangemessene Aufgaben zu übernehmen, kann die Übernahme der Elternrolle auch eine stärkende Funktion besitzen (Ohntrup et al., 2011).

Emotionale Nicht-Verfügbarkeit des Elternteils

In der Interviewstudie von Könnecke et al. (2005) berichten die Teilnehmer, dass sie den Verlust der emotionalen Nähe zum erkrankten Elternteil als stärkste Belastung erfahren. »Beim Verlust des emotionalen Kontaktes erleben die Kinder eine Störung und/oder den Abbruch der Kommunikation zum Elternteil. Sie erfahren, dass der Vater oder die Mutter emotional nicht erreichbar ist« (S. 9). »Insbesondere in den akuten Krankheitsphasen vermissen sie oftmals Anteilnahme und Wertschätzung, ein liebevolles Interesse und Zärtlichkeiten. Sie erleben stattdessen befremdende Kühle und Abweisung im Kontakt, was dazu führen kann, dass Enttäuschung in Wut und Traurigkeit umschlägt. Es entsteht […] Traurigkeit, weil der erkrankte Elternteil nur noch unzulänglich in der Lage ist, ihre Gefühle zu erwidern und auf ihre Bedürfnisse einzugehen, weil sie sich vernachlässigt, ungerecht behandelt und ungeliebt fühlen« (Lenz, 2005, S. 88). In einigen Fällen, so führt Gutmann (2008) aus, steigert sich die emotionale Abwesenheit in eine offene emotionale Ablehnung des Kindes durch den erkrankten Elternteil, indem es zu Beleidigungen, Beschuldigungen und abwertenden Aussagen kommt. Je nach Symptomatik kann diese emotionale Ablehnung unterschiedlich schwere Ausmaße annehmen. Die Kinder fühlen sich in ihrer eigenen Person abgewertet und nicht ernst genommen und bemühen sich daher oftmals, angetrieben insbesondere durch die starken Schuldgefühle, durch eine verstärkte Anpassung an die elterlichen Wünsche und durch die Vernachlässigung eigener Interessen und Bedürfnisse die ersehnte Anerkennung zu bekommen. Gelingt es den Kindern in einigen Situationen dennoch, ihre Wut und Trauer über die fehlende Emotionalität des Elternteils zu artikulieren, ist es diesem oftmals aufgrund der Erkrankung unmöglich, adäquat zu reagieren, was wiederum zu Vorwürfen oder Drohungen, zum Teil auch mit Androhung eines Suizids, verbunden ist. Die Kinder lernen dadurch, ihre eigenen Gefühle zu unterdrücken und sie weder verbal noch nonverbal zum Ausdruck zu bringen (Gutmann, 2008).

Ent-Normalisierung des familiären Alltags

Kinder psychisch kranker Eltern wachsen »in einer Atmosphäre der Instabilität, Unberechenbarkeit und Strukturschwäche auf« (Hipp, Schatte u. Altrogge, 2010, S. 717). Diese Strukturschwäche zeigt sich in drei Bereichen:
1. *Der erkrankte Elternteil kann die Strukturen seines Erziehungsverhaltens nicht mehr aufrechterhalten:*
   »Auch und gerade bei häufig abrupten Veränderungen in einer Familie leiden die elterliche Fürsorge und die Konsistenz im Erziehungsverhalten. Bei den betroffenen Eltern und Familien führen diese Stressfaktoren häufig dazu, dass sie in ihren Erziehungsfertigkeiten überfordert sind« (Retzlaff, Eickhorst u. Cierpka, 2011, S. 335). So fällt dem psychisch kranken Elternteil die Aufrechterhaltung der Alltagsroutinen, wie der geregelten Schlaf- und Essenszeiten, sowie die Einforderung klarer Verhaltensregeln schwer (Müller, 2008). Grenzen, die den Kindern in stabilen Phasen gesetzt werden, werden nun diffus, inkonsequent eingefordert oder nicht mehr gesetzt, Konsequenzen auf ein Fehlverhalten können von den Kindern nicht mehr abgeschätzt werden und das elterliche Handeln wirkt willkürlich und unberechenbar. Die Kinder »erleben ihre Eltern in unterschiedlichen Identitäten mit unterschiedlichen Verhaltensdispositionen, so dass sie keine verlässliche kausale Korrelation zwischen ihren Handlungen und den darauf folgenden Reaktionen der Eltern erkennen können« (Hipp et al., 2010, S. 717). Für die Kinder fallen somit Halt gebende Strukturen im elterlichen Erziehungsstil weg (Müller, 2008).
2. *Es kommt zum Verlust von familiären Alltagsstrukturen:*
   Tritt eine Krankheitsphase ein, muss sich jedes einzelne Familienmitglied auf andere Alltagsstrukturen einstellen. Insbesondere, wenn der erkrankte Elternteil im Alltag die Versorgung und Betreuung der Kinder übernommen hat, geht die Verschlechterung des Gesundheitszustandes mit veränderten Abläufen im Alltag der Kinder und in der Haushaltsführung einher. Die Kinder versuchen diesen Wegfall der gewohnten Strukturen durch eigenes Handeln zu kompensieren, sind damit aber häufig überfordert. Infolgedessen kommt es bei den Kindern, was ihre Freizeitgestaltung, das heißt beispielsweise ihre Teilnahme am Vereinsleben, betrifft, zu Abbrüchen oder einem unregelmäßigen Erscheinen, die Kinder kommen zum Teil verspätet oder unversorgt in die Schule oder können ihre sozialen Kontakte zu Freunden nicht weiter aufrechterhalten (Müller, 2008).

   Besonders gravierend wirkt sich die Klinikeinweisung des Elternteils auf die Strukturen des Alltages aus. »Wenn der erkrankte Elternteil die Mutter ist, führt die Klinikeinweisung gerade für kleinere Kinder […] zu[r] einschneidenden Veränderung in der alltäglichen Lebenssituation. So kommt entweder eine andere Person in den Haushalt, um die Versorgung und Betreuung aufrechtzuerhalten, oder die Kinder werden tageweise oder für die gesamte Zeit des Klinikaufenthalts in einer anderen Familie untergebracht« (Lenz, 2005, S. 83). Das führt dazu, dass sich die Kinder auf neue Regeln, Gewohnheiten und Erwartungshaltungen einstellen und ihr Verhalten danach ausrichten müssen.

3. *Die Kinder passen den alltäglichen Ablauf an die gesundheitliche Situation des Elternteils an:*
Die elterliche Erkrankung führt dazu, dass sich, insbesondere nach einem Klinikaufenthalt, in der Familie eine Atmosphäre der Schonung und Rücksichtnahme entwickelt. Die Kinder versuchen aus Angst vor einem Rückfall ihr Verhalten an die Bedürfnisse des Elternteils anzupassen und jede Form der Belastung und Kritik oder starke Gefühlsäußerungen zu vermeiden (Lenz, 2005). Somit entsteht nicht nur durch das krankheitsbedingt veränderte Verhalten des Elternteils eine Ent-Normalisierung des Alltages, sondern auch durch das veränderte, auf die Erkrankung reagierende Verhalten des anderen Elternteils bzw. der Kinder. Indem der familiäre Alltag auf die Erkrankung ausgerichtet wird, nimmt diese den zentralen Lebensmittelpunkt der Familie ein.

Die von den Kindern in den Interviews der Studie von Lenz (2005) genannten Belastungsfaktoren sind diagnoseübergreifend, also unabhängig davon, unter welcher psychischen Erkrankung der Elternteil leidet. Dieses Ergebnis stützt eine zentrale Aussage der Rochester Longitudinal Study (Sameroff, Seifer, Zax u. Barocas, 1987). In dieser Längsschnittstudie konnte bereits aufgezeigt werden, dass nicht die elterliche Diagnose an sich den entscheidenden belastenden Faktor darstellt, sondern andere Dimensionen, wie der soziale Status der Familie oder die Schwere und Chronifizierung der Erkrankung, entscheidender für die kindliche Entwicklung sind: »Social status was a more powerful risk factor than any of the mental illness measures. Among the mental illness measures, severity and chronicity of maternal disturbance were better predictors of risk than were specific diagnoses« (S. 387). Zu den zur kindlichen Belastung wesentlich beitragenden elterlich-familiären Dimensionen zählen außerdem die Komorbidität, die Rückfallhäufigkeit, die Häufigkeit und Dauer der symptomfreien Perioden sowie der Einbezug des Kindes in das Wahnsystem des Elternteils (Wiegand-Grefe et al., 2011c). Nicht die elterliche Diagnose ist somit entscheidend für den Schweregrad der Belastung der Kinder, sondern die Auswirkungen der Erkrankung auf das Erleben der Kinder und auf die Gestaltung ihres Alltages.

Exkurs: Kindeswohlgefährdendes Elternverhalten bei psychisch erkrankten Eltern

Kindeswohlgefährdendes Elternverhalten beinhaltet sowohl Gefahren für die psychische und physische Gesundheit und das Leben des Kindes als auch Belastungen für ihre soziale und emotionale Entwicklung. In Familien mit psychisch kranken Eltern besteht ein erheblich erhöhtes Gefährdungspotenzial für Missbrauch, physische und emotionale Misshandlung und Vernachlässigung der Kinder, wie verschiedene Erhebungen zeigen. So hat »im Jugendamt [...] jedes zehnte Kind, das Jugendhilfe nach dem Kinder- und Jugendhilfegesetz bekommt, eine Mutter oder einen Vater mit einer psychischen Störung oder Erkrankung. Familienrichter haben in einem Viertel aller Sorgerechtsverfahren mit psychisch kranken Eltern zu tun« (Gehrmann et al., 2009, S. 51). Münder, Mutke und Schone (2000) fanden in einer Stichprobe von Fällen, in denen ein Verfahren nach § 1666 BGB bei Gericht anhängig wurde, Anteile von 18 bzw. 44 %, bei denen in der jeweils betroffenen Familie von der beteiligten ASD-Fachkraft eine elterliche psychische Erkrankung bzw. eine Suchterkrankung gesehen wurde. »Zur körperlichen Misshandlung von Kindern lässt sich zunächst feststellen, dass ein Drittel der Mütter, die ihr Kind töteten, psychisch schwer erkrankt sind. [...] Misshandelnde Mütter leiden oft an Depressionen, Angststörungen, Borderline-Persönlichkeitsstörungen und Schizophrenien, während misshandelnde Väter besonders häufig die Diagnose einer antisozialen Persönlichkeitsstörung aufweisen« (Klein und Jungbauer, 2010, S. 163). Kinder von persönlichkeitsgestörten Müttern und Vätern scheinen insgesamt in einem hohen Maße gefährdet zu sein, von diesen misshandelt zu werden, wogegen vieles darauf hindeutet, »dass psychotisch erkrankte Eltern ihre Kinder nicht häufiger misshandeln als andere Patientengruppen. Es kann allerdings im Rahmen von Wahnvorstellungen bei floriden Psychosen zu Misshandlungen kommen« (Lenz, 2008a, S. 22). Persönlichkeitsgestörte Elternteile mit weniger schwerwiegenden psychischen Krankheiten zeigen ein höheres Misshandlungsrisiko, wenn jugendliches Alter, schwierige Lebensbedingungen, schlechte Kindheitserfahrungen und Sucht hinzukommen. Das Risiko der Misshandlung steigt zudem an, wenn bei beiden Elternteilen psychische Erkrankungen vorliegen (Deneke, 2005) und soziale Unterstützung fehlt bzw. nicht mobilisiert werden kann (Lenz, 2008a).

Schwerer zu erfassen als Formen der Vernachlässigung, der körperlichen Misshandlung und des Missbrauchs ist die psychische Misshandlung, die »die häufigste Form der Kindesmisshandlung in Familien mit psychisch kranken Eltern ist und womöglich sogar besonders gravierende Auswirkungen auf die Entwicklung der Kinder hat« (Lenz, 2008a, S. 23). Unter psychischer Misshandlung werden »chronische qualitativ und quantitativ ungeeignete und unzureichende, inadäquate Handlungen und Beziehungsformen von Sorgeberechtigten zu Kindern [verstanden]. Dem Kind wird zu verstehen gegeben, es sei wertlos, mit Fehlern behaftet, ungeliebt, ungewollt, gefährdet oder nur dazu nützlich, die Bedürfnisse anderer Menschen zu erfüllen. Psychische Misshandlung kann sich eher laut zeigen, etwa in offener Ablehnung des Kindes, oder eher leise und subtil, z. B. in der Zuschreibung bestimmter Eigenschaften« (Maihorn u. Ellesat, 2009, S. 45 f.). Die Form der psychischen Misshandlung ist bei psychisch erkrankten Eltern von besonderer Relevanz, da der erkrankte Elternteil immer wieder emotional nicht erreichbar ist und zum Teil zurückweisend, aggressiv, feindselig und unberechenbar reagiert. »Wird das Kind beispielsweise durchgehend als Last, als böse und wertlos gesehen und behandelt, wie es bei schweren Depressionen und paranoiden Psychosen der Eltern vorkommen kann« (Lenz, 2008a, S. 23), hat dies schwerwiegende Folgen für die seelische Entwicklung der Kinder. Es ist möglich, dass »die intuitiven Verhaltensweisen und die selbstreflexive Funktion der Eltern so beeinträchtigt [werden], dass Misshandlung und Vernachlässigung möglich sind, dass ein pathologischer Interaktionsstil vorherrscht und eine rigide Rollenzuschreibung die Kinder in der Entfaltung ihrer eigenen Persönlichkeit behindert« (Deneke, 2005, S. 150). Auch die oben beschriebene Parentifizierung kann somit als Form der psychischen Misshandlung betrachtet werden, wenn sie über das altersangemessene Maß der Aufgaben hinausgeht und die Kinder keine Bestätigung in ihrem Handeln erfahren.

Trotz des erhöhten Risikos einer Vernachlässigung, die für jüngere Kinder oftmals gravierendere Auswirkungen hat als für ältere (Wagenblass, 2012), des Missbrauchs und der Misshandlung gilt selbstverständlich auch für psychisch erkrankte Eltern das im Grundgesetz verankerte Recht (Schone, 2008, S. 129): »Pflege und Erziehung der Kinder sind das natürliche Recht der Eltern und die zuvörderst ihnen obliegende Pflicht« (Art. 6 Abs. 2 Satz 1 GG). Dem Recht und der Pflicht der Eltern steht der Schutzauftrag für das Kind gegenüber. In »Familien mit einem psychisch erkrankten Elternteil kann es – wie bei Familien in anders gelagerten Problemlagen auch – zu Situationen kommen, die das Kind bzw. seine weitere Entwicklung gefährden können. Bei gewichtigen Anhaltspunkten für eine Kindeswohlgefährdung ist dann ein Handeln entsprechend des Schutzauftrages erforderlich. Zentrale fachliche Standards des Handelns wurden mit der Einführung des § 8a SGB VIII konkretisiert« (Schmutz, 2010, S. 107). Dieser Paragraph legt fest, dass eine Risiko- bzw. Gefährdungseinschätzung im Zusammenwirken mehrerer Fachkräfte unter Einbeziehung eines im Kinderschutz spezialisierten Mitarbeiters erfolgen muss. Die Fachkräfte müssen außerdem die Einschätzungen der Eltern und Kinder hinzuziehen und auf eine Inanspruchnahme professioneller Hilfen hinwirken. Die Frage, ob und inwieweit die Eltern selbst die Gefahr abwenden können, steht dabei im Vordergrund, denn eine Herausnahme des Kindes aus der Familie soll nach Möglichkeit vermieden werden. Die »kindschaftsrechtliche[n] Entscheidungen erfordern es, den Fokus von der psychiatrischen Diagnose abzuziehen und ihn auf die anderen Lebens- und Bedeutungsbereiche zu richten, also mehr Aufmerksamkeit den Fragen der Lebensziele und den individuellen und/oder der familiären Lebensentwürfe im Kontext der psychischen Erkrankung eines Elternteils zu widmen. [Somit müssen] psychiatrische Diagnosen ihren engen Erkenntnis- und Bedeutungsrahmen weit überschreiten […], wenn sie in kindschaftsrechtlicher Hinsicht als Rechtfertigungsgrund für Eingriffe in die Eltern-Kind-Beziehung herangezogen werden sollen. Die psychiatrische Krankheitsdiagnose als eine Aussage über eine Störung einer Person sagt wenig über deren Selbstbild und über die Bewältigung ihrer Krankheitssymptome und -folgen, und sie sagt meistens nichts aus über die Auswirkungen und Bewältigungsformen der psychischen Erkrankung im familiären und sozialen Umfeld« (Lazarus, 2003, S. 24). Zu diesem Fazit kommen auch Wagenblass und Schone (2001), die resümieren, dass das Kind seinen psychisch erkrankten Elternteil sowohl in gesunden als auch in kranken Phasen erlebt und dass somit die Frage nach der Ausübung des Sorgerechtes nicht an das Faktum einer psychischen Erkrankung, sondern vielmehr an das konkrete Verhalten zu bestimmten Zeitpunkten und die damit verbundene Gewährleistung des Kindeswohls gekoppelt werden muss.

Die nachfolgende Zusammenstellung (aus Lenz, 2014) bietet einen Überblick über die wesentlichen *Risikofaktoren für Kindeswohlgefährdungen*, und zwar in drei Merkmalsgruppen unterteilt: den Merkmalen der Eltern, des Kindes und der Familie.

1. *Merkmale der Eltern:*
   - Persönlichkeitsmerkmale: zum Beispiel ausgeprägte negative Emotionalität, hohe Impulsivität, herabgesetzte Frustrationstoleranz, erhöhte Ängstlichkeit;
   - altersunangemessene Erwartungen in Hinblick auf die Fähigkeiten und die Selbständigkeit des Kindes;
   - eingeschränktes Einfühlungsvermögen in die Bedürfnisse des Kindes;
   - überdurchschnittlich ausgeprägte Gefühle der Belastung durch das Kind;
   - überdurchschnittlich ausgeprägte Gefühle der Hilflosigkeit in der Erziehung des Kindes und des Kontrollverlustes durch das Kind;
   - feindselige Erklärungsmuster für Problemverhaltensweisen des Kindes und ein negativ verzerrtes Bild des Kindes;
   - Zustimmung zu harschen Formen der Bestrafung;

- eingeschränkte Fähigkeit oder Bereitschaft, eigene Bedürfnisse zugunsten kindlicher Bedürfnisse zurückzustellen;
- eigene Gewalterfahrungen in der Kindheit.

2. *Merkmale des Kindes:*
   - Alter und Geschlecht eines Kindes: Bei jüngeren Kindern besteht tendenziell eine stärkere Gefährdung, bei sexuellem Missbrauch ist ein Übergewicht bei Mädchen sichtbar, bei körperlicher Misshandlung sind die Jungen leicht überrepräsentiert, bei Vernachlässigung und psychischer Misshandlung gibt es kaum Geschlechtsunterschiede;
   - Entwicklungsstand und Gesundheit: Kinder mit deutlichen Entwicklungsrückständen oder Behinderungen sind vergleichsweise einem größerem Misshandlungs- bzw. Vernachlässigungsrisiko ausgesetzt;
   - Regulations- und Verhaltensstörungen führen zu erhöhten elterlichen Belastungen und erhöhten Misshandlungsraten.

3. *Merkmale der Familie:*
   - familiäre Stressbelastung (zum Beispiel durch Ehekonflikte, Krankheitssymptome, finanzielle Probleme, beengte Wohnverhältnisse) und ungünstige Bewältigungsstrategien;
   - Belastungen durch wiederholte Partnerschaftsgewalt.

Quantitative und temporale Kumulation der Belastungsfaktoren

Die Lebenssituation der Kinder psychisch kranker Eltern zeichnet sich demnach durch das Aufwachsen unter multiplen Belastungen aus, die – wie oben erwähnt – zusätzlich zu den alltäglichen schulischen Belastungen bewältigt werden müssen. Entscheidend für das Auftreten einer psychischen Störung bei den Kindern ist dabei die Anhäufung, Kumulation, mehrerer Belastungsfaktoren, denn »bei der Frage nach den Auswirkungen der psychischen Erkrankung der Eltern auf die kindliche Entwicklung ist zu beachten, dass sich das Zusammenwirken mehrerer Belastungsfaktoren besonders schwerwiegend auf die kindliche Entwicklung auswirkt, weil sich die negativen Effekte der einzelnen Belastungsfaktoren wechselseitig verstärken« (Lenz, 2010a, S. 7). Deegener und Körner (2006) betonen, dass das Zusammenwirken der einzelnen Faktoren linear additiv, multiplikativ oder exponentiell sein könne (S. 23). Das bedeutet aber in vielen Fällen, »dass das Risiko bei Vorliegen mehrerer Risikofaktoren deutlich weiter erhöht wird, als dies bei einer Addition der Einzelrisiken zu erwarten wäre« (Heinrichs u. Lohaus, 2011, S. 24). Während die Wahrscheinlichkeit, dass ein einzelner Risikofaktor die kindliche Gesundheit beeinträchtigt, relativ gering ist, steigt das Risiko bei einer Kumulation der Belastungen stark an. Es zeigt sich also, dass »die Auswirkungen auf das Kind [...] umso gravierender [sind], je höher die Anzahl der Risikofaktoren ist« (Christiansen, Mattejat u. Röhrle, 2011, S. 474). »Dieser Befund legt noch den weiteren Schluss nahe, dass sich Risiken erst in Abhängigkeit von der Anwesenheit weiterer Faktoren durchsetzen« (Lenz, 2010a, S. 7).

Die Entwicklungsrisiken, die insbesondere durch die Kumulation der Belastungsfaktoren begünstigt werden, können sich außerdem nicht nur negativ auf die aktuelle Entwicklungsphase, sondern auch auf zukünftige auswirken. Diesbezüglich gilt: »Entwicklungsrisiken in verschiedenen Entwicklungsabschnitten sind häufig nicht unabhängig voneinander. Vielmehr kann ein Entwicklungsrisiko in einem Lebensabschnitt die Wahrscheinlichkeit, dass psychische Störungen in einem späteren Lebensabschnitt entstehen, erhöhen. So kann ein Kind mit einem schwierigen Temperament mehr Probleme haben, das eigene Verhalten zu kontrollieren. Wenn es den Eltern nicht gelingt, durch ihr Erziehungsverhalten regulierend einzugreifen, setzt sich dies bis in das Vorschul- und Schulalter fort« (Heinrichs u. Lohaus, 2011, S. 23). Hier schließen sich dann weitere aus dem schwierigen Temperament entstehende Problematiken an, wie Ausgrenzung durch andere aufgrund aggressiver Impulse, und bedingen neue Risiken, wie zum Beispiel Schulprobleme oder den Anschluss an Gruppen Gleichaltriger, die wiederum ein problematisches Verhalten fördern, das zu weiteren Schwierigkeiten führt. Somit ist nicht allein die Quantität der Belastungsfaktoren in der jeweiligen Lebenssituation von Bedeutung, sondern auch die temporalen Aspekte, also wie lange das Kind bereits mit den Belastungen konfrontiert ist, welche Belastungsfaktoren in vorangegangenen Lebenssituationen vorhanden waren und welche Faktoren hinzugekommen sind. Zudem können die Konfrontation mit den Belastungsfaktoren und die damit einhergehenden Entwicklungsrisiken das Kind in seiner altersentsprechenden Entwicklung hemmen und eine Verzögerung der weiteren Entwicklungsschritte nach sich ziehen. Kann ein Kleinkind zum Beispiel aufgrund der mütterlichen Angststörung keine explorativen Schritte unternehmen, sich nicht von der Mutter lösen und in Kontakt zu Gleichaltrigen treten, kann dies die weitere Entwicklung, wie den Aufbau sozialer Kompetenzen, behindern. Je früher Kinder demnach mit Belastungen konfrontiert werden und diese ihre Entwicklung beeinflussen, umso größer ist das Risiko, dass sich dies nachteilig auf den Erwerb weiterer altersentsprechender Kompetenzen auswirkt. Somit ist der temporale Aspekt der Belastungsfaktoren immer in Bezug zu den jeweiligen Entwicklungsaufgaben des Kindes zu setzen.

Die Kumulation der Belastungsfaktoren, also das Zusammenwirken der vielfältigen Belastungen, die sich durch das Zusammenleben mit dem psychisch erkrankten Elternteil ergeben und zusätzlich zu den alltäglichen, unter anderem schulischen Belastungen bewältigt werden müssen, erhöht das Risiko der Kinder, selbst psychisch zu erkranken. Hinzu kommen ein generelles und diagnosespezifisches Erkrankungsrisiko sowie eine genetisch bedingte Vulnerabilität der Kinder. Hiermit beschäftigt sich das nächste Kapitel.

Risikofaktoren

»Ohne Hilfe schaffe ich das nicht mehr. Ich denke wirklich irgendwann, ich selber gehe auch drauf. [...] Weil geht nicht mehr. Kann ich nicht. Ich habe meiner Mama ganz ehrlich gesagt: ›Ich brauche Hilfe.‹ Ich vor mir selber sage das, sonst hast du nachher auch noch einen an der Klatsche. [...] Weil alleine verarbeiten kann ich das nicht.«

(Schüler einer Gesamtschule, 14 Jahre)

»Kinder, die in Familien aufwachsen, in denen ein Elternteil psychisch krank ist, sind in vielfältiger Weise durch die elterliche Erkrankung betroffen und stehen unter einem erhöhten Risiko, selbst eine psychische Störung zu entwickeln« (Lenz, 2005, S. 13). »Zahlreiche empirische Studien haben [diesen] Zusammenhang von psychischer Erkrankung der Eltern und Störungen der kindlichen Entwicklung bestätigen können« (Lenz u. Kuhn, 2011, S. 269), wobei sich bei den Kindern psychisch erkrankter Eltern sowohl eine Steigerung des spezifischen als auch des generellen Erkrankungsrisikos zeigt.

Diagnosespezifische und generelle Erkrankungsrisiken

Unter dem spezifischen Erkrankungsrisiko wird die Wahrscheinlichkeit verstanden, dass das Kind an der gleichen psychischen Störung wie der betroffene Elternteil erkranken wird. Das generelle Erkrankungsrisiko bezeichnet die Wahrscheinlichkeit, dass das Kind unabhängig vom elterlichen Erkrankungsbild irgendeine psychische Störung entwickeln wird (Mattejat, 2008). Die bislang vorliegenden Studien, die von Mattejat (2008) und Wiegand-Grefe et al. (2011a) zusammenfassend dargestellt werden, zeigen folgende Zusammenhänge zwischen elterlicher und kindlicher psychischer Erkrankung:

Während die Lebenszeitprävalenz für Schizophrenie in der Allgemeinbevölkerung bei circa 1 % liegt, wachsen die Kinder eines schizophren erkrankten Elternteils mit einem erhöhten Risiko, selbst im Laufe ihres Lebens an einer schizophrenen Störung zu erkranken, von circa 13 % auf, also mit einem mehr als zehnfach erhöhten spezifischen Erkrankungsrisiko (Mattejat, 2008). Sind beide Eltern erkrankt, steigt das spezifische Risiko auf 46 % (Schosser, Kindler, Mossaheb u. Aschauer, 2006). 40 bis 60 % der Kinder eines schizophren erkrankten Elternteils entwickeln eine unspezifische behandlungsbedürftige Störung. So zeigen diese Kinder im Vorschulalter vermehrt ängstliche, zurückgezogene, depressive und zerstreute Verhaltensweisen (Niemi, Suvisaari, Haukka u. Lönnqvist, 2005) sowie motorische und sensorische Dysfunktionen, affektive Hyperirritabilität und eine verringerte Expressivität (Bohus et al., 1998). Schulkinder haben neben einem vermeidenden, ambivalenten Bindungsverhalten und negativen Sozialkompetenzen eine defizitäre Aufmerksamkeits- und Informationsverarbeitung (Niemi et al., 2005), die die schulischen Leistungen beeinträchtigt. Im Jugendalter lassen sich vermehrt kognitive Störungen erkennen, »wie tangentiales Denken, schlechtes Kontextverständnis sowie kognitives Gleiten mit konkretistischen bzw. magischen Denkstilen« (Bohus et al., 1998, S. 134).

Bei Kindern, die mit einem depressiv erkrankten Elternteil aufwachsen, lässt sich ebenfalls ein erhöhtes spezifisches Erkrankungsrisiko feststellen. Der veranschlagte Risikowert, dass Kinder von Eltern mit endogener Depression ebenfalls depressive Erkrankungen ausbilden, beträgt 15 bis 45 % (vgl. Nussbaum, Nussbaum u. Mircea, 2010, S. 312), so dass hier von einem zwei- bis sechsfach erhöhten Depressionsrisiko gegenüber der Allgemeinbevölkerung ausgegangen werden kann, da in dieser die Lebenszeitprävalenz bei circa 6 % liegt (Mattejat, 2008). Leiden beide Elternteile an einer depressiven Störung, steigt das Erkrankungsrisiko der Kinder auf 70 % (Mattejat, 2002). Doch die Kinder von Eltern mit endogener Depression unterliegen nicht allein einem hohen Risiko, eine Depression, sondern einem ebensolchen eine Angststörung oder disruptive Störung zu entwickeln (vgl. Nussbaum et al., 2010, S. 312). 60 % der betroffenen Kinder erkranken im Laufe ihrer Kindheit und Jugend an anderen psychischen Störungen als ihr depressiver Elternteil, insbesondere an Angststörungen, Störungen im Sozialverhalten, Phobien, Panikstörungen, Abhängigkeitserkrankungen sowie Einschränkungen in der Beziehungs- und Bindungsfähigkeit (Wiegand-Grefe et al., 2011a).

Bezüglich der Kinder von Eltern mit bipolar affektiven Störungen weisen Wiegand-Grefe et al. (2011a) auf die geringe Quantität und die methodischen Mängel der vorliegenden Studien hin. Dennoch kann in Metaanalysen ein erhöhtes Erkrankungsrisiko der betroffenen Kinder und Jugendlichen aufgezeigt werden. »52 % der Kinder bipolarer Eltern entwickeln irgendeine psychische Störung, bei Kindern in den Kontrollgruppen ist dies nur bei 29 % der Fall. Dies entspricht einem 2,5-fach erhöhten Risiko. Affektive Störungen werden bei 26 % der Kinder bipolarer Eltern und bei 8 % der Kinder der Vergleichsgruppe beobachtet, was einem fast 4-fach erhöhten Risiko entspricht. Bipolare Störungen werden bei 5 % der Risikokinder und bei keinem der Kinder gesunder Eltern beobachtet« (Wiegand-Grefe et al., 2011a, S. 154).

Über das Erkrankungsrisiko der Kinder von Eltern mit einer Angststörung machen die von Wiegand-Grefe et al. (2011a) herangezogenen Studien sehr unterschiedliche Angaben, die eine Spanne von einem zweifach bis zu einem siebenfach erhöhten Risiko der Kinder, selbst an einer Angsterkrankung zu leiden, umfassen. Das generelle Risiko einer psychischen Erkrankung steigt auf bis zu 41 % an und ist somit um das Zwei- bis Dreifache gegenüber Kindern gesunder Eltern erhöht (Wiegand-Grefe et al., 2011a).

Die hohen Werte der psychischen Auffälligkeiten und die vermehrte psychische Erkrankungsrate der Kinder von psychisch kranken Eltern zeigen sich auch in den Prävalenzraten der an den Kinder- und Jugendpsychiatrien behandelten Kindern und Jugendlichen. Studien belegen, dass etwa jedes zweite (Vries, Lehmkuhl u. Petermann, 2011) bzw. jedes dritte (Gehrmann et al., 2009) bis vierte Kind (Knuf, 2000), das in stationärer bzw. teilstationärer kinder- und jugendpsychiatrischer Behandlung ist, einen psychisch erkrankten Elternteil hat.

Über die verschiedenen Diagnosen hinweg kann somit von einem erhöhten spezifischen und generellen Erkrankungsrisiko der Kinder psychisch kranker Eltern ausgegangen werden. Wiegand-Grefe et al. (2011a) weisen jedoch darauf hin, dass die meisten bislang vorliegenden Studien bestimmte Diagnosegruppen fokussieren, ohne sie bezüglich ihrer Auswirkungen in einen Vergleich miteinander zu stellen. Eine Studie, in der mehrere elterliche Diagnosegruppen in ihren Auswirkungen auf die Kinder vergleichend untersucht werden, findet sich bei Lenz (2005): Im Rahmen der Erhebung schätzten die Eltern zweier erwachsenenpsychiatrischer Stationen mit Hilfe der Children Behaviour Checklist für die Altersspanne von vier bis 18 Jahren die Kompetenzen und Auffälligkeiten ihrer Kinder ein. Die Ergebnisse belegen, »dass ungefähr ein Viertel der befragten Patient(-innen) ihre Kinder als auffällig bzw. grenzwertig beurteilte« (S. 49), wobei die Unterschiede zwischen den Diagnosegruppen signifikant sind. So schätzten »36 % der depressiv Erkrankten, ca. 22 % der Patient(-innen) mit Persönlichkeitsstörungen/Neurosen und ca. 10 % der psychotisch Erkrankten« (S. 46) ihre Kinder als auffällig bzw. grenzwertig auffällig ein. Insbesondere auf der übergeordneten »Kompetenz-Skala« und der darin untergeordneten Skala »Schule« sowie auf der Skala »Internalisierte Probleme« mit den Unterskalen »Ängstlich/Depressiv« und »Sozialer Rückzug« wurden die Kinder von depressiv erkrankten Eltern als auffälliger eingeschätzt als die Kinder der an anderen Störungsbildern erkrankten Eltern. Dies trifft auch auf »Dissoziales Verhalten« und »Aggressives Verhalten« im Bereich der externalisierten Störungen zu. Zudem nahmen depressiv erkrankte Eltern bei ihren Kindern am häufigsten »unreifes und erwachsenabhängiges Sozialverhalten […], Tendenzen zu zwanghaftem Denken und Handeln […] sowie Unruhe, Impulsivität und Konzentrationsstörungen wahr« (S. 46). Bezüglich der Skala der »Sozialen Kompetenz« lassen nach Lenz die Angaben der psychotisch erkrankten Elternteile, bezüglich der Skala der »Körperlichen Beschwerden« die Angaben der Patienten mit Persönlichkeitsstörungen/Neurosen auf Auffälligkeiten der Kinder schließen.

Anzumerken ist, dass es sich um Einschätzungen aus Sicht der erkrankten Eltern handelt und deren Wahrnehmungen nicht mit weiteren diagnostischen Instrumenten überprüft wurden. »Eine solche Fremdbeurteilung aus Sicht des psychisch erkrankten Elternteils ist nicht unproblematisch« (Wiegand-Grefe, Geers, Plass, Petermann u. Riedesser, 2009, S. 118). So können die angegebenen hohen Auffälligkeitswerte der Kinder depressiv erkrankter Eltern auch auf die elterliche Störung zurückgehen, da das Krankheitsbild der Depression unter anderem mit erhöhter Energielosigkeit, Ermüdbarkeit und dem Verlust von Freude und Interesse einhergeht (Berger, van Calker, Brakemeier u. Schramm, 2009, S. 502). Betroffene stoßen daher eher an ihre Belastungsgrenzen und empfinden Verhaltensweisen der Kinder als anstrengend, auffällig und schwierig, was zu verzerrten Angaben in den Testverfahren führen kann. Dieser Zusammenhang zwischen elterlicher Symptomwahrnehmung und kindlichen Auffälligkeiten wurde in einer Studie von Wiegand-Grefe et al. (2009) untersucht. Die Wissenschaftler kommen hierbei zu dem Schluss, dass die höheren Werte der kindlichen Auffälligkeiten im Zusammenhang mit den elterlichen Krankheitssymptomen stehen. »Je stärker die Eltern sich von diesen Symptomen beeinträchtigt fühlen, desto eher stimmten sie dem Auftreten von Verhaltensauffälligkeiten bei ihren Kindern zu« (S. 118).

Hinzu kommt, dass sich psychisch erkrankte Eltern durch die Elternschaft im höheren Maße belastet fühlen als gesunde Eltern. Dies geht aus einer Untersuchung von Stadelmann et al. (2010) mit einem Kollektiv aus 104 Patientinnen und Patienten an vier psychiatrischen Kliniken hervor. Es wurde zum einen mit der Parental Stress Scale die Stressbelastung durch die Elternschaft erfasst, zum anderen wurden die psychischen Auffälligkeiten der Kinder durch die Einschätzung der Eltern mittels des Strength and Difficulties Questionaire festgestellt. Dabei wurde deutlich, dass sich die Mütter und Väter durch die Elternschaft umso gestresster fühlten, je mehr psychische Symptome die Eltern bei ihren Kindern wahrnahmen und dass dieser Zusammenhang in der Gruppe der psychisch erkrankten Eltern deutlich höher lag als bei der Vergleichsgruppe. »Psychisch kranke Eltern erleben sich signifikant mehr stressbelastet durch die Elternschaft als die Eltern der Vergleichsstichprobe. Auch die Symptombelastung der Kinder beschrieben psychisch kranke Eltern als signifikant höher, das prosoziale Verhalten als signifikant niedriger im Vergleich zu den Eltern der Vergleichsstichprobe. […] Demnach hatten 33 % der Kinder in der Stichprobe der psychisch kranken Eltern und 5 % in der nicht-klinischen Stichprobe einen auffälligen Gesamtwert« (S. 75). Somit fühlen sich psychisch erkrankte Eltern durch die emotionalen Schwierigkeiten und Verhaltensprobleme ihrer Kinder verstärkt gestresst.

Es sind also zwei wesentliche Faktoren, die eine Verzerrung der Ergebnisse bedingen, die auf einer Einschätzung der kindlichen Auffälligkeiten aus Elternsicht basieren:

1. Je stärker sich der erkrankte Elternteil durch die eigene Krankheitssymptomatik beeinträchtigt fühlt, desto eher stimmt er den Fragen nach Verhaltensauffälligkeiten der Kinder zu.
2. Je auffälliger der Elternteil sein Kind einschätzt, desto mehr fühlt er sich durch die Elternschaft gestresst. Dieses wiederum kann zu einer verstärkten selektiven Wahrnehmung von kindlichen Verhaltensauffälligkeiten und somit zu einem verstärkt negativen Antwortverhalten bei der Bearbeitung der Testverfahren führen.

Daher ist es notwendig, in den Studien Abstand von den elterlichen Einschätzungen kindlicher Auffälligkeiten zu nehmen. Aussagekräftige Studien, denen keine Elterneinschätzung zugrunde liegt, sondern die Auffälligkeiten in der Arbeit mit den Kindern selber gemessen wurden und die Ergebnisse mit verschiedenen elterlichen Erkrankungsbildern verglichen wurden, liegen bisher jedoch noch nicht vor (Wiegand-Grefe et al., 2009). Daher können bislang keine eindeutigen Aussagen darüber getroffen werden, »ob die Gefährdungspotentiale der Kinder – je nach elterlicher Diagnosegruppe – unterschiedlich hoch sind« (Wiegand-Grefe, 2011a, S. 166). Somit ist bisher ungeklärt, ob sich verschiedene psychische Störungen auf Seiten der Eltern ähnlich auf die Entwicklung eines Kindes auswirken oder ob die festgestellten Auffälligkeiten als störungsspezifisch anzusehen sind (Mattejat, Wüthrich u. Remschmidt, 2000). Unbestritten bleibt nichtsdestotrotz, dass im Allgemeinen ein erhöhtes generelles und spezifisches Erkrankungsrisiko bei den Kindern festzustellen ist, was Mattejat (2008) wie folgt zusammenfasst:

- *Generelles Erkrankungsrisiko:*
  Kinder von psychisch kranken Eltern entwickeln im Verlauf ihrer Kindheit relativ häufig psychische Auffälligkeiten bzw. Störungen. Bei bis zu 60 % der Kinder zeigt sich irgendeine psychische Auffälligkeit oder Störung. Das allgemeine psychiatrische Erkrankungsrisiko für Kinder psychisch kranker Eltern ist – auch im weiteren Verlauf ihres Lebens – somit relativ hoch.
- *Spezifisches Erkrankungsrisiko:*
  Das Risiko, dass sich dieselbe psychische Erkrankung wie bei ihren psychisch kranken Eltern herausbildet, ist bei den Kindern ebenfalls erhöht. Dabei muss man aber umgekehrt festhalten, dass die überwiegende Mehr-

heit – nämlich rund 90 % der Kinder – von schizophrenen oder depressiven Eltern im Verlauf ihres Lebens nicht dieselbe Krankheit wie ihre Eltern entwickeln. Das heißt, das spezielle Erkrankungsrisiko ist absolut gesehen noch relativ gering (rund 10 %), obwohl es relativ gesehen – im Vergleich zur Gesamtbevölkerung – deutlich erhöht ist« (S. 79).

Vererbung psychischer Erkrankungen

Da Kinder aufgrund der elterlichen Erkrankung eine spezifische Hochrisikogruppe für die Ausbildung psychischer Störungen darstellen (Krumm et al., 2005), wurde die Frage nach einer möglichen Vererbbarkeit von psychischen Erkrankungen in der Literatur bereits vielfach diskutiert.

Meyer, Mattejat, König, Wehrmeier und Remschmidt (2001) sind dieser Frage im Rahmen einer Längsschnittstudie zur mehrgenerationalen Perspektive bei psychischen Erkrankungen unter Einbeziehung von Familien aus drei Generationen nachgegangen. Hierzu wurden Anfang der 1970er Jahre in einer ersten Untersuchung Patienten mit endogenen Depressionen, die stationär in der Marburger Universitätsklinik behandelt wurden und Kinder im Alter von zwei bis 18 Jahren hatten, ausgewählt und zusammen mit ihren Kindern in die Befragung einbezogen. Für die Nachuntersuchung wurden des Weiteren die Personen der dritten Generation, also die Enkel der erkrankten Patienten befragt. Die Auswertung der Studie bezieht sich daher auf 23 Eltern der ersten Generation, 23 nun erwachsene Kinder und 17 Enkel. Bei über einem Drittel der befragten Kindergeneration können psychische Auffälligkeiten festgestellt werden. So berichten 39,1 % von Problemen in der Kindheit und Jugend, 34,8 % von Schwierigkeiten im Erwachsenenalter und 52,2 % von aktuellen eigenen psychischen Problemen. In der Enkelgeneration hingegen können bei der Einschätzung der Enkel durch die Eltern keine psychischen Auffälligkeiten festgestellt werden. Die Werte der eingesetzten Children Behaviour Checklist liegen im Normbereich. Bei der Eigenbewertung durch die Enkel selbst aber werden eigene Auffälligkeiten genannt. In den Familien, in denen beide Elternteile erkrankt sind, zeigen sich sowohl bei den Kindern als auch bei den Enkeln häufiger psychische Auffälligkeiten. Eine genetische Disposition kann also, insbesondere aufgrund der erhöhten Erkrankungsrate der Kinder bei Erkrankung beider Elternteile, angenommen werden. Jedoch bleibt die Frage nach den Auswirkungen auf die Enkelgeneration aufgrund der unterschiedlichen Einschätzungen ungeklärt. Zudem geht aus der Studie nicht eindeutig hervor, inwiefern genetische Veranlagungen von Bedeutung sind oder die familiären Kontexte, in denen die einzelnen Kindergenerationen aufwachsen, die psychische Gesundheit beeinflussen.

Einer gezielteren Klärung des Einflusses genetischer Dispositionen bei schizophrenen Erkrankungen sind Remschmidt und Theisen (2011) nachgegangen. Sie kommen zu dem Ergebnis, dass »in der überwiegenden Mehrheit der Familienstudien […] ein erhöhtes Erkrankungsrisiko für Verwandte 1. und 2. Grades von Patienten mit Schizophrenie nachgewiesen werden [konnte], d.h. das Erkrankungsrisiko korreliert stark mit dem Verwandtschaftsgrad. So z. B. liegt das Erkrankungsrisiko von Enkeln schizophren Erkrankter bei 5 %, von Kindern eines erkrankten Elternteils bei 13 %, von Kindern beider erkrankter Elternteile bei 46 %« (S. 35). Detaillierte Erkenntnisse liefern Zwillingsstudien, in denen eineiige und zweieiige Zwillinge miteinander verglichen werden. Je höher die Auftretensrate einer schizophrenen Erkrankung bei eineiigen Zwillingen im Vergleich zu zweieiigen Zwillingen ist, desto eher lässt sich auf eine genetische Prädisposition dieser psychischen Störung schließen (Schosser et al., 2006). »Zwillingsstudien zum Phänotyp Schizophrenie ergaben im Durchschnitt bei eineiigen Zwillingen eine Konkordanz von 48 %, bei zweieiigen Zwillingen von 17 %. Hierbei weicht die Konkordanzrate zweieiiger Zwillinge nur relativ wenig vom Erkrankungsrisiko für Geschwister ab (9 %). Die Tatsache, dass eineiige Zwillinge trotz praktisch identischen Erbguts eine unvollständige Konkordanz […] aufweisen, unterstreicht die Relevanz nicht genetischer Faktoren bei der Entstehung der Erkrankung« (Remschmidt u. Theisen, 2011, S. 36). Indessen stellte sich in Adoptionsstudien heraus, dass bei Kindern, deren biologische Mütter bzw. Eltern eine schizophrene Erkrankung hatten und die von psychiatrisch unauffälligen Eltern adoptierten wurden, ein Erkrankungsrisiko für Schizophrenie von circa 10 bis 18 % gegeben war, was auf eine genetische Veranlagung der Erkrankung hinweist (Remschmidt u. Theisen, 2011). Ähnliches belegen die Ergebnisse aus den Cross-Fostering-Studien, in denen die Kinder schizophrener leiblicher Eltern, die bei nicht erkrankten Eltern aufwachsen, mit den Kindern verglichen werden, die gesunde leibliche Eltern haben, jedoch bei an Schizophrenie erkrankten Pflegeeltern leben. Dabei wird deutlich, dass die Kinder, die von schizophrenen Eltern abstammen, aber bei gesunden Adoptionseltern aufwachsen, circa doppelt so häufig an Schizophrenie erkranken wie die Kinder, deren biologische Eltern gesund, die Adoptiveltern jedoch schizophren erkrankt sind (Remschmidt u. Theisen, 2011). Jedoch deutet zugleich das »im Vergleich zur Allgemeinbevölkerung erhöhte Schizophrenierisiko bei von psychiatrisch gesunden Eltern abstammenden Kindern durch Aufwachsen bei einem Adoptivelternteil mit Schizophrenie […] darauf hin, dass diese Sozialisation einen ›nicht genetischen Beitrag‹ zur Krankheitsentstehung liefert« (S. 37).

Somit kann eine genetische Veranlagung für die Entwicklung einer psychischen Erkrankung weder ausgeschlossen noch als alleiniger auslösender Faktor betrachtet werden. Sollberger (2002) formuliert diesbezüglich: »Das Fazit aus den Risikostudien bezüglich genetischer Mechanismen lautet: Eine genetische Transmission muss in dem Sinn angenommen werden, dass sie bei betroffenen Kindern zu einer erhöhten Vulnerabilität führt, dass aber nicht von einem direkten Erbgang für die Psychoseerkrankung als solche auszugehen ist« (S. 120). Demzufolge wird nicht die psychische Erkrankung vererbt, sondern die Verletzlichkeit in Bezug auf bestimmte Umweltbedingungen, die die Ausbildung einer psychischen Störung fördern können. Schosser et al. (2006) sprechen in diesem Zusammenhang von »Vulnerabilitätsgenen« (Schosser et al., 2006, S. 19). »Der genetische Einfluss bestimmt also, wie empfindlich oder verletzlich ein Mensch auf bestimmte Umweltbedingungen reagiert. […] Die Vererbung bestimmt darüber, ob ein Mensch eine hohe oder eine geringe Verletzlichkeit hat. Ob er aber eine psychische Erkrankung entwickelt, hängt sehr stark davon ab, ob er verletzenden Umweltfaktoren ausgesetzt ist oder nicht« (Mattejat, 2008, S. 82 f.) und wie es ihm gelingt, die belastenden Lebensumstände zu bewältigen.

Resilienz

> »Oder umgekehrt, dass ich mich eigentlich, auch wenn es manchmal anstrengend und nervig ist, freue, wenn er dann doch noch viel lacht trotz der Situation. Dass er sein Lachen nicht verloren hat. Aber er hat da echt ein schweres Los erwischt.«
>
> (Lehrerin an einer Hauptschule)

Trotz der zahlreichen Belastungsfaktoren und der genetisch erhöhten Vulnerabilität für die Ausbildung einer psychischen Störung erkranken bei weitem nicht alle Kinder psychisch kranker Eltern selbst an einer psychischen Störung, wie Rutter und Quinton bereits 1984 in einer nach wie vor vielfach zitierten Langzeitstudie belegen konnten. In dieser Studie wurden 137 Familien mit einem psychisch erkrankten Elternteil über einen Zeitraum von vier Jahren untersucht. Es erwies sich, dass ein Drittel der Kinder über den Zeitraum hinweg psychisch gesund blieb, ein weiteres Drittel kurzzeitig psychische Auffälligkeiten zeigte und das letzte Drittel langfristig psychisch erkrankte: »We found that a third suffered no emotional or behavioural disturbance during the whole of the 4-year follow-up period, and a further third had purely transient psychiatric problems. Nevertheless, a third of the sons and a somewhat lower proportion of the daughters exhibited a persistent disorder« (S. 876).

Auch in anderen Studien, die nicht explizit die Lebenssituation der Kinder psychisch erkrankter Eltern fokussieren, sondern sich mit den Entwicklungsverläufen von Kindern mit multiplen Belastungen – und somit unter anderem mit der psychischen Störung des Elternteils – befassen, konnte aufgezeigt werden, dass sich nicht alle Kinder, die unter Belastungen aufwachsen, problematisch entwickeln. Dieser Zusammenhang von problematischen Lebensverhältnissen und gesunden Entwicklungsverläufen ist Gegenstand der Resilienzforschung.

Zu den Resilienzstudien, deren einzelne Ergebnisse in die nachfolgenden Ausführungen zu den Schutzfaktoren einfließen, zählt die Kauai-Studie (Werner, 2011), eine prospektive Längsschnittstudie, in der 698 Kinder, die auf der hawaiianischen Insel Kauai im Jahr 1955 geboren wurden, wissenschaftlich begleitet wurden. Die Forscher untersuchten den Einfluss biologischer und psychosozialer Risikofaktoren, die Auswirkungen belastender Lebensereignisse sowie protektive Faktoren zur Zeit der Geburt der Kinder, unmittelbar nach der Geburt, sowie im Alter von einem, zwei, zehn, 18, 32 und vierzig Jahren.

Die Studie ergab, dass »sogar unter Kindern, die multiplen Stressoren ausgesetzt sind, nur eine Minorität schwere und andauernde Probleme entwickelt« (S. 33). Als bedeutend für einen unproblematischen Entwicklungsverlauf sowie den Erhalt der psychischen Gesundheit konnten schützende individuelle, familiäre und soziale Faktoren ausgemacht werden.

Auch die Mannheimer Risikokinderstudie verdeutlichte, »wie Schutzfaktoren auf Seiten des Kindes und seines familiären Umfelds im Verlauf der Entwicklung wirksam werden und zur Entstehung von Resilienz beitragen« (Laucht, 2012, S. 111). In dieser prospektiven Längsschnittstudie wurden 384 Kinder der Jahrgänge 1986 bis 1988 von der Geburt bis ins Erwachsenenalter begleitet. Zur Beschreibung der Entwicklungsmuster von Kindern mit frühen Belastungen sowie der Identifikation von Risiko- und Schutzfaktoren wurden im Alter von drei Monaten, zwei, viereinhalb, acht, elf und 23 Jahren umfangreiche Erhebungen in den Familien durchgeführt (Laucht, Esser u. Schmidt, 2000).

Im Gegensatz zu der Kauai-Studie und der Mannheimer Risikokinderstudie befasste sich die Bielefelder Invulnerabilitätsstudie mit Kindern, die in Heimen lebten und deren Entwicklung von den Erziehern trotz der belastenden Herkunftssituation als sehr positiv eingeschätzt wurde. Diese Gruppe bestand aus 66 Jugendlichen im Alter zwischen 14 und 17 Jahren. Die Vergleichsgruppe bildeten achtzig Jugendliche aus denselben Heimen, die unter ähnlichen Belastungen aufgewachsen waren, deren Entwicklung aber negativ verlaufen war. Die Gruppen wurden hinsichtlich ihrer Entwicklungsunterschiede und des Zusammenhangs zwischen spezifischen protektiven Prozessen, Risikofaktoren und Verhaltensproblemen auf der Basis von Fallkonferenzen, einem Risikoindex aus siebzig Items, Erziehereinschätzungen und Selbstberichten miteinander verglichen (Lösel u. Bender, 2007).

Aktuellste längsschnittliche Ergebnisse zur Entwicklung psychischer Gesundheit bei Kindern und Jugendlichen liefert die BELLA-Studie, ein Modul des bundesweiten Kinder- und Jugendgesundheitssurveys (KiGGS) des Robert-Koch-Instituts. Die BELLA-Studie zielt darauf ab, Daten zur Prävalenzrate psychischer Auffälligkeiten bei Kindern und Jugendlichen und zur Inanspruchnahme professioneller Hilfen zu erheben sowie die Belastungen, mit denen die Kinder konfrontiert sind, und die Ressourcen, über die sie verfügen, zu analysieren. »Hierzu stellt sich die Frage, welche familiären, biologischen und sozialen Risiken einerseits und welche familiären, personalen und sozialen Ressourcen andererseits sich bei den Kindern bzw. Jugendlichen beobachten lassen« (Bettge, 2005, S. 216). Dazu wurden die Teilnehmer im Zeitraum zwischen 2003 und 2012 in mehreren Erhebungswellen wiederholt befragt.

Die Studien der Resilienzforschung zeigen, dass es resilienten Kindern[7] gelingt, »relativ unbeschadet mit den Folgen herausfordernder bzw. belastender Lebensumstände umzugehen und dafür Bewältigungskompetenzen zu entwickeln« (Lenz u. Kuhn, 2011, S. 273). Demgemäß gilt ein Kind dann als resilient, »wenn es Widerstände bzw. Schwierigkeiten überwunden und eine Bewältigungsleistung erbracht hat« (Kaschta, 2008, S. 38). Obwohl resiliente Kinder sich trotz massiver Beeinträchtigung erstaunlich positiv – im Vergleich zu denjenigen Kindern, die unter gleichen Bedingungen psychische Belastungen aufweisen – entwickeln (Kaschta, 2008), hebt Kormann (2011) hervor, dass es sich bei den resilienten Kindern keineswegs um »Superkids« (S. 492) handelt, sondern um Kinder, die in der Lage sind, trotz belastender Lebensbedingungen Kompetenzen und positive Persönlichkeitsmerkmale auszubilden, die eine gesunde Entwicklung erwarten lassen. Resilienz »hat von daher den Charakter einer Kompetenz, also einer psychischen Struktur« (Wieland, 2011, S. 186) und kann als »erworbene psychische Robustheit verstanden werden« (Lenz u. Kuhn, 2011, S. 273). Betrachtet man Resilienz als eine erworbene Kompetenz, lässt sich schlussfolgern, dass sie keine statische oder angeborene Eigenschaft und somit »kein gegebenes Persönlichkeitsmerkmal [ist], das einige Individuen besitzen und andere jedoch nicht« (Richter-Kornweitz, 2011, S. 242), sondern erlernt bzw. trainiert werden kann. Daher darf Resilienz nicht als Charaktermerkmal verstanden werden. Sie ist stattdessen als »das Endprodukt von Pufferungsprozessen [aufzufassen], welche Risiken und belastende Ereignisse zwar nicht ausschließen, aber es dem Einzelnen ermöglichen, mit ihnen erfolgreich umzugehen« (Werner, 2011, S. 33). Silkenbeumer (2011) weist deshalb daraufhin, dass eine Orientierung an den Resilienzkräften nicht automatisch eine Fokussierung auf Problemlösungen bedeuten darf: Da es in einigen Situationen keine Lösungen gibt, bedeutet Resilienz auch, mit unlösbaren Problemen zu leben.

Resilienz als Wechselwirkung zwischen internalen und externalen Ressourcen

Nähert man sich dem Begriff der Resilienz unter definitorischer Sichtweise, ist er schwer zu fassen. Was er bezeichnet, wird undeutlich. Denn »je näher man herangeht, es zu analysieren, gar festzunageln versucht, desto mehr scheint es sich zu

---

7   Die Verwendung des Begriffs »resilientes Kind« kann verwirren, da er eine persönliche Eigenschaft impliziert (Richter-Kornweitz, 2011, S. 242). Dennoch wird zugunsten der Lesbarkeit »resilient« weiterhin als Adjektiv verwendet.

verflüchtigen« (Roemer, 2011, S. 663). Daher sind die in der Literatur zu findenden Definitionen sowohl in ihrer Quantität als auch in ihrer inhaltlichen Ausgestaltung vielfältig. »Eine Definition von Resilienz hängt davon ab, welche Kriterien als Maßstab genommen werden. Es können externale und/oder internale Kriterien zugrunde gelegt werden« (Fröhlich-Gildhoff u. Rönnau-Böse, 2009, S. 9).

Bezogen auf die internalen Kriterien umschreiben Zander, Alfert und Kruth (2011) Resilienz allgemein damit, dass die »seelische Widerstandsfähigkeit in besonders widrigen Lebensumständen unter Beweis« gestellt wird (S. 522). Schaub und Frank (2010) fokussieren hingegen auf die Flexibilität einer Person, die kennzeichnend für einen Resilienzprozess ist: »Der Begriff Resilienz [...] charakterisiert die psychische Widerstandsfähigkeit, auch auf schwierige Lebenssituationen flexibel zu reagieren« (S. 862). Diese Definition beinhaltet, dass
1. die Person über eine Flexibilität verfügen muss, um sich mit den Belastungen auseinanderzusetzten, und
2. die Person reagieren muss, also selber aktiv werden muss, um diese Flexibilität in die Tat umzusetzen und sie so in der Situation nutzbar zu machen.

Die hier vorliegende Resilienzvorstellung beruht auf internalen Kriterien, die auf die Eigenaktivität des Betroffenen abzielen, der als handelnder Akteur verstanden wird und seine intrapersonalen Fähigkeiten dafür nutzt, den Belastungen standzuhalten.

Liebel (2011) sieht in der alleinigen Fokussierung auf die Aktivierung intrapersonaler Ressourcen die Gefahr, dass nur der Betroffene für die Bewältigung der Belastungen verantwortlich gemacht wird: »Wie jeder subjektorientierte Ansatz ist auch das Resilienzkonzept nicht davor gefeit, politisch in dem Sinne missbraucht zu werden, dass den Individuen die Verantwortung für ihre Misere zugeschoben und von ihnen erwartet wird, in eigener Verantwortung damit klar zu kommen« (S. 552). Diese Kritik ist jedoch nur dann berechtigt, wenn Resilienz als ein subjektbezogener Ansatz verstanden wird, in dem äußere Faktoren, wie der Einfluss der sozialen Umwelt auf das Bewältigungsverhalten des Individuums, eine geringe bzw. keine Beachtung finden. In der Literatur kommt allerdings auch ein umfassenderes Verständnis des Resilienzkonzepts zur Sprache.

So hebt Ungar (2011) hervor, dass Widerstandsfähigkeit nicht allein auf internale Kriterien, sondern auch auf externale Faktoren zurückzuführen ist, indem er die Aktivierung der eigenen Kräfte mit dem Vorhandensein und Mobilisieren der Ressourcen verknüpft. Ungar definiert Resilienz wie folgt:
1. »Resilienz ist die Fähigkeit eines Menschen, sich erfolgreich solche Ressourcen zu erschließen, die sein Wohlbefinden, sein positives Lebensgefühl, aufrechterhalten.

2. Resilienz ist möglich, wenn physische wie soziale Umwelt eines Menschen diese Ressourcen verfügbar machen.
3. Resilienz ist die Fähigkeit eines Menschen, seiner Familie und Gemeinde, die vorhandenen Ressourcen kulturell sinnvoll zu nutzen und miteinander zu teilen« (S. 163).

Entscheidend ist die Verknüpfung der Fähigkeiten des Individuums mit den externalen Gegebenheiten: Allein das Vorhandensein der Ressourcen genügt nicht, wenn das Individuum nicht die Fähigkeit besitzt, diese für sich nutzbar zu machen. Ebenso genügt diese Fähigkeit des Betroffenen nicht, wenn die Ressourcen nicht gegeben sind. Resilienz wird demnach verstanden als eine Wechselwirkung zwischen internalen und externalen Ressourcen, denn »die verschiedenen internen und externen Faktoren sowie die damit in Verbindung stehenden Prozesse beeinflussen sich in der Regel wechselseitig« (Roos u. Grünke, 2011, S. 413). »Es kommt deshalb darauf an, das Konzept nicht in einer individualisierenden Weise zu verwenden und Resilienz nicht einfach als eine Frage individueller Problemlösungsfähigkeiten zu verstehen. Resilienz entsteht vor allem aufgrund sozialer Erfahrungen und kann nur im Zusammenwirken mit anderen wirksam werden« (Liebel, 2011, S. 552). Somit ist »in der Resilienzforschung […] Resilienz zu Recht eine Beziehungs- und keine Frage der individuellen Fähigkeiten« (Hildenbrand, 2011, S. 444).

Coping als Resilienzstrategie

Unter Coping wird ein prozessuales Geschehen verstanden, »bei dem der Versuch unternommen wird, mit belastenden Situationen emotional, kognitiv und handelnd umzugehen« (Wustmann Seiler, 2012, S. 76). Das Ziel des Bewältigungsverhaltens ist es, den schädigenden Einfluss von Umweltbedingungen zu verringern, die Gegebenheiten für Erholung zu verbessern, das emotionale Wohlbefinden und die Sozialbeziehungen aufrechtzuerhalten und ein positives Selbstbild zu sichern (Wustmann Seiler, 2012). Um die Belastungen erfolgreich zu bewältigen bzw. ihren Einfluss zu verringern, werden die zur Verfügung stehenden Bewältigungsstrategien und Schutzfaktoren eingesetzt. Die Bewältigung[8] belastender Lebenssituationen steht somit in engem Zusammenhang mit den zur Verfügung stehenden Schutzfaktoren, denn sie »hängt maßgeblich davon

---

8   In Anlehnung an die Literatur werden die Begriffe Bewältigung und Coping ebenso wie die Begriffe Bewältigungsstrategien und Copingstrategien synonym verwendet.

ab, welche personalen und sozialen Ressourcen als Schutzfaktoren in stressreichen Lebensumständen zur Verfügung stehen, um konstruktive Aktivitäten und Handlungen in Gang zu setzen« (Lenz, 2010b, S. 701). Verfügen die Kinder beispielsweise nicht über ein Netzwerk aus sozialen Beziehungen, auf das sie in Problemsituationen zurückgreifen können, um Unterstützung zu erfahren, so steht ihnen diese Bewältigungsstrategie nicht zur Verfügung, das Repertoire der Strategien, aus denen sie auswählen können, um adäquat auf die Belastung zu reagieren, ist somit reduziert. Kinder hingegen, die über zahlreiche Schutzfaktoren verfügen, können vielfältigere Bewältigungsstrategien einsetzen. Voraussetzung dafür ist, dass sich die Person in ihrem Bewältigungshandeln immer wieder neu auf die zu bewältigende Situation einstellt und ihr Handeln darauf ausrichtet. Somit kann Bewältigung »als sich ständig verändernde kognitive, emotionale und aktionale Bemühungen einer Person verstanden werden, sich mit den spezifischen Belastungen und Anforderungen auseinanderzusetzen, sie aufzufangen, auszugleichen oder zu meistern« (S. 701).

Noeker und Petermann (2008) machen darauf aufmerksam, dass nicht nur die vorhandenen Schutzfaktoren eine erfolgreiche Bewältigung ermöglichen, sondern dass eine positive Bewältigung einen Rückkopplungsprozess beinhaltet, in dem die Schutzfaktoren des Kindes durch die Bewältigungserfahrungen gestärkt werden: »Günstige Bewältigungsergebnisse wirken stressreduzierend auf die widrigen Umgebungsbedingungen zurück, vor allem differenzieren sie Kompetenzen zur funktionalen kognitiven und behavioralen Selbstregulation. Damit stärkt jede effektive und adaptive Bewältigung einer Belastungsepisode die personalen Schutzfaktoren des Kindes. Damit steigt die Wahrscheinlichkeit für eine ebenso erfolgreiche Bewältigung der nächsten Bewältigungsepisode. [...] Über die Erfahrung einer erfolgreichen Bewältigungsleistung wird das Kind zum eigenständigen Akteur seiner Resilienzentwicklung. Eine realistische und stolze Handlungs- und Selbstbewertung von Bewältigungsleistungen stärkt trotz und mitunter sogar gerade wegen der wiederkehrenden Exposition an belastende Umgebungsbedingungen die zunehmende Ausdifferenzierung und hierarchische Integration von Fähigkeiten zur effektiven Problemlösung und Emotionsregulation« (S. 260 f.).

Der Einfluss von Schutzfaktoren auf das Bewältigungsverhalten kann somit nicht in einseitiger Wirkrichtung gesehen werden, sondern beinhaltet zudem einen Rückkopplungsprozess der erfolgreichen Bewältigung auf die Stärkung der personalen Schutzfaktoren. Coping ist daher nicht nur das Resultat aus dem Vorhandensein und dem effektiven Einsatz von Schutzfaktoren, sondern kann aufgrund seiner Rückwirkung auf die Resilienz des Kindes als ein eigenständiger Schutzfaktor gelten.

»Während zur Resilienz und den Schutzfaktoren mittlerweile zahlreiche Befunde vorliegen, steht die Copingforschung im Bereich Kinder psychisch erkrankter Eltern noch weitgehend am Anfang« (Lenz u. Brockmann, 2012, S. 105). Eine Ausnahme bilden hierbei die Ausführungen zum Forschungsprojekt »Schizophrenie und Elternschaft – Belastungen und Bewältigungsstrategien in Familien mit einem psychisch kranken Elternteil« (unter anderem Kuhn et al., 2011). In diesem Forschungsprojekt wurde mittels qualitativer Interviews und standardisierter psychologischer Testverfahren das Bewältigungsverhalten der betroffenen Kinder in Belastungssituationen erfasst. In der Auswertung wurden »die Dimensionen Bagatellisieren, Ablenkung/Erholung, Resignation und Aggression als die emotionsregulierenden Bewältigungsstrategien betrachtet, wobei nur die ersten beiden als günstig beurteilt werden, während aggressives oder resignatives Verhalten als stressinduzierend und ungünstig betrachtet werden. Die instrumentellen Strategien, wie Situationskontrolle, positive Selbstinstruktion und soziales Unterstützungsbedürfnis werden ebenfalls positiv konnotiert; Vermeidung und gedankliche Weiterbeschäftigung werden als ungünstig eingestuft« (Kuhn u. Lenz, 2008, S. 745).

Die Forschergruppe konnte drei Bewältigungstypen identifizieren (Kuhn, Lenz u. Jungbauer, 2011; Lenz, Kuhn, Walther, u. Jungbauer, 2011):

- *Typ 1: Aggressives Coping*
  Dieser Typ zeichnet sich durch hohe Aggressionswerte und eine geringe Situationskontrolle aus. Ablenkung und Erholung finden kaum statt. »Findet sich bei den untersuchten Kindern eine geringe Ausprägung auf den Dimensionen der positiven Emotionsregulation (›Bagatellisierung‹, ›Ablenkung/Erholung‹), dann erfolgt die Emotionsregulation immer über aggressives Verhalten. Eine Entlastung in Form von Bagatellisierung und Ablenkung oder eine palliative Bewältigung unter Zuhilfenahme von sozialer Unterstützung in Form von Gesprächen, Trösten, etc. steht ihnen dabei nicht zur Verfügung oder gelingt nicht« (Kuhn et al., 2011, S. 306). Das innerhalb der Studie eingesetzte Diagnoseinventar für psychische Störungen im Kindes- und Jugendalter »Kinder-DIPS« zeigte, dass die Kinder, die dem Typ 1 zugeordnet werden können, erhöhte Werte in expansiven Verhaltensstörungen, Angststörungen und im Hyperkinetischen Syndrom aufweisen.
- *Typ 2: Kontrollierendes Coping*
  Im Gegensatz zum Typ 1 zeigen Kinder des Typs 2 in ihren Bewältigungsstrategien erhöhte Werte der Situationskontrolle sowie ein erhöhtes Bedürfnis nach sozialer Unterstützung. Obwohl diese Strategien zunächst positiv zu werten sind, zeigt sich in der Studie jedoch, dass »diese Kinder zu überhöhter Situationskontrolle und problemlösendem Verhalten tendieren, das

sich auch auf Situationen erstreckt, in denen sie Verantwortung abgeben und sich auf Strategien wie Vermeidung, Ablenkung und Annahme sozialer Unterstützung zurückziehen sollten« (S. 307). Auffällig ist zudem, dass die Kinder auch jene Probleme alleine lösen wollen, für die Hilfen zur Verfügung stehen. Wenn soziale Unterstützung in Anspruch genommen wird, erfolgt dies nicht in den Bereichen, die direkt mit der elterlichen Erkrankung in Verbindung stehen, sondern eher in neutralen Bereichen, wie bei Problemen bei den Hausaufgaben oder im Haushalt. Die erhöhte Situationskontrolle und problemlösenden Verhaltensweisen in für die Kinder eigentlich unkontrollierbaren Situationen führen zu einer Überforderung und Parentifizierungsprozessen, da die Kinder in die Position eines Erwachsenen gedrängt werden und die Trennung zwischen Eltern- und Kinderebene im Familiensystem aufgehoben wird.

Kinder des Copingtyps 2 zeigen erhöhte Werte, die auf internalisierende Störungen hinweisen, also depressive Symptomatiken, Ausscheidungs- und Essstörungen. Leben diese Kinder zudem mit ihren alleinerziehenden erkrankten Elternteilen zusammen, ergibt sich eine besonders hohe Belastung der Kinder.

- *Typ 3: Moderates Coping*
Kinder dieses Copingtyps zeichnen sich durch unauffällige Werte in ihrem Bewältigungsverhalten aus und unterscheiden sich nicht von Kindern psychisch gesunder Eltern. Sie besitzen gute Möglichkeiten der Ablenkung, moderate Aggressionswerte, eine angemessene Situationskontrolle und weisen Normalwerte in den Bereichen des sozialen Unterstützungsbedürfnisses und der Annahme von Unterstützung auf. Die Auswertung des Kinder-DIPS zeigte in der Mehrzahl keine Normabweichungen.

Kinder psychisch erkrankter Eltern präsentieren somit kein einzelnes Copingverhalten, das als typisch herausgearbeitet werden kann. »Vielmehr findet man mehrere – teilweise entgegengesetzte – Reaktionsmuster bzw. Copingformen. Häufig zeigt ein Geschwisterkind als Reaktionsmuster zum Beispiel die Flucht aus der Familie und ein anderes Kind reagiert mit einem entgegengesetzten Muster wie zum Beispiel einer hohen Verantwortungsübernahme« (Mattejat u. Remschmidt, 2008, S. 416). Die Ergebnisse der Studie werfen die Frage auf, inwieweit sich die diagnostizierten Bewältigungsverhaltensweisen ausschließlich auf den Umgang mit Situationen, die im Zusammenhang mit der elterlichen Erkrankung stehen, auswirken oder ob die Kinder sich auch in krankheitsunabhängigen Situationen unterschiedlich verhalten. Antworten auf diese Frage liefert eine amerikanische Studie von Jaser et al. (2007). Es wurde untersucht, inwiefern Jugendliche, die mit einem depressiv erkrankten Elternteil aufwachsen, bei familiären Belastungssituationen und Problemen mit der Peer-Group die gleichen Copingstrategien einsetzen. Das Ergebnis lautet, dass sich die Bewältigungsstrategien nicht unterscheiden: »In the present study we found that the adolescent offspring of depressed parents were relatively consistent in their coping with peer stress and stress in the family. Moreover, the pattern of coping was similar across stressors, in that adolescents used secondary control coping most often in response to both types of stress. However, using different styles of coping to deal with the different stressors was related to better adjustment« (S. 926).

Schutzfaktoren

> »Mama hält sowas vor mir nicht geheim. Und das möchte sie auch nicht, dass sie sowas vor mir geheimhalten muss, weil dann, wenn sie es mir einmal sagt, dann ist der Schmerz nicht so groß, als wenn auf einmal Papa nicht mehr zuhause ist und dann, man sich immer mehr fragt [...] Wo ist er jetzt?«
>
> (zwölfjährige Schülerin einer Realschule)

Die Studien der Resilienzforschung belegen, dass selbst Kinder, die unter schwierigen Lebensbedingungen aufwachsen, multiple Problemlagen bewältigen und eine gesunde Entwicklung vorweisen können. In diesen Studien konnten individuelle, familiäre und soziale Schutzfaktoren herausgearbeitet werden, die sich protektiv auf die Entwicklung der Kinder auswirken. »Während Risikofaktoren die negativen Effekte spezifischer Risikokonstellationen verstärken, haben protektive Faktoren einen positiven Einfluss auf den jeweiligen Entwicklungsoutcome« (von Hagen u. Röper, 2007, S. 17). Denn die protektiven Faktoren – Schutzfaktoren – sind Faktoren, »welche ein Risiko und schädigende Ereignisse abmildern, die also positive, für die Entwicklung angemessene Ergebnisse befördern« (Werner, 2011, S. 33). Sie wirken dabei im Sinne eines Puffereffekts (Heinrichs u. Lohaus, 2011), indem sie die Belastungen abfedern, so dass die negativen Auswirkungen nicht in Gänze auf das Kind einwirken können. Fehlen hingegen protektive Faktoren, können die Auswirkungen des Risikofaktors vollends zum Tragen kommen (Uslucan, 2011). Ein Schutzfaktor kann demgemäß erst dann wirksam sein und eine Risikowirkung moderieren, wenn eine Gefährdungssituation vorliegt (Ihle, Frenzel u. Esser, 2011) und er zeitlich vor den risikoerhöhenden Faktoren auftritt (Fröhlich-Gildhoff u. Rönnau-Böse, 2009). Lösel und Bender (2007) schlussfolgern daher, dass die Anzahl der zur Verfügung stehenden Schutzfaktoren proportional zu den bestehenden Belastungen sein muss: »Je mehr Belastungen und Risiken vorliegen, desto mehr Ressourcen sind auf der protektiven Seite erforderlich« (S. 63). Jedoch darf ein Schutzfaktor nicht als das bloße Gegenteil eines Entwicklungsrisikos angesehen werden, denn einem Entwicklungsrisiko können mehrere Schutzfaktoren entgegenstehen (Ihle et al., 2011). Hinzu kommt, wie Lösel und Bender (2007) hervorheben, dass »Risiko- und Schutzfaktoren ein ›Doppelgesicht‹ haben können. Das heißt, unter bestimmten Umständen kann der ansonsten ›günstige‹ Pol eines Merkmals zu einer Störungsentwicklung beitragen und umgekehrt der ›ungünstige‹ Pol eine protektive Funktion haben« (S. 64). Als Beispiel nennen die Autoren das positive Selbstwertgefühl, das dazu beiträgt, Belastungen und auch traumatisierende Ereignisse auch bei wenigen sozialen Schutzfaktoren konstruktiv zu bewältigen. Ist dieses Selbstwertgefühl jedoch besonders stark ausgeprägt und unrealistisch überhöht, kann dies zur Folge haben, »dass Individuen andere abwerten und sich nicht angemessen behandelt fühlen« (S. 65).

Die in den Studien identifizierten Schutzfaktoren lassen sich in generelle Schutzfaktoren, die unabhängig der Belastungen eine positive Entwicklung fördern, und in für die Kinder psychisch kranker Eltern spezifische Schutzfaktoren unterteilen. Im Folgenden wird zunächst auf die spezifischen und im Anschluss daran auf die generellen Schutzfaktoren eingegangen.

Spezifische Schutzfaktoren für Kinder psychisch erkrankter Eltern

Es sind zwei Arten *spezifischer Schutzfaktoren*, auf die nachfolgend näher eingegangen wird:
- auf die *Psychoedukation,* also die altersgerechte und situationsangemessene Krankheitsaufklärung,
- und auf die *familiäre Krankheitsbewältigung,* also den angemessenen Umgang der Familie mit den Auswirkungen der Erkrankung im familiären und persönlichen Alltag.

Psychoedukation

»Wissen darüber, was in und um uns herum geschieht, ist für jeden Menschen außerordentlich wichtig. Besonders bedeutend sind Informationen dann, wenn uns etwas Unerwartetes oder nicht Verstehbares geschieht« (Knuf, Osterfeld u. Seibert, 2007, S. 56). Kinder psychisch kranker Eltern sind oftmals mit unerwarteten und unvorhersehbaren Situationen konfrontiert, da sie die Reaktionen des erkrankten Elternteils insbesondere in akuten Krankheitsphasen nicht einordnen und verstehen können. Aber die »Kinder müssen wissen, was mit der Mutter oder dem Vater los ist. Erst dadurch erhalten die Kinder die ›innere Erlaubnis‹, Fragen zu stellen, die notwendigen Veränderungen angemessen in ihr Leben zu integrieren und sind in der Lage, über ihre Sorgen und Ängste zu sprechen« (Lenz, 2010a, S. 185). Dass den Kindern oftmals keine Erklärungen für die Verhaltensweisen des Elternteils und der veränderten familiären Situation gegeben werden, liegt, wie bereits erwähnt, in der Angst der Eltern begründet, die Kinder mit den Informationen zu überfordern (Lenz, 2005).

Wunderer (2008) erkennt eine Überforderung der Kinder aber genau in dieser Tabuisierung: »Es sind nicht die Informationen, die die Kinder überfordern. Es ist eine Überforderung für sie, wenn sie nicht verstehen, was los ist« (S. 123). Eine ausreichende alters- und entwicklungsadäquate Psychoedukation, also eine Aufklärung der Kinder über die Erkrankung und Behandlung des Elternteils, stellt daher einen der wichtigsten Schutzfaktoren dar (Lenz, 2010a). »Unter Psychoedukation werden systematische didaktisch-psychotherapeutische Interventionen zusammengefasst, die dazu geeignet sind, Patienten und ihre Angehörigen über die Krankheit und ihre Behandlung zu informieren, ihr Krankheitsverständnis und den selbstverantwortlichen Umgang mit der Krankheit zu fördern und sie bei der Krankheitsbewältigung zu unterstützen« (Wiedemann, Klingberg u. Pitschel-Walz, 2003, S. 789). Informationen über die Krankheit werden hierbei somit nicht nur zum Ziel der Wissenserweiterung[9] gegeben, sondern »Ziel dieser Maßnahme ist vor allem die Entlastung und Unterstützung betroffener junger Menschen. Psychoedukative Ansätze gehen von der Annahme aus, dass Kinder durch die Vermittlung von sachgerechten Informationen und Wissen über die psychische Erkrankung verbesserte Möglichkeiten zur Steuerung der eigenen Belastungen, Ängste und Schuldgefühle erhalten« (Trepte, 2008, S. 86).

Neben der Enttabuisierung der elterlichen Erkrankung, die Grundlage und Wirkung der Psychoedukation zugleich ist, zeigen sich daher weitere Haupteffekte in drei Kernbereichen:

1. *Psychoedukation verändert das Belastungserleben:*
   Die erhaltenen Informationen führen zu einer Veränderung des Belastungs- und Entlastungserlebens, da sie dem Kind helfen, die Situation anders wahrzunehmen und insbesondere hinsichtlich der eigenen Verantwortlichkeit anders zu bewerten. Wenn Kinder erfahren, dass sie keine Schuld an der elterlichen Erkrankung tragen und der Elternteil zur Besserung des gesundheitlichen Zustandes auf professionelle Hilfe angewiesen ist, wird die elterliche Erkrankung weniger aus der Sicht des eigenen Verschuldens betrachtet. Sie wird eher aus einer distanzierteren Sicht wahrgenommen, so dass sich die Kinder leichter von Schuldgefühlen lösen können (Lenz, 2005). So wird die Gefahr einer traumatischen Verarbeitung der Belastungssituation verringert (Lenz, 2010a).

---

9 In der Literatur finden sich Studien, die die Erweiterung des Wissens fokussieren. So zum Beispiel die Erhebung von Pitschel-Walz et al. (2013), die die für eine Wissenserweiterung notwendigen kognitiven Voraussetzungen bei schizophren erkrankten Menschen untersucht. In diesem Buch soll jedoch die Förderung der Bewältigung der Erkrankung durch Psychoedukation in den Vordergrund gerückt werden.

2. *Informationen geben ein Gefühl der Hoffnung:*
   Neben der Veränderung des aktuellen Belastungserlebens trägt Psychoedukation bei den Kindern zur Entfaltung positiver Erwartungen an die zukünftige Entwicklung der elterlichen Erkrankung und der daraus resultierenden Belastungen für die eigene Lebensgestaltung bei, denn »Wissen vermittelt Hoffnung und positive Zukunftserwartungen« (Lenz, 2010a, S. 186). Schöpfen die Kinder durch die erhaltenen Informationen die Hoffnung, ihre problematische Lebenssituation bewältigen und überwinden zu können, sind sie eher dazu bereit, für diese Bewältigung Ressourcen einzusetzen bzw. in Anspruch zu nehmen, wie zum Beispiel die Annahme von Hilfen durch Gruppenangebote oder Therapie. Ohne die Vermittlung von Hoffnung und Mut wäre die Entwicklung einer positiven Zukunftserwartung nicht möglich: »Ohne Hoffnung kommt es nicht einmal dazu, dass der Betroffene eine Vorstellung von positiver Veränderung entwickelt« (Knuf et al., 2007, S. 62).
3. *Informationen fördern Empowerment-Prozesse:*
   »Informationen eröffnen Möglichkeiten, Handlungsspielräume zu erweitern, Perspektiven zu beleuchten und zu erarbeiten sowie die Gefühle der Beeinflussbarkeit, der Kontrolle, der Selbstwirksamkeit zu entdecken bzw. für sich (wieder) verfügbar zu machen. […] Erst wenn Kinder ein für sich als ausreichend betrachtetes Wissen über die Erkrankung der Mutter und des Vaters besitzen, sind sie in der Lage, als handelnde Subjekte aktiv Stärke, Energie und Fantasie zur Gestaltung eigener Lebensperspektiven zu entwickeln« (Lenz, 2008a, S. 62). Die Erkrankung des Elternteils wird dann weniger als Belastung und mehr als Erfahrung gesehen, an der eigene Stärken wachsen können (Kuck, 2013), denn durch das Gefühl, handeln und reagieren zu können, und zu wissen, was sie tun aber auch was sie nicht beeinflussen können, erlangen die Kinder eine erhöhte Eigenständigkeit. »Informationsvermittlung und Aufklärung fördern also die Selbstbefähigung und Selbstbemächtigung der Betroffenen. In der Förderung solcher Empowermentprozesse werden die Betroffenen ermutigt, ihre eigenen Kräfte und Kompetenzen zu entdecken und einzusetzen« (Brockmann u. Lenz, 2011, S. 106).

Die Interviewstudie von Lenz (2005) zeigt, *dass Kinder und Jugendliche den Bedarf nach Informationen klar benennen können:* »Als eine besonders wichtige Form der Unterstützung betrachten die Kinder und Jugendlichen Information und Aufklärung über die Krankheit, deren Ursachen und Verlauf und über die Behandlung« (S. 124). Dabei zeigte sich, dass die befragten Kinder bei der Aufklärung durch vorsichtige Umschreibungen oder Verschleierungen der wahren Situation nicht geschont werden möchten. Sie fordern Offenheit und Ehrlichkeit. Jedoch suchen »die Kinder offensichtlich keine allgemeinen und umfassenden Informationen. Hilfreich erleben sie vielmehr möglichst anschauliche Erklärungen für Verhaltensweisen und Reaktionen des erkrankten Elternteils oder [für] plötzliche Veränderungen in seiner Persönlichkeit, mit denen sie im alltäglichen Zusammenleben in der Familie konfrontiert werden, sowie konkrete Hilfen, wie sie in bestimmten Situationen damit umgehen können und wie sie sich [der] Mutter oder [dem] Vater gegenüber verhalten sollen« (S. 124).

Die Informationsbedürfnisse der Kinder und Jugendlichen stellen sich wie folgt dar (Lenz, 2010a):
- Krankheitsursachen und Verlauf der Krankheit:
  - Ist meine Mutter/mein Vater meinetwegen krank?
  - Woher kommt die Krankheit? Warum ist meine Mutter/mein Vater krank geworden?
  - Bin ich schuld, dass meine Mutter/mein Vater wieder in die Klinik muss?
  - Habe ich etwas falsch gemacht? Habe ich mich zu wenig gekümmert?
  - Wird es schlimmer werden?
- Umgang im familiären Alltag:
  - Wie soll ich mich meiner Mutter/meinem Vater gegenüber verhalten?
  - Wie soll ich auf ihre/seine Verhaltensweisen reagieren?
  - Wie kann ich meine Mutter/meinem Vater in gesunden Phasen und akuten Krankheitsphasen unterstützen?
- Mögliche Veränderungen im Familienleben:
  - Wird sich mein Leben verändern und wenn ja, wie?
  - Wer wird für mich sorgen?
  - Was mache ich, wenn es zu Hause Schwierigkeiten gibt?
- Unterschied zwischen psychischen und körperlichen Erkrankungen:
  - Was heißt psychisch krank?
  - Was meint Therapie?
  - Was ist ein Psychiater/Psychotherapeut?
  - Gibt es Medikamente gegen psychische Erkrankungen?
  - Kann meine Mutter/mein Vater wieder gesund werden?

Das Informationsbedürfnis Jugendlicher bezieht sich darüber hinaus auf erbliche Belastungen und die Ablöseprozesse von der Familie:
- Erbeinflüsse:
  - Werden psychische Krankheiten vererbt?
  - Werde ich auch krank?
  - Wird meine Schwester/mein Bruder auch erkranken?

– Auswirkungen auf den eigenen Ablöseprozess:
  - Inwieweit muss ich Verantwortung übernehmen für meine Mutter/meinen Vater, für meine Geschwister, für meine Familie?
  - Darf ich meinen Hobbys nachgehen, mich mit Freunden treffen etc.?
  - Was wird aus der Familie, wenn ich erwachsen/in der Ausbildung/im Studium bin? Wer kümmert sich dann?

In diesen Wünschen und Fragen nach alltagspraktischen Hilfestellungen offenbart sich noch ein weiterer wichtiger Aspekt. Insbesondere die Suche nach Antworten auf Fragen wie: »Bin ich schuld an der Erkrankung?«, oder: »Ist die Krankheit erblich?«, macht deutlich: Den Kindern und Jugendlichen geht es nicht allein um eine objektiv informative Vermittlung von Wissensinhalten. Über ihre Fragen transportieren sie immer auch Gefühle der Angst, Wut und Trauer, die sie oftmals nicht offen ausdrücken können (Lenz, 2010a).

Bei Jugendlichen kommt hinzu, dass sie sich oftmals Informationen aus dem Internet, dem Fernsehen oder aus Informationsmaterialien verschafft haben. »Anders als Kinder haben sich Jugendliche in der Regel schon über die elterliche Erkrankung informiert. Allerdings sind ihre Informationen – abhängig von der Informationsquelle – möglicherweise unvollständig oder auch fehlerhaft verstanden worden« (S. 202). Das vorhandene Wissen kann daher meist sehr diffus und fragmentär sein, oft auch beängstigend, weil durch die Informationen neue Fragen, zum Beispiel bezüglich der Gefahr der Suizidalität, aufgeworfen werden. Trotz der großen Bedeutung der Psychoedukation für die Kinder psychisch kranker Eltern sollte daher nicht vergessen werden, dass neben dem Bedürfnis nach Aufklärung oftmals ein Nicht-alles-wissen-Wollen bei vielen Kindern und Jugendlichen vorzufinden ist. Das Nicht-Wissen von Sachverhalten dient zum einen dem Selbstschutz der Kinder und Jugendlichen, da die Angst besteht, dass die gegebenen Informationen beängstigende Vermutungen bestätigen könnten und nicht zur Entlastung, sondern eher zu gesteigerten Ängsten führen könnten, und bringt zum anderen den Wunsch nach Normalität zum Ausdruck (Lenz, 2005).

Informationen müssen kontextspezifisch gegeben werden: So stellen Sollberger et al. (2008) heraus, »dass ein Wissen um die Krankheit oder die Diagnose eines Elternteils für die Kinder in keiner Weise gleichbedeutend ist mit einem Verständnis elterlicher Verhaltensweisen. Um dies zu erreichen und Anpassungs- sowie Bewältigungsleistungen zu unterstützen, müssen Informationsvermittlung und Aufklärung der Kinder kontext- und situationsspezifisch erfolgen. Wissen ist im Sinn eines Verstehens zu intendieren« (S. 186 f.), denn die »Informationsbedürfnisse der Kinder sind sehr individuell und stark von der familiären Situation sowie der Krankheitsphase abhängig« (Lenz, 2010a, S. 189). »So dürften beispielsweise die Informationsbedürfnisse in der akuten Krankheitsphase, die zu einer Klinikeinweisung führt, anders gelagert sein als nach dem Klinikaufenthalt, wenn sich der Gesundheitszustand des erkrankten Elternteils wieder stabilisiert hat. Ein Kind, das die Erkrankung zum ersten Mal erlebt, hat andere Fragen als Kinder, die bereits mehrmalige Krankheitsphasen erlebt haben. Auch das Geschlecht und das Alter der Kinder sowie die familiäre Situation werden die Art, den Umfang und die Form der Wünsche nach Informationen beeinflussen« (S. 184). Anknüpfungspunkte für die Psychoedukation sollten daher nach Lenz immer das konkrete Erleben und die Vorstellungen bzw. das vorhandene Wissen des Kindes über die Erkrankung sein, »so fragmentarisch und diffus dies im Einzelfall auch sein mag« (Lenz, 2005, S. 134). Durch die Anknüpfung an die individuelle Situation und die spezifischen Informationsbedürfnisse des Kindes wird gewährleistet, dass Kinder Antworten erhalten auf die Fragen, die sie aktuell stark beschäftigen. Eine allgemeine Informationsvermittlung oder eine Psychoedukation weit über die Fragestellungen der Kinder hinaus würde schnell zu einer emotionalen Überforderung führen. Aufgrund der Tabuisierung und der starken Gefühle, wie Schuld, Angst und Wut, die im Rahmen einer Psychoedukation ausgelöst werden können, ist die Grenze der emotionalen Verarbeitungsmöglichkeit der Informationen schnell erreicht. Können die Kinder zwar von ihrer kognitiven Auffassungsgabe und Konzentrationsleistung her den Ausführungen über die elterliche Erkrankung noch folgen, so können sie dennoch keine weiteren Informationen mehr aufnehmen, wenn die emotionale Belastungsgrenze erreicht ist: »Bei der Informationsvermittlung gilt zu berücksichtigen, dass nur so viele Informationen aufgenommen, wie emotional verarbeitet werden können. Damit wird auch die häufige Erfahrung verständlich, dass Kinder nach einer ausführlichen Krankheitsaufklärung oftmals nicht über mehr Wissen verfügen als zuvor. Sie verschließen sich, weil bestimmte Inhalte bedrohlich wirken, Ängste und Hoffnungslosigkeit auslösen« (Lenz, 2010a, S. 185).

Eine kontextspezifische Psychoedukation verringert zudem die Gefahr, die Kinder in einen Loyalitätskonflikt zu bringen. Einerseits haben sie ein großes Bedürfnis nach Information, andererseits spüren sie die Ängste und Hemmungen der Eltern, die Erkrankung offen zu thematisieren. Dieses Schwanken zwischen Wissen-Wollen, aber Nicht-wissen-Dürfen kann am ehesten gemindert werden, wenn die Eltern selbst das Gespräch mit dem Kind suchen. »Im günstigsten Fall ist es der erkrankte Elternteil selbst, wenn er sich gerade in einer stabilen und gesunden Phase befindet« (Wunderer, 2008, S. 125). Ist dies nicht möglich, können auch andere Bezugspersonen des Kindes, wie Großeltern, andere

Verwandte oder Freunde der Familie, das Gespräch mit dem Kind suchen. Die Grundvoraussetzung bildet das positive Vertrauensverhältnis des Kindes zu der Person. »Jeder, der eine positive Beziehung zum Kind hat, kann mit ihm über die besondere Situation, in der sich das Kind befindet, sprechen. [...] Wichtig ist, dass die Person für das Kind eine Vertrauensperson ist und dass sie das Kind in keinen Loyalitätskonflikt bringt, indem Informationen gegeben werden, die mit den Eltern nicht abgesprochen worden sind« (S. 125).

Familiäre Krankheitsbewältigung

Die familiäre Krankheitsbewältigung stellt einen weiteren zentralen Schutzfaktor für die psychische Gesundheit der betroffenen Kinder dar. Denn wenn es weder dem erkrankten noch dem gesunden Elternteil gelingt, gegenüber der Erkrankung eine akzeptierende Haltung einzunehmen, eine fehlende Organisation des Alltags durch Aufgabenverteilungen und soziale Unterstützung auszugleichen, die berufliche und schulische Situation an die Erkrankung anzupassen sowie fachliche Unterstützung zur Behandlung anzunehmen, dann wird den Kindern das Zusammenleben und Aufwachsen in der Familie erschwert (Mattejat et al., 2000). In der Literatur werden der familiären Krankheitsbewältigung zwei Aspekte zugeschrieben:
1. *Ansicht und Einstellung bezüglich der Erkrankung:*
   Nach Wiegand-Grefe, Halverscheid, Geers, Petermann und Plass (2011d) bewegt sich die Einstellung zur Erkrankung und zu den daraus resultierenden Bewältigungsformen zwischen zwei Polen: zwischen einer Verleugnung, Verdrängung und Tabuisierung der Erkrankung mit ihren Auswirkungen auf den Alltag der Familie und einer »Überbewertung und Fixierung auf die Krankheit sowie [der damit verbundenen] krankheitsbedingte[n] Überforderung oder Unterforderung im beruflichen und familiären Alltag« (S. 317). Eine angemessene Krankheitsbewältigung kann zwischen diesen beiden Polen verortet werden. Sie zeichnet sich durch Krankheitseinsicht und eine offene und akzeptierende Haltung aus, die eine aktive Auseinandersetzung mit der Erkrankung und ihren Konsequenzen und eine situationsangemessene Reaktion auf die Belastungen ermöglicht, ohne in eine fatalistische Haltung zu verfallen (Lenz, 2008; 2010a). Auf diese Weise führt sie weder zu einer Überforderung noch zu einer Unterforderung (Wiegand-Grefe et al., 2011d).
2. *Organisation des Alltags:*
   Neben einem offenen Umgang mit der Erkrankung nimmt die flexible Organisation des familiären Alltags einen hohen Stellenwert ein. »Nach einer

Krise, insbesondere wenn es sich um die erste schwere Episode einer psychischen Erkrankung handelt, kann die Familie nicht einfach in den ›Ausgangsstatus‹ zurückkehren, sondern muss sich an die veränderten Bedingungen anpassen. Dies kann eine Neudefinition familiärer Rollen und Aufgaben bedeuten, wenn z. B. ein depressiver Vater nicht mehr arbeiten kann und stattdessen die Mutter für ein finanzielles Auskommen sorgen muss« (Müller, 2008, S. 148). Nur durch eine flexible Arbeits- und Aufgabenverteilung ist es möglich, dass es zu einer Anpassung an die veränderten Bedingungen, zum Beispiel bei erneuten Krankheitsphasen, Klinikaufenthalten oder Phasen der Regeneration, kommen kann. Dennoch ist für die Kinder neben einem gewissen Maß an Flexibilität die Einhaltung der Alltagsstrukturen, die Orientierung und Halt bieten, von großer Bedeutung (Lenz, 2005). Müller (2008) hebt deshalb hervor: »Neben den notwendigen Anpassungen der Familienstruktur braucht es aber auch Kontinuität und Stabilität – diese ist am besten gewährleistet, wenn den Eltern eine feste, aber flexible Führung der Familie gelingt« (S. 148).

Neben dieser familieninternen Flexibilität wird eine angemessene Krankheitsbewältigung zudem durch die Aktivierung sozialer Ressourcen gefördert. Eine derartige Aktivierung bedeutet für die Familie eine Anpassung der beruflichen bzw. schulischen Situation an die Erkrankung (Mattejat, 2008) und macht die Zusammenarbeit mit professionellen Unterstützungssystemen erforderlich. So kann die Familie zum Beispiel bei Aufgaben der Kindererziehung durch Leistungen der Jugendhilfe und im Hinblick auf die Einhaltung der Medikation durch medizinisch-psychiatrische Leistungen unterstützt werden (Lenz, 2010a).

Der offene Umgang mit der Erkrankung und die stetige Flexibilität, die für eine angemessene Reaktion auf die krankheitsbedingten Veränderungen sorgt, machen es möglich, dass »die Familie die Erkrankung nicht ausschließlich als unbewältigbare Bedrohung und Belastung sieht, sondern sie als nachvollziehbar, handhabbar und letztendlich auch als bewältigbar wahrzunehmen beginnt« (Müller, 2008, S. 148). Diesem Perspektivenwandel messen Retzlaff et al. (2011) eine besonders hohe Bedeutung bei: »Aus kritischen Lebensereignissen, die verarbeitet und bewältigt werden müssen und vielleicht einer Erklärung bedürfen, werden Widrigkeiten, die nicht positiv sind, aber per se zum Leben dazu gehören« (S. 344). Müller (2008) unterstreicht, dass durch diese gemeinsame familiäre Krankheitsbewältigung die Erkrankung nicht ausschließlich eine Belastung für die Familie darstellen muss, sondern auch zur interpersonellen Verbundenheit und somit zur Stärkung der innerfamiliären Beziehungen führen kann.

»Das [...] Gefühl, die Herausforderung der Erkrankung zusammen zu bewältigen und sich dabei gegenseitig zu unterstützen, kann das Verbundenheitsgefühl der Familie sehr fördern« (S. 148) und damit zur Förderung der familiären Resilienz (Walsh, 2003) beitragen.

Wiegand-Grefe et al. (2011d) weisen darauf hin, dass der Zusammenhang zwischen familiärer Krankheitsbewältigung und psychischer Gesundheit in ihren Erhebungen nicht zu erkennen ist. In der Studie wurden die Ergebnisse quantitativer Testverfahren zur individuellen und familiären Krankheitsbewältigung sowie zur psychischen Gesundheit der Kinder aus Elternsicht auf positive Korrelationen hin untersucht. Dabei zeigte sich, dass »Religiosität und Sinnsuche« sowie »Depressive Verarbeitung« als Strategien individueller Krankheitsbewältigung eine erhöhte Einschätzung der Symptombelastung der Kinder bewirken. »Je stärker diese Strategien ausgeprägt sind, desto höher ist der Grad der Symptombelastung der Kinder. Alle anderen Bewältigungsstrategien sind für die psychische Gesundheit der Kinder bedeutungslos« (S. 325)[10]. Des Weiteren zeigte sich in der Studie, dass Eltern »mit angemessener Krankheitsbewältigung häufiger von externalisierenden Auffälligkeiten ihrer Kinder« (S. 326) berichten, während Eltern mit geringer Urteilsfähigkeit und Krankheitseinsicht weniger Auffälligkeiten bei ihren Kindern wahrnehmen. Die Forscher interpretieren diesen Befund dahingehend, dass dies in der »Verleugnung sowohl der eigenen Probleme als auch der der Kinder« (326) begründet liegt. Die Frage, in welchem Maße die familiäre Krankheitsbewältigung die psychische Gesundheit der Kinder fördert und somit einen wichtigen spezifischen Schutzfaktor darstellt, kann somit nicht abschließend beantwortet werden.

Generelle Schutzfaktoren

Die für eine gelingende Bewältigung multipler Belastungssituationen identifizierten Schutzfaktoren können in personale bzw. kindzentrierte, familiäre und soziale Schutzfaktoren unterteilt werden (Lenz, 2010a). Im Folgenden soll eine zusammenfassende Übersicht über die in der Literatur genannten generellen Schutzfaktoren gegeben werden (Wustmann Seiler, 2012; Heinrichs u. Lohaus,

---

10 Der Zusammenhang zwischen den Ausprägungen der Strategie »Religiosität und Sinnsuche« und der Symptombelastung der Kinder verwundert, da Spiritualität als ein Schlüsselprozess zur Ausbildung der familiären Resilienz (Walsh, 2003) gilt. Wiegand-Grefe et al. (2011d) vermuten, dass die Eltern mit stärkeren Ausprägungen der Strategien »Religiosität und Sinnsuche« und »Depressive Verarbeitung« das Verhalten des Kindes aufgrund ihrer verminderten Belastungsgrenze aufgrund der depressiven Erkrankung negativer beurteilen.

2011; Lenz u. Kuhn, 2011; Werner, 2011; Lenz, 2010; Fröhlich-Gildhoff u. Rönnau-Böse, 2009; Lösel u. Bender, 2007; Deegener u. Körner, 2006). Die für Kinder psychisch kranker Eltern besonders relevanten Schutzfaktoren werden im Anschluss daran ausführlicher dargestellt.

Zunächst also die Übersicht über *die generellen Schutzfaktoren:*

1. *Kindzentrierte Schutzfaktoren:*
   - positive Temperamentsmerkmale,
   - soziale Empathie,
   - gute Schulleistungen,
   - positives Selbstkonzept,
   - internale Kontrollüberzeugungen,
   - hohe Selbstwirksamkeitserwartungen,
   - Problemlösefähigkeiten,
   - realistischer Attributionsstil,
   - optimistische, zuversichtliche Lebenseinstellung,
   - Stressbewältigungsfähigkeiten,
   - soziale Kompetenz und Anpassungsfähigkeit,
   - ausgeprägtes Kohärenzgefühl.
2. *Familiäre Schutzfaktoren:*
   - emotional sichere und stabile Bindungserfahrungen,
   - elterliche Wärme,
   - Interesse der Eltern am Leben des Kindes,
   - Zusammenhalt, Stabilität, Kohäsion und Anpassungsfähigkeit/Flexibilität der Familie,
   - harmonische Paarbeziehung der Eltern,
   - geringes Konfliktpotenzial,
   - zugewandtes, akzeptierendes und zugleich normiertes, angemessen forderndes Erziehungsverhalten,
   - gute Geschwisterbeziehung,
   - konstruktive Kommunikation in der Familie,
   - altersangemessene Verpflichtungen des Kindes im Haushalt.
3. *Soziale Schutzfaktoren:*
   - soziale Unterstützung durch Familie und Freunde,
   - stabile Beziehungen zu fürsorglichen Erwachsenen,
   - erwachsene Bezugspersonen außerhalb der Familie,
   - Einbindung in unterstützendes und anregendes Peer-Netzwerk,
   - Integration in Gruppen, Vereine oder religiöse Vereinigungen.

Kindzentrierte Schutzfaktoren

Der erste relevante kindzentrierte Schutzfaktor, der hier näher betrachtet werden soll, betrifft die *positiven Temperamentsmerkmale* des Kindes. »In der Resilienzforschung werden meist drei Dimensionen des Temperaments unterschieden: das einfache Kind, das langsam auftauende Kind und das schwierige Kind. Resiliente Kinder haben häufig ein ›einfaches‹ Temperament, das die Interaktion mit den Bezugspersonen erleichtert und die Wahrscheinlichkeit von Eskalationen verringert« (Lenz, 2008a, S. 56). Werner (2011) beschreibt das Verhalten der resilienten Kinder innerhalb der oben genannten Kauai-Studie wie folgt: »Schon im Säuglingsalter zeigten die resilienten Kinder Temperamentseigenschaften, die bei Sorge- und Erziehungspersonen positive Reaktionen hervorriefen. Mit einem Jahr charakterisierten ihre Mütter sie überwiegend als ›aktiv‹, ›liebevoll‹, ›schmusig‹, ›gutmütig‹ und ›umgänglich‹; im Alter von zwei Jahren beschrieben unabhängige Beobachter die resilienten Kleinkinder als ›liebenswürdig‹, ›fröhlich‹, ›freundlich‹, ›mitteilsam‹ und ›gesellig‹« (S. 37). Diese Kinder sind nach Blanz, Remschmidt, Schmidt und Warnke (2006) anpassungsfähiger, vorwiegend positiv gestimmt und entwickeln müheloser positive Bindungen sowie geregelte Schlaf-, Wach- und Essensrhythmen, während Kinder mit einem sogenannten schwierigen Temperament oftmals irreguläre biologische Rhythmen zeigen. »Solche Kinder entwickeln bevorzugt einen vermeidenden Bindungsstil und beeinflussen das Erziehungsverhalten ihrer Eltern negativ, [denn das] Temperament des Kindes und elterlicher Erziehungsstil beeinflussen sich gegenseitig in Transaktionsprozessen« (S. 33). »So kann bei einer ungünstigen Passung von Eltern- und Kindverhalten ein schwieriges Temperament dann zum Risikofaktor werden, wenn Eltern selbst ähnliche Merkmale aufweisen und die sozialen Ressourcen und Kompetenzen in der Familie gering sind« (Lenz u. Kuhn, 2011, S. 279). Kinder mit schwierigen Temperamentsmerkmalen sind »in größerer Gefahr, zur Zielscheibe negativer, feindseliger Gefühle und [von] kritisierenden, bestrafenden Erziehungsverhaltens zu werden (z. B. wenn sich ein Kind durch die Bezugsperson nur schwer beruhigen lässt)« (Wustmann Seiler, 2012, S. 96). Das erhöht wiederum die Wahrscheinlichkeit zur Entwicklung einer psychischen Störung (Deneke u. Lüders, 2003), weil Kinder mit schwierigem Temperament besonders empfindlich auf derart rigide Reaktionen der Eltern reagieren (Blanz et al., 2006). Nach Wustmann Seiler (2012) geraten die Kinder dadurch in einen Teufelskreis sich gegenseitig bedingender, negativer Reaktionen. Kinder mit schwierigem Temperament werden bei familiären Konflikten von den Eltern oftmals als Auslöser für die Belastungen wahrgenommen, während Kinder mit einfachen Temperamentsmerkmalen positive Reaktionen bei den Bezugspersonen auslösen und familiäre Konflikte bei ihnen die Wahrscheinlichkeit für Verhaltensstörungen nicht messbar erhöhen.

Einen weiteren bedeutsamen kindzentrierten Schutzfaktor stellt die *soziale Empathie* dar:

»Resiliente Kinder können auf andere Menschen zugehen und Kontakt aufnehmen, sie können sich in andere einfühlen und soziale Situationen einschätzen« (Fröhlich-Gildhoff u. Rönnau-Böse, 2009, S. 51). So zeigte sich in der Kauai-Studie, dass die resilienten Kinder in einem Alter von zehn Jahren die Notlage anderer Menschen erkannten und gerne ihre Hilfe zur Unterstützung und Lösung des Problems anboten (Werner, 2011). Der Zugang zu den Gefühlen anderer wird diesen Kindern erleichtert, da sie ihre eigenen Gefühle wahrnehmen und einschätzen können und es ihnen leichter fällt, diese Gefühle anderen Menschen mitzuteilen. Durch die Reflexion und Ausdrucksfähigkeit der eigenen Gefühlslagen verdeutlichen sie anderen Menschen die Problemlage und Hilfebedarfe, was die Aktivierung angemessener Unterstützungen vereinfacht. Lenz und Kuhn (2011) weisen folgendermaßen auf diese Wechselwirkung zwischen sozialer Kompetenz und Nutzung von Bewältigungsstrategien hin: »höhere Ausprägungen der sozialen Kompetenzen und kommunikativen Fähigkeiten können bei vergleichbarer Belastung dazu beitragen, dass erfolgreichere oder sozial akzeptablere Bewältigungsformen gefunden werden« (S. 279). Konflikte können so adäquater gelöst werden (Fröhlich-Gildhoff u. Rönnau-Böse, 2009), was wiederum Auswirkungen auf die Steigerung der Problemlösekompetenz und die Anpassungsfähigkeit an belastende Situationen hat (Lenz, 2010).

Eine Studie von Riedel (2008) kommt zu dem Ergebnis, dass der Schutzfaktor »Soziale Empathie« bei Kindern von psychisch erkrankten Eltern nicht stärker aber auch nicht geringer ausgeprägt ist als bei Kindern gesunder Eltern: »Eindeutige Aussagen bezüglich signifikanter Unterschiede zwischen Versuchs- und Kontrollgruppe im Rahmen des Empathie-Gesamtwertes oder seiner Teilbereiche Perspektivenübernahme, Gefühlsansteckung, Körpersprache und Mimik können […] nicht getroffen werden« (S. 181). Dieses Ergebnis verwundert einerseits insofern, als dass die von elterlicher Erkrankung betroffenen Kinder, wie oben angeführt, schon früh in der Lage sind, Veränderungen in der Gefühlslage der Eltern zu erkennen und ihr eigenes Verhalten daran anzupassen. Dies würde auf eine große Empathiefähigkeit schließen lassen. Andererseits können die für die Kinder unberechenbaren Veränderungen der elterlichen Gefühlslagen auch die Ausbildung von Empathie behindern, da sie Ausdruck der Erkrankung sind und nicht auf kausale Wirkzusammenhänge zurückgeführt werden können. So erfahren Kinder gesunder Eltern, dass ihr Verhalten Auswirkungen auf die Gefühle eines anderen Menschen haben kann, sich dieser also zum Beispiel traurig zurückzieht. Kinder psychisch erkrankter Eltern können die Zusammenhänge zwischen eigenem Verhalten und Gefühlsveränderungen des Elternteils nicht erkennen, da Traurigkeit und Zurückgezogenheit ebenso gut Ausdruck der depressiven Erkrankung des Elternteils sein können (Golemann, 2006).

Auch *gute Schulleistungen* sind als ein wesentlicher kindzentrierter Schutzfaktor anzusehen:

In der Studie von Lösel und Bender (2007) weisen die resilienten Jugendlichen bessere Schulleistungen auf, waren leistungsmotivierter und hatten eine bessere Beziehung zur Schule. Zu gleichen Ergebnissen gelangt die Kauai-Studie: »obwohl die resilienten Kinder weder besonders talentiert noch intellektuell hochbegabt waren, nutzten sie ihre eigenen Ressourcen und Fähigkeiten effektiv aus. Sie konnten sich – obwohl sie in Familien aufwuchsen, die von chronischen Konflikten, elterlichem Alkoholismus oder elterlicher Psychopathologie geprägt waren – gut auf ihre Schularbeiten konzentrieren und zeigten ein überdurchschnittliches Maß an Ausdauervermögen und Hartnäckigkeit« (Wustmann Seiler, 2012, S. 101). Richter-Kornweitz (2011) führt die Ausbildung der Resilienz im Zusammenhang mit guten Schulleistungen auf die Bedeutung, die die Bildung für den weiteren erfolgreichen Lebensweg hat, und die beruflichen Perspektiven zurück, während Heinrichs und Lohaus (2011) einen hohen Intelligenzfaktor als resilienzfördernd hervorheben: »Ein Merkmal wie Intelligenz kann als Schutzfaktor gelten, weil es Risiken, die sich beispielsweise aus ungünstigen sozioökonomischen Verhältnissen ergeben können, ausgleichen« (S. 25) und Schulschwierigkeiten verringern kann. Lenz (2005) merkt jedoch an, dass die Forschungszusammenhänge von Intelligenz als Schutzfaktor nicht einheitlich sind. »Einige Studien fanden protektive Effekte insbesondere hinsichtlich der Entwicklung externalisierender Störungen (z. B. aggressive, dissoziale und hyperkinetische Störungen). Umgekehrt fanden sich unter Belastungen positive Korrelationen zwischen Intelligenz und Störungen im internalisierenden Bereich (z. B. Ängste und Depressionen). Dies könnte damit erklärt werden, dass intelligente Kinder ihre Umwelt differenzierter wahrnehmen und dadurch sensibler auf Belastungen reagieren, und zwar durch internalisierende Problemverarbeitung« (S. 18). Hinzu kommt, dass ein übersteigertes Leistungsstreben Versagensängste und psychosomatische Störungen hervorrufen kann (Lenz, 2008a). Belegen die Studien somit einheitlich gute Schulleistungen der resilienten Kinder, so sind die Gründe für die Ausbildung der Resilienz nicht übereinstimmend formuliert. Erklären sich einige Autoren die positive Entwicklung der Kinder mit deren Ausdauervermögen, argumentieren andere, dass die Folgen der guten Schulleistungen, nämlich Anerkennung und eine erfolgreiche Gestaltung des beruflichen Werdeganges, für die Entwicklung der

Resilienz maßgeblich sind. Wieder andere sehen die Schulleistungen als einen Ausdruck von hoher Intelligenz, so dass sie sie mehr als Indikator und weniger als Ursache resilienter Entwicklungen beurteilen. Richter-Kornweitz (2011) merkt in diesem Zusammenhang kritisch an, dass Schulleistungen besser zu erheben sind als andere Faktoren und daher in Studien gerne als Messwerte herangezogen werden.

Neben guten Schulleistungen zeigen resiliente Kinder vermehrt ein besonderes Talent, das ihnen Anerkennung und Stolz einbringt (Werner, 2011), und weisen zudem ein bestimmtes Interesse oder ein Hobby auf, dem sie regelmäßig nachgehen. Das ermöglicht ihnen, »sich zum einen von der Stresssituation innerlich zu distanzieren und abzulenken und zum anderen trotz der schwierigen Lebensumstände auch Freude und Spaß zu erleben« (Wustmann Seiler, 2012, S. 103). Da diese Freizeitaktivitäten häufig mit Freunden geteilt werden, erfahren die Kinder zugleich Unterstützung und Rückhalt durch Gleichaltrige.

Es sind außerdem *internale Kontrollüberzeugungen und positive Selbstwirksamkeitserwartungen*, die hier als relevante kindzentrierte Schutzfaktoren etwas genauer betrachtet werden sollen. Wustmann Seiler (2012) verdeutlicht, dass resiliente Kinder eine ausgeprägtere internale Kontrollüberzeugung haben. Sie unterscheiden, ob Situationen durch ihr eigenes Handeln beeinflusst und kontrolliert werden können oder ob sie keinen Einfluss nehmen können. »Die resilienten Kinder [der Kauai-Studie] nahmen an, *für sie* kontrollierbare Probleme oder Ereignisse mit steuern zu können; sie waren jedoch nicht der Überzeugung, einen Einfluss auf de facto *un*kontrollierbare Situationen wie den Streit der Eltern oder die Alkoholkrankheit eines Elternteils zu haben (*realistische* Kontrollüberzeugung)« (S. 102; Hervorh. i. O.). Von dieser realistischen und situativen Kontrollüberzeugung ist die Art der Bewältigung abhängig. Erkennen sie, dass sie Dinge und Situationen durch ihr eigenes Handeln beeinflussen können, zeigen die resilienten Kinder ein aktives Verhalten. So möchten sie zum Beispiel mit gesteigerter Aktivität, Motivation und Anstrengung die eigenen Schulleistungen verbessern. Bei Sachverhalten jedoch, bei denen sie keine Möglichkeit sehen, Einfluss zu nehmen, versuchen sie nicht mit verstärkten Bemühungen Veränderungen herbeizuführen (Wustmann Seiler, 2012).

Die Einschätzung, ob eine Situation durch das eigene Handeln verbessert werden kann oder nicht, und die damit in Verbindung stehenden Bewältigungsmechanismen sind wiederum abhängig von der Selbstwirksamkeitserwartung der Kinder. Denn »diese Erwartungen steuern schon im Vorhinein die Art und Weise der Bewältigung« (Fröhlich-Gildhoff u. Rönnau-Böse, 2009, S. 48). Haben die Kinder eine hohe Selbstwirksamkeitserwartung, erhöht sich auch die Erwartung, Kontrolle über die Situation auszuüben und die Art der Bewältigung wird dementsprechend angepasst. Kinder mit niedrigen Selbstwirksamkeitserwartungen werden hingegen eher dazu neigen, Situationen vermehrt als unbeeinflussbar einzuschätzen, wodurch passives und initiativloses Verhalten gefördert und der Aufbau von Selbstvertrauen verhindert wird (Wustmann Seiler, 2012). Fröhlich-Gildhoff und Rönnau-Böse (2009) formulieren diesen Sachverhalt wie folgt: Das »Vertrauen in die eigenen Fähigkeiten und verfügbaren Mittel und die Überzeugung, ein bestimmtes Ziel auch durch Überwindung von Hindernissen erreichen zu können, bedeutet selbstwirksam zu sein. Eine große Bedeutung haben dabei die Erwartungen, ob das eigene Handeln zu Effekten führt oder nicht. […] Resiliente Kinder sind davon überzeugt, genug Kompetenzen zur Verfügung zu haben, um schwierige Situationen zu bewältigen und mit dem eigenen Handeln etwas zu bewirken. Sie sind sich ihrer Fähigkeiten bewusst« (S. 48). So zeigten in der Kauai-Studie Jugendliche mit hoher Resilienz Vertrauen in ihre eigenen Fähigkeiten und waren der Überzeugung, dass die von ihnen zu lösenden Probleme durch eigenes Handeln überwunden werden können (Werner, 2011). Die dadurch erzielten Erfolge führen resiliente Kinder nicht auf Glück oder Zufall (Wustmann, 2012), sondern auf ihr Wissen und ihre Kompetenzen zurück und kennen die Strategien, die sie zum Erfolg geführt haben. Die angewandten Strategien können sie auf andere, neue Situationen übertragen und sind sich aufgrund des Vertrauens in die eigenen Fähigkeiten bewusst, dass sie mit ihrem Handeln etwas bewirken können (Fröhlich-Gildhoff u. Rönnau-Böse, 2009). Diese Erfolgserlebnisse führen zu einer Steigerung der Selbstwirksamkeits- und Kontrollüberzeugung, so dass die enge wechselseitige Beeinflussung der Selbstwirksamkeitserwartungen, internalen Kontrollüberzeugungen und des Bewältigungsverhaltens offensichtlich wird (Wustmann Seiler, 2012).

Die Gefahr besteht in einer Überschätzung der eigenen Möglichkeiten, Einfluss auf Situationen zu nehmen. Eine realistische Einschätzung, ob das eigene Handlungsrepertoire für eine Besserung der Situation ausreicht oder ob weitere Hilfen notwendig sind, ist bei der Bewältigung von Problemen und Aufgaben eine entscheidende Grundlage. Wie in den Ausführungen zum Thema »Coping« bereits deutlich wurde, zeigen Kinder psychisch erkrankter Eltern vielfach eine unrealistische Einschätzung ihrer eigenen Handlungsmöglichkeiten: Sie sehen sich in der Lage, Situationen zu kontrollieren, und richten ihre gesteigerte Aktivität darauf aus, obwohl viele dieser Situationen nicht von ihnen beeinflusst werden können. Da somit realistische und individuelle Kontrollüberzeugungen stark voneinander abweichen können, kommt dem Aspekt einer realistischen Kontrollüberzeugung eine wichtige Bedeutung als kindzentrierter Schutzfaktor zu.

Einen weiteren entscheidenden Schutzfaktor bieten die *Problemlösefähigkeiten* des Kindes. Es ist der letzte kindzentrierte, der hier im Rahmen der Resilienz von Kindern psychisch kranker Eltern näher ausgeführt wird. »Die Fähigkeit des Kindes, sich wirkungsvoll mit den Anforderungen seiner realen Lebenswirklichkeit auseinander zu setzen und Schwierigkeiten in der Familie und im Umfeld situationsangemessen zu bewältigen, stellt eine bedeutsame personale Ressource dar« (Lenz, 2010a, S. 30). »Es handelt sich dabei um einen Prozess, in dem verschiedene angemessene Lösungsmöglichkeiten für Probleme erzeugt werden, von denen die Beste ausgewählt und eingesetzt wird« (S. 138). Die Fähigkeit, Lösungsmöglichkeiten zu entwickeln und als Problemlösestrategie anzuwenden, findet sich nach Fröhlich-Gildhoff und Rönnau-Böse (2009) vermehrt bei resilienten Kindern. So können resiliente Kinder »für sie stressige Situationen einschätzen, d. h., sie erkennen, ob sie für sie bewältigbar sind, und kennen ihre Grenzen; sie kennen Bewältigungsstrategien und können diese anwenden; sie wissen, wie sie sich Unterstützung holen können und wann sie diese brauchen; sie können die Situation reflektieren und bewerten« (S. 52). Die Kinder der Kauai-Studie handelten in Problemlösesituationen »weniger reaktiv als vielmehr proaktiv. Sie übernahmen selbständig Verantwortung in der jeweiligen Situation und waren aktiv um eine Problemlösung bemüht« (Wustmann Seiler, 2012, S. 100). Auch die resilienten Jugendlichen der Studie von Lösel und Bender (2007) waren »in ihrem Bewältigungsverhalten aktiver und weniger vermeidend, erlebten sich als weniger hilflos und mehr selbstvertrauend« (S. 58).

Ob aber eine Situation in Abhängigkeit der zur Verfügung stehenden Bewältigungsmöglichkeiten als irrelevant, positiv oder stressig bewertet wird, ist abhängig von den bisherigen Lebenserfahrungen, der Emotionsregulation und dem kognitiven Verständnis für die Situation (Fröhlich-Gildhoff u. Rönnau-Böse, 2009). Lenz (2010a) unterscheidet diesbezüglich zwischen guten und schlechten Problemlösern: »Die Hauptschwierigkeit ›schlechter Problemlöser‹ besteht darin, dass sie sich bei einem Problem nicht mehrere Lösungen vorstellen können, mit denen sie es lösen könnten. Im Vergleich zu ›guten Problemlösern‹ ziehen die ›schlechten Problemlöser‹ weniger Alternativlösungen in Betracht und bedenken auch weniger die Konsequenzen der Lösungen, die sie gefunden haben. Darüber hinaus erkennen sie schlechter, aus welchen Gründen sich andere Menschen so verhalten, wie sie sich verhalten, und welche Auswirkungen das eigene Verhalten auf andere Menschen hat. Möglicherweise sind sie sich des bestehenden Problems noch nicht einmal bewusst, weil sie stark mit ihren eigenen Wünschen und Bedürfnissen beschäftigt sind und keinen Zugang zu den Konsequenzen ihrer Handlungen sowie zu den Gefühlen der anderen Menschen finden« (S. 138 f.).

Familiäre Schutzfaktoren

Der erste wesentliche familiäre Schutzfaktor, der hier interessiert, sind *emotional sichere und stabile Bindungserfahrungen*.[11] In der Resilienzforschung hat sich gezeigt, dass »eine stabile und emotional sichere Bindung, deren Grundlage die kontinuierliche Erfahrung von adäquatem Fürsorgeverhalten durch die Bezugspersonen darstellt, [...] eine wichtige Schutzfunktion gegenüber Stressoren« (Lenz, 2008a, S. 58) einnimmt. Denn »die im Umgang mit den ersten Bezugspersonen erfahrene emotionale Sicherheit und Verlässlichkeit trägt wesentlich dazu bei, ob und in welchem Ausmaß sich bei Kindern eine psychische Widerstandsfähigkeit (Resilienz) oder aber Anfälligkeit (Vulnerabilität) gegenüber widrigen Erfahrungen entwickelt« (Laucht, 2012, S. 114).

Die in der Beziehung zu den ersten Bezugspersonen erfahrene emotionale Sicherheit und Verlässlichkeit kann insbesondere in der Eltern-Kind-Interaktion bei psychisch erkrankten Eltern gestört sein, wie Deneke und Lüders (2003) ausführen. Eine emotionale Unerreichbarkeit zeigt sich vor allem bei Elternteilen mit einer Depression, einer Schizophrenie mit Negativ-Symptomatik und schweren psychischen Erschöpfungszuständen. Die Interaktion zwischen den von diesen Erkrankungen betroffenen Elternteilen und ihren Kindern ist von mangelnder Responsivität der Elternperson geprägt, die die kindlichen Signale nicht ausreichend wahrnehmen kann und daher nur eingeschränkt reagiert. Die elterliche Reaktion wird aus diesem Grunde vom Kind nicht mehr als Reaktion auf die eigenen Aktionen verstanden, was zu einer psychischen Deprivation bei den Kindern führen kann. Weil die Kinder in derartigen Fällen von ihren Eltern nicht genügend Entwicklungsreize bekommen, sind sie vor allem von Verzögerungen der sozial-emotionalen und kognitiven Entwicklung bedroht. »Im dysregulierten Zustand sind sie außerstande, ihre Aufmerksamkeit zu fokussieren und stimulierende Umweltreize aufzunehmen, im zurückgezogenen Zustand sind sie dagegen so mit der Selbstregulation beschäftigt, dass die Aufmerksamkeit mehr nach innen als nach außen gerichtet ist« (S. 177).

---

11 Im Rahmen dieses Buches wird nur auf wenige, aber zentrale Eckpunkte der Bindung bzw. Bindungsproblematiken zwischen Kindern und ihren psychisch kranken Eltern hingewiesen. Sehr umfassende Darstellungen zum Thema »Bindung und Bindungsstörungen« finden sich in der Literatur unter anderem bei Brisch (2013), Grossmann und Grossmann (2012) und Bowlby (2006). Ausführungen zu den Notwendigkeiten der Förderung der Eltern-Kind-Bindung bei psychisch erkrankten Eltern sowie Möglichkeiten der praktischen Umsetzung finden sich unter anderem bei Wortmann-Fleischer, von Einsiedel und Downing (2012), Krumm und Becker (2011) und Hartmann (2001).

Eine Überstimulation findet sich bei Elternteilen mit agitierter Depression, Manie, Angststörung, Borderline-Persönlichkeitsstörungen und Schizophrenie. Unabhängig der kindlichen Signale fordern die betroffenen Eltern ihre Kinder zu ständiger Reaktion auf. Reagieren die Kinder nicht permanent auf diese Aufforderungen, wird das Verhalten des Kindes von den Müttern und Vätern meist als Ablehnung ihrer Person aufgefasst. Ist auf Seiten der Eltern ein zusätzlicher aggressiver Affekt vorhanden, zeigen die Kinder körperliche Abwehrhaltungen oder Erstarrungen (Deneke u. Lüders, 2003). Brisch (2012) weist daraufhin, dass aufgrund der Bindungsstörungen frühe Parentifizierungen entstehen können, denn »manchmal ist die Bindungsstörung dadurch gekennzeichnet, dass es zu einer Rollenumkehr kommt. Diese Kinder müssen dann für ihre Eltern als sichere Basis dienen, [für Eltern,] die zum Beispiel chronisch körperlich erkrankt sind, an Depressionen mit Suizidabsichten und Ängsten oder an einer anderen chronischen psychiatrischen Erkrankung leiden, wie etwa […] an Alkohol- und Drogenabhängigkeit. Diese Kinder können ihre Eltern nicht als Hort der Sicherheit benutzen, vielmehr müssen sie selbst diesen die notwendige emotionale Sicherheit geben, für diese den ›emotional sicheren Hafen‹ darstellen. Dies hat zur Folge, dass [die] Erkundung der Welt und die Ablösungsentwicklung der Kinder gehemmt und verzögert werden und eine große emotionale Verunsicherung besteht. Die Kinder wenden sich in eigenen Gefahrensituationen und psychischer Not […] nicht an ihre Bindungspersonen, da sie dort keine Hilfe erwarten, weil diese mit sich und ihren Bedürfnissen ganz beschäftigt sind und den Kindern vielmehr Grund zur Sorge geben und sich an die Kinder klammern« (S. 134). Diese frühkindlichen Bindungserfahrungen wirken bis in das Schulalter der Kinder hinein (Werner, 2011) und nehmen damit Einfluss auf die schulische Entwicklung der Kinder. So verfügen sicher gebundene Kinder »im Vergleich zu unsicher gebundenen Kindern über gute Problemlösestrategien, zeigen höhere Konzentrationsleistungen sowie mehr positive Affekte im Kindergarten und in der Schule. Sie sind ausdauernder und sozial aufgeschlossener, haben eine längere Aufmerksamkeitsspanne und werden von ihren Erzieherinnen und Lehrern als umgänglicher, freundlicher und flexibler eingeschätzt« (Wustmann Seiler, 2012, S. 98). Eine Studie von Seiffge-Krenke und Becker-Stoll (2004), in der die Auswirkungen der Bindungen auf den Einsatz verschiedener Copingstile untersucht wurden, kommt zu dem Schluss, dass sich die jugendlichen Probanden, bei denen eine sichere Bindung vorlag, aktiver mit ihren Problemen auseinandersetzten und ihr soziales Netzwerk als Unterstützungsquelle einbanden. »Probanden mit unsicher-distanzierter Bindungsrepräsentation neigten demgegenüber eher zu passiver Verschlossenheit, die letztendlich in sozialem Rückzug mündete, während Probanden mit unsicher-verwickelter

Bindungsrepräsentation unklares Verhalten zeigten und zwischen der Suche nach Hilfe und sozialem Rückzug schwankten« (S. 235).

Einen weiteren familiären Schutzfaktor bildet ein *positives Erziehungsklima*: Förderlich ist ein autoritatives bzw. demokratisches Erziehungsklima, das von Zuwendung und Harmonie, einer Unterstützung der Selbständigkeit, erkennbarem emotionalen Engagement und einer offenen, partnerschaftlichen Kommunikation ebenso geprägt ist wie gleichzeitig von Normorientierung und Kontrolle sowie kompetenzfördernden Verhaltenserwartungen (Lösel u. Bender, 2007; Wustmann Seiler, 2012). Heinrichs und Lohaus (2011) erläutern, dass sich ein »autoritatives Erziehungsverhalten durch ein gleichermaßen responsives wie lenkendes Verhalten der Bezugsperson charakterisieren [lässt]: Die Bezugspersonen kümmern sich in warmherziger Weise um die Bedürfnisse des Kindes, achten aber gleichzeitig darauf, dass Regeln eingehalten werden« (S. 26). »Durch die empathische Haltung der Bezugsperson kann das Kind Sicherheit, Geborgenheit, Entspannung und Zuversicht erfahren. Ein autoritativer Erziehungsstil kann somit zur Entwicklung problemorientierter Bewältigungsstrategien, zu einem angepassten psychosozialen Funktionsniveau, zu Selbstvertrauen und einem stärkeren Selbstwertgefühl beitragen« (Wustmann Seiler, 2012, S. 109). So zeigen autoritativ erzogene Kinder eine bessere psychosoziale Anpassung und ein geringeres Problemverhalten als Kinder, die einen anderen Erziehungsstil erleben (Heinrichs u. Lohaus, 2011). Denn »unter diesen positiven Gesichtspunkten erzieherischen Verhaltens können Kinder lernen, sich mit unterschiedlichen Standpunkten und Perspektiven auseinander zu setzen, Grenzen zu akzeptieren, das eigene Verhalten zu kontrollieren, selbstverantwortlich zu handeln, mit Erfolg und Misserfolg umzugehen, Entscheidungen zu treffen, eigene Stärken und Schwächen zu erkennen und sich bei Bedarf um soziale Unterstützung zu bemühen« (Wustmann Seiler, 2012, S. 109).

Die Ergebnisse der Kauai-Studie weisen auf geschlechtsspezifische Unterschiede bezüglich der Resilienzförderung durch eine positive Erziehung hin: »Resiliente Jungen kamen gewöhnlich aus Haushalten, in denen Strukturen und Regeln herrschten, bei denen ein Mann als Identifikationsfigur diente und bei denen emotionale Mitteilsamkeit gefördert wurde. Resiliente Mädchen kamen eher aus Familien, die sowohl auf Unabhängigkeit Wert legten als auch auf verlässliche Unterstützung durch eine weibliche Bezugsperson« (Werner, 2011, S. 37).

Aufgrund der Gefahr der Parentifizierung der Kinder kommt der Einhaltung der Generationengrenzen in der Erziehung eine besondere Bedeutung hinsichtlich der Resilienzförderung zu. »Damit ist gemeint, dass Eltern, die Kinder [einerseits zwar] als gleichberechtigte Partner betrachten und deren Bedürfnisse und Interessen ernst nehmen und ihnen in der Familie Raum geben, aber [andererseits] zugleich deutlich machen, dass es innerfamiliäre Bereiche gibt, bei denen sie nicht gleichberechtigt mitentscheiden dürfen« (Lenz und Kuhn, 2011, S. 282). Ein resilienzförderndes Erziehungsklima zeichnet sich somit nicht nur durch Grenzen in Bezug auf erwünschte bzw. unerwünschte Verhaltensweisen aus, sondern auch in Bezug auf die Einhaltung der Grenzen zwischen der Eltern- und Kind-Ebene.

Soziale Schutzfaktoren

»Soziale Schutzfaktoren sind die Gesamtheit der einer Person zur Verfügung stehenden, von ihr genutzten oder beeinflussten Merkmale des sozialen Handlungsraumes. Gemeint ist damit in erster Linie das Geflecht an sozialen Beziehungen zu Verwandten, Freunden und Bekannten, in das die Person eingebunden ist« (Lenz, 2008b, S. 103). Diese sozialen Netzwerkbeziehungen tragen laut Lenz (2010a) wesentlich dazu bei, das aktive Bewältigungsverhalten eines Menschen in einer Belastungssituation zu fördern und so seine psychische Gesundheit zu erhalten. Sie »dienen als Puffer in Krisensituationen, mildern belastende Lebensereignisse, bilden einen Schutzschild gegenüber Stressoren und fördern das generelle Wohlbefinden, indem sie elementare soziale Bedürfnisse nach Geborgenheit, Rückhalt, Zugehörigkeit, Rat und Information erfüllen« (S. 156).

Klauer (2005) unterscheidet diesbezüglich zwischen emotionaler Unterstützung, das heißt der direkten Beeinflussung stressbedingter Affekte zum Beispiel durch Trösten und aktives Zuhören, informatorischer Unterstützung, also der Optimierung der Bewältigungssituation durch Informationen über das Problem oder über Bewältigungsmöglichkeiten, und instrumenteller Unterstützung, der direkten Beeinflussung des stressauslösenden Faktors. Insbesondere durch die emotionale Unterstützung erfahren die Unterstützungssuchenden Rückhalt, der dem Individuum unabhängig eintretender Belastungssituationen Sicherheit, Zugehörigkeit und Wertschätzung vermittelt. »Zuwendung im Zuhören und Gespräch, das mitfühlende Eingehen auf Befürchtungen und Sorgen, körperliche Nähe, Trost und Ermunterung, aber auch Geselligkeit und gemeinsame Aktivität sind mögliche Bestandteile sozialer Unterstützung in vielen alltäglichen und krisenhaften Bewältigungssituationen« (Nestmann, 2010, S. 2). Die informatorische und die instrumentelle Unterstützung fasst Nestmann unter dem Aspekt der konkreten Hilfen zusammen: »Soziale Unterstützung (engl. social support), die Menschen aus ihren persönlichen Beziehungen und sozialen Netzwerken erhalten, ist einerseits emotionaler Rückhalt und ein vermitteltes positives Gefühl des Integriertseins und des Dazugehörens und andererseits sind es konkrete Hilfen durch informativ beratende, instrumentell praktische wie materielle Leistungen, die andere bereitstellen« (S. 1).

Diese verschiedenen Formen der Unterstützungen können aber nur dann in Anspruch genommen werden, wenn sie als solche wahrgenommen werden (Nestmann, 2010). Schweer (2004) erklärt: »Soziale Unterstützung umfasst demnach sowohl emotionale Aspekte (das Gefühl, von anderen unterstützt zu werden) als auch kognitive Aspekte (Überzeugungen darüber, wie man geschätzt und gemocht wird und wie intensiv man in ein soziales Netzwerk eingebettet ist). Diese definitorischen Einlassungen verdeutlichen, dass soziale Unterstützung weniger durch das ›objektive‹ Vorhandensein von Unterstützungsquellen gekennzeichnet ist, sondern vielmehr durch die subjektive Wahrnehmung der Person«. (S. 280). Entscheidend für die Hilfesuchenden ist daher nicht die Quantität der Unterstützungsquellen bzw. wie häufig sie soziale Unterstützung beanspruchen, sondern die subjektiv erlebte Qualität der Unterstützung, die sie erhalten, wenn sie das ihnen zur Verfügung stehende Netzwerk aktivieren. So zeigte sich im Rahmen der Bielefelder Invulnerabilitätsstudie, »dass resiliente Jugendliche weder über ein größeres soziales Netzwerk verfügen, noch häufiger soziale Unterstützung mobilisieren als andere. Sie waren aber deutlich zufriedener mit der erhaltenen Unterstützung, was im Zusammenhang mit ihrer Fähigkeit zu sehen ist, Probleme aktiv unter Nutzung sozialer Ressourcen zu lösen. Das bedeutet, resiliente Jugendliche nutzen soziale Unterstützung zwar nicht häufiger, in Problemsituationen aber effektiver« (Richter-Kornweitz, 2011, S. 256). Es gelingt ihnen, vorhandene soziale Unterstützungen als solche wahrzunehmen, was nach Nestmann (2010) eine Voraussetzung dafür ist, damit soziale Unterstützung als Rückhalt dienen kann.

Ist es dem Hilfesuchenden unmöglich, Unterstützungsangebote durch andere zu erkennen, bzw. ist er der Überzeugung, nicht in entsprechende Netzwerke eingebettet zu sein, wird die Inanspruchnahme der Unterstützung erschwert bzw. verhindert. Die subjektive Wahrnehmung emotionalen Rückhalts und die Bereitschaft, diesen anzunehmen, sind damit grundlegende Voraussetzungen für soziale Unterstützung, die zudem von der persönlichen Beziehungskonstellation zwischen Unterstützungssuchendem und Unterstützungsgeber abhängig ist. Das bedeutet: »Soziale Unterstützung ist eine Anpassung an die Erwartungen, Ansprüche und Bedürfnisse einer persönlichen Beziehung, ebenso wie an die situationalen Auslöserkonstellationen bzw. den Stressor selbst, der Unterstützung erfordert oder hervorruft. Merkmale der persönlichen Beziehung können beeinflussen, ob sich eine Person einer anderen öffnet und an wen sie sich aus ihrem sozialen Netzwerk wendet, wenn sie Rückhalt und Hilfe benötigt. Die persönliche Beziehung ist neben den situationalen interaktiven Kontexten die reale wie die interpretative Basis der Support-Prozesse. Support-Motivationen, -Entscheidungen und -Aktionen sind abhängig und geprägt von der vergangenen, der aktuellen und der antizipierten Beziehung und von Beziehungsinteraktionen« (Nestmann, 2010, S. 21). Schweer (2004) sieht das Vertrauen als zentrales Element der Aktivierung von Unterstützung an: »Ob nun aber potenzielle soziale Unterstützung in ihren verschiedenen Facetten tatsächlich in Anspruch genommen wird, hängt vom Vertrauen des Individuums in sein soziales Umfeld bzw. in einzelne Interaktionspartner ab. Wer den Personen seines sozialen Nahraums nicht vertraut, wird sich in belastenden Situationen auch nicht an sie wenden, um mögliche Unterstützung in Anspruch zu nehmen« (S. 280).

Sind die subjektive Wahrnehmung von Möglichkeiten, Unterstützung zu erfahren, und zudem auf Vertrauen basierende persönliche Beziehungen im Netzwerk vorhanden, sind grundlegende Voraussetzungen für eine Mobilisierung der Unterstützung gegeben. Klauer und Winkeler (2005) führen aus, dass die Unterstützung nun durch eine Bitte um Rat, einen offenen Emotionsausdruck, ein konfrontatives Einfordern, die Suche nach körperlicher Zuwendung oder einen ostentativen Rückzug mobilisiert werden kann. »Insgesamt zeichnet sich jedoch ab, dass Mobilisierungsversuche umso Erfolg versprechender sind, je klarer das zu Grunde liegende Problem und die benötigte Unterstützung beschrieben werden. Unterstützungsgeber scheinen in der Konfrontation mit Krisensituationen einer bekannten oder befreundeten Person dankbar zu sein für klare Botschaften, entnehmen ihnen Hinweise auf eine gewisse emotionale Stabilität und Problemlösekompetenz des Gegenübers, was ihnen Sicherheit verleiht, nicht überbeansprucht zu werden und sich selbst emotional schützen zu können. Tragischerweise haben damit gerade diejenigen Personen die geringsten Chancen auf soziale Unterstützung, die ihrer, etwa auf Grund ausgeprägter psychosomatischer Symptomatik, am meisten bedürfen« (S. 175). Damit werden weitere Voraussetzungen für den Erhalt sozialer Unterstützung erkennbar: Der Unterstützungssuchende wird eher Hilfe erhalten, wenn er seine Belastungen und seine daraus entstehenden Bedarfe äußern kann. Hierzu ist nicht nur die Bereitschaft notwendig, sich zu öffnen, sondern auch die Erlaubnis, über problematische Themen sprechen zu dürfen, sowie die Fähigkeit, zum Teil diffuse, schwer definierbare Belastungen in Worte fassen zu können. Wie oben aufgeführt, ist dies den Kindern psychisch kranker Eltern aufgrund der Tabuisierung oftmals nicht möglich. Die Tabuisierung führt dazu, dass Unterstützung gar nicht oder nur sehr vorsichtig aktiviert wird, die Kinder also keine klaren Hilfebedarfe äußern und der Wunsch nach Unterstützung lange verkannt wird. Klauer und Winkeler weisen aber darauf hin, dass es nur dann zu einer Unterstützung kommen kann, wenn die um Unterstützung gebetene Person die

Mobilisierungsversuche als solche erkennt. Ist sie hierfür nicht sensibel, bereit oder verkennt das Verhalten der anderen Person, kann die Suche nach Unterstützung scheitern.

Kann tatsächlich soziale Unterstützung aktiviert und in Anspruch genommen werden, kann sie »das Auftreten von Stressoren verhindern, sozusagen gegen Stressoren impfen und immunisieren. Sie kann zu einer angemesseneren Bewertung von negativen Erfahrungen führen und Neubewertungen ermöglichen. Sie ist zudem in der Lage, Anforderungen direkt und gezielt zu begegnen, Bewältigungsoptionen vorzuschlagen, Handlungseffektivität zu sichern und das Wiedererlangen emotionaler Ausgeglichenheit zu fördern. Durch konkrete Hilfen im Unterstützungsprozess kann sie individuelle persönliche Coping-Aktivitäten des Betroffenen fördern, aber auch schützende und stützende Ressourcen durch die Unterstützer selbst bereitstellen (Informationen, Material, praktische Hilfen, interpretative Hilfen etc.). In der Realität vermischen sich die einzelnen Funktionen in komplexen Supportinteraktionen und Supportprozessen zwischen Bereitstellern und Rezipienten« (Nestmann, 2010, S. 17), die wiederum ihre Rollen nicht fortwährend beibehalten. So erhalten in einem sozialen Netzwerk Menschen Unterstützung durch andere und stellen zu anderen Gegebenheiten selbst Unterstützung zur Verfügung, so dass soziale Unterstützung ein wechselseitiger Prozess sein kann, der aber nicht ausgewogen sein muss.

Trotz der positiven Wirkungen sozialer Unterstützung weist Nestmann darauf hin, dass Unterstützung auch belastend und sogar schädigend sein kann. Insbesondere wenn die Unterstützung unerwünscht, zu häufig oder zu schnell eintritt, kann sie zu erlernter Hilflosigkeit und daraus resultierenden Abhängigkeiten führen, was sich in neuen Belastungen auswirkt.

Als für die Kinder psychisch erkrankter Eltern bedeutende soziale Schutzfaktoren haben sich *erwachsene Bezugspersonen außerhalb der Familie* (auf die Bedeutung des Lehrers als erwachsene Bezugsperson außerhalb der Familie wird in späteren Kapiteln noch ausführlich eingegangen) sowie die *Integration in die Peergroup* herausgestellt.

Über die frühkindlichen ersten Bindungserfahrungen hinaus nehmen im weiteren Leben des Kindes die Bindungserfahrungen an emotional stabile und *zuverlässige erwachsene Bezugspersonen* eine wichtige Schutzfunktion ein. »Kinder, die sich gegen ihre Schwierigkeiten behaupteten, erhielten schon früh die Chance, eine enge Bindung zu einer kompetenten, emotional stabilen Person zu entwickeln, die für ihre Bedürfnisse aufgeschlossen war. Einen Großteil dieser Zuwendung gaben ihnen Personen, die sich ersatzweise um sie kümmerten, also etwa Großeltern, Tanten und Onkel« (Werner, 2011, S. 37). Studien zeigen, dass diese Bindungsperson nicht ein Mitglied der Familie sein muss: »Wichtig ist hier, dass sich diese Bezugsperson sowohl inner- als auch außerhalb der Familie befinden kann, also ebenso die ErzieherIn in der Heimgruppe, die LehrerIn in der Schule oder die ErzieherIn in der Tagesstätte oder im Kindergarten sein kann. Entscheidend ist die emotionale Verfügbarkeit der Person« (Kormann, 2011, S. 493). Von Bedeutung ist somit weniger das enge verwandtschaftliche Verhältnis und die Zugehörigkeit zu der Familie oder der unmittelbaren Umgebung des Kindes, sondern ein entscheidender Aspekt in der Beziehung zu dieser Bezugsperson scheint »für die Kinder das Gefühl zu sein, für die andere Person etwas Besonderes darzustellen« (Lenz, 2008a, S. 59). Ist dies gegeben, kann die Bezugsperson die Lücke füllen, die die Eltern offen lassen (Conen, 2008). Dieses Füllen der Lücke bedeutet nicht, dass die Bezugsperson den Elternteil ersetzen kann. »Zuverlässige und vertrauensvolle Beziehungen könnten jedoch in der belastenden Familiensituation für die Kinder psychisch kranker Eltern eine ausgleichende und normalisierende Funktion übernehmen« (Lenz, 2010a, S. 156), so dass sich die Kinder bei Fragen oder Unterstützungswünschen an die Bezugsperson wenden können und diese erzieherische Aufgaben ebenso wahrnehmen kann wie Aufgaben, die der Aufrechterhaltung des kindlichen und familiären Alltags dienen. Zudem kann sie Anregungen und Hilfestellungen zu einer effektiven Bewältigung in der akuten Belastungssituation geben und alternative Verhaltensmodelle anbieten, die einen förderlichen Einfluss auf das zukünftige Verhalten des Kindes in Belastungssituationen haben können (Wustmann Seiler, 2012).

Eine wertvolle Hilfe in der Emotionsregulation erfahren die Kinder, wenn die Bezugsperson von der elterlichen Erkrankung weiß und mit ihr über die Erkrankung gesprochen werden darf. »Allerdings ist nur in seltenen Fällen jemand verfügbar, der den Redebedarf über die Erkrankung decken kann. Die Kinder suchen das Gespräch aufgrund vieler Vorbehalte und Ängste (vor Stigmatisierung, aufgrund von Tabuisierung etc.) nicht selbständig. Wenn sie aber jemanden haben, der die Problematik ihrer Familie kennt und mit dem sie auch die Krankheit besprechen können, empfinden sie es als große Erleichterung« (Kuhn u. Lenz, 2008, S. 749).

Neben den erwachsenen Bezugspersonen sind es die *Peerkontakte,* die einen wesentlichen sozialen Schutzfaktor darstellen. Für den Begriff »Peer« wird hier die Definition von Petermann, Niebank und Scheithauer (2004) zur Grundlage genommen: »Menschen, die einander in Hinblick auf den sozialen Status und die kognitiven Fähigkeiten ähneln, werden mit dem Begriff ›Peer‹ bezeichnet. Häufig sind damit Gleichaltrige gemeint, doch ist diese Definition nicht immer treffend. Die Bezeichnung Peers bezieht zwar auch Freunde mit ein, geht jedoch darüber hinaus« (S. 201).

»Positive Beziehungen zu Gleichaltrigen, die ihrerseits eine gute psychosoziale Anpassung aufweisen, können die weitere Entwicklung positiv beeinflussen. Diese Bedeutung ergibt sich einerseits durch die Modellwirkung der Gleichaltrigen und andererseits durch die soziale Unterstützung, die sich aus der Integration in ein soziales Netzwerk ergibt« (Heinrichs u. Lohaus, 2011, S. 26). Die Unterstützungen, die Kinder durch Peer-Kontakte erhalten, sind vielfältig. Sie erfahren einerseits Erholung, Unterhaltung, Rat, positives Feedback und emotionalen Beistand und erleben andererseits vor allem in schwierigen Situationen Ablenkung, Entspannung und Normalität (Wustmann Seiler, 2012). »Peer-Interaktionen schaffen außerdem Möglichkeiten der Perspektivenübernahme und Empathie: Kinder lernen hier zu teilen, sich gegenseitig zu helfen und sich in den anderen hinein zu versetzen. Peer-Beziehungen fördern somit Kommunikationsfähigkeiten, Impulskontrolle, Kreativität und interpersonales Bewusstsein« (S. 112). Sie tragen zudem »zur Entwicklung sozialer Identität bei, haben Normen sozialen Verhaltens gemeinsam, üben soziale Fertigkeiten und bilden soziale Strukturen« (Petermann et al., 2004, S. 201). Damit wird die Peergroup »zu einem zentralen Bildungsort für den Erwerb von sozialen Kompetenzen« (Ecarius, Hößl u. Berg, 2012, S. 162) und hat »einen zentralen Einfluss auf das Selbstverständnis und die Identitätsentwicklung« (Opp u. Brosch, 2012, S. 315). Nicht unerwähnt bleiben soll jedoch auch der mögliche schädigende Einfluss durch die Peergroup, insbesondere in Verbindung mit gewalttätigen Handlungen. So kann der Umgang mit Peers, die Gewalt positiv konnotieren, zu aggressivem Verhalten und der Wahrnehmung von Stärke gegenüber dem Opfer, aber auch zu Gewalterfahrungen an der eigenen Person und damit verbundener Angst, Verunsicherung und Verlust an Selbstwirksamkeit führen (Ecarius et al., 2012).

Wustmann Seiler (2012) fasst die Befunde zu den sozialen Schutzfaktoren wie folgt zusammen: »Die empirischen Untersuchungen belegen, dass von fürsorglichen Personen außerhalb der Familie eine entscheidende Kompensationsfunktion ausgeht – dies sowohl im Hinblick auf direkte Unterstützungsleistungen als auch im Hinblick auf ein positives Modellverhalten. Des Weiteren verweisen sie auf die enorme Bedeutung positiver Peer-Interaktionen, eines wertschätzenden Erziehungsklimas sowie der Förderung von Basiskompetenzen bzw. Resilienzfaktoren in den Bildungseinrichtungen« (S. 114).

Schule und Lehrer als Schutzfaktoren

> »Weil es gibt auch Phasen, wo sich Eltern nicht mehr um die Kinder
> kümmern können, und dass sie dann mehr oder weniger sagt:
> ›Das ist nicht Mamas Schuld, die mag dich trotzdem.‹
> Und ihr dann praktisch indirekt die Geborgenheit gibt, die sie braucht.«
>
> (an Schizophrenie erkrankte Mutter
> einer zwölfjährigen Schülerin)

Im Bereich der Schule können mehrere Faktoren als Schutzfaktoren fungieren. So weisen Heinrichs und Lohaus (2011) auf die Bedeutung des Schul- bzw. Klassenklimas hin. »Ein positives Schul- und Klassenklima fördert die Integration von Kindern und Jugendlichen in das außerfamiliäre Sozialleben. Als Konsequenz ergeben sich positive Sozialerfahrungen, die die soziale Kompetenz und das Selbstwertgefühl steigern. Beides erhöht die Chance, in Problemsituationen soziale Unterstützung zu erhalten (und nicht Ignoranz oder Zurückweisung zu erfahren). Es erhöht weiterhin die Chance, auch in nicht-schulischen Kontexten positive soziale Kontakte aufbauen zu können« (S. 26). Neben diesen positiven Sozialerfahrungen heben Hurrelmann und Settertobulte (2008) die gesundheitsfördernden Auswirkungen eines als positiv empfundenen Schulklimas hervor: »Unabhängig von der Schulform stellt das von den Schülerinnen und Schülern wahrgenommene Schulklima ein wichtiges, konsistentes Merkmal der Schulqualität dar. Gelingt es, durch Maßnahmen der Gesundheitsförderung das soziale Klima einer Schule zu verbessern, profitieren die Schülerinnen und Schüler davon vor allem auch gesundheitlich« (S. 71). So fanden Hurrelmann und Settertobulte heraus, dass das Auftreten körperlicher Beschwerden sowie depressiver Verstimmungen wahrscheinlicher ist, wenn die Qualität des Unterrichts, als eine Dimension des Schulklimas, als schlecht wahrgenommen wird. Dies trifft für Schülerinnen in stärkerem Maße zu als für Schüler. Während Hurrelmann und Settertobulte das Schulklima betrachten, fokussiert Bilz (2008, 2013) im Rahmen der HBSC-Studie (Health Behaviour in School-aged Children) den Zusammenhang zwischen Klassenklima und internalisierten Auffälligkeiten bei Schulkindern im Alter von elf, 13 und 15 Jahren. »Bei der HBSC-Studie handelt es sich um ein internationales Forschungsprojekt, das von einem länderübergreifenden Netzwerk von Forschungsgruppen in Zusammenarbeit mit der Weltgesundheitsorganisation (WHO) durchgeführt wird. Das zentrale Anliegen der Studie ist es, die Gesundheit und das Gesundheitsverhalten von Jugendlichen im Alter von 11 bis 16 Jahren zu untersuchen« (2008, S. 100). Für die Entwicklung internalisierender Auffälligkeiten als bedeutsam nennt Bilz zum einen die Schülerwahrnehmungen, die sich auf die schulischen Lernbedingungen beziehen, zum anderen die Einschätzungen des sozialen Klimas, das insbesondere auf Klassenebene herrscht. »Ungefähr 14 % der Varianz in den internalisierenden Auffälligkeiten der Schüler können auf Unterschiede im individuellen und kollektiven Klassenklima zurückgeführt werden. [...] Erwartungsgemäß sind es sowohl die Lernbedingungen als auch das Sozialklima, die Einfluss auf die emotionalen Probleme und die psychosomatischen Beschwerden der Schüler nehmen« (S. 219 f.).

Neben dem Schul- bzw. Klassenklima gelten positive Schulleistungen »als weiterer potenzieller Schutzfaktor, da sie einerseits ebenfalls zum Aufbau eines positiven Selbstwertgefühls beitragen und andererseits eine Zukunftsperspektive vermitteln. Gute Schulleistungen bedeuten in der Regel, dass positive Karrierewege sowohl hinsichtlich der Schul- als auch der weiteren Berufsausbildung offenstehen« (Heinrichs u. Lohaus, 2011, S. 26). Negative Schulleistungen können wiederum, wie Hurrelmann und Settertobulte (2008) ausführen, psychosomatische Beschwerden zur Folge haben. Jungen und Mädchen, die ihre schulischen Fähigkeiten als gering einschätzen, leiden häufiger unter psychosomatischen Beschwerden, wie Kopf-und Bauchschmerzen, depressiven Verstimmungen und einem geringen Selbstwertgefühl. Psychosomatische Beschwerden zeigen sich auch, wenn sich die Schüler in der Schule nicht wohl fühlen und von Seiten der Mitschüler und Eltern wenig Unterstützung erfahren. Hascher und Hagenauer (2011) halten fest, dass dieses Wohlbefinden in der Schule für Jugendliche eine wichtige Quelle für eine positive Entwicklung darstellen kann, wenn Schule mit positiven Emotionen verbunden wird. Hascher und Edlinger (2009) schlussfolgern anhand eines Überblicks über Studien, die positive Emotionen und Wohlbefinden in der Schule thematisieren, »dass Emotionen in der Schule, in Lern-und Leistungssituationen sehr präsent sind. Je nach Befragungsform, Kontext und Altersstufe scheinen positive Gefühle neben negativen mehr oder weniger gut bestehen zu können. Die Vielzahl der unterschiedlichen Emotionen, die in Lern- und Leistungssituationen erlebt und von den SchülerInnen differenziert beschrieben wurden [...] verweist auf die intra- und interindividuelle Variationsbreite subjektiven Erlebens« (S. 111) und damit auf die Unterschiedlichkeit des Erlebens von Schule als schützenden oder belastenden Faktor.

Für das schulische Wohlbefinden und die positiven Emotionen ist eine gute Beziehung zu den Lehrpersonen entscheidend. In einer Studie von Hascher und Hagenauer (2011) wurde in zwei Stichproben zu vier Messzeitpunkten das schulische Wohlergehen von insgesamt 787 Schülern erfasst. Dabei zeigte sich, dass bei den Mädchen neben der schulischen Langeweile, der Lernangst, dem Klassenklima, der Klarheit der Instruktion und dem Unterrichtstempo die Beziehung zu den Lehrkräften ein wirksamer Faktor für das schulische Wohlergehen ist. Auch bei Jungen konnte die Bedeutung der Beziehung zum Lehrer für das Wohlbefinden festgestellt werden, jedoch nur für Schüler der 6. Klasse. Ab der 7. Jahrgangsstufe löst sich dieser Effekt zugunsten des Unterrichtstempos, der Klarheit der Instruktionen und der individuellen Bezugsnormorientierung auf.

Göppel (2011) resümiert, »dass für das Schulerleben der Kinder ganz wesentlich die atmosphärischen Aspekte der Schule und dabei wiederum vorrangig die personale Seite, also die Beziehungen zu den Lehrpersonen und zu den Mitschülern, im Vordergrund stehen und dass dabei sehr viel weniger die inhaltlichen Aspekte, die in der Schule behandelten Themen und Stoffe oder gar die didaktischen Strategien oder methodischen Finessen des Unterrichts von Belang sind« (S. 385). Göppel bestätigt damit die Ergebnisse der Resilienzforschung, die dem Vorhandensein einer Bezugsperson für das risikobelastete Kind eine große Bedeutung zumessen: »In den Ergebnissen der Resilienzstudien wird die hohe Bedeutung von Bezugspersonen und deren stärkender Funktion in ihrem direkten Lebensumfeld für entwicklungsgefährdete Kinder und Jugendliche herausgestellt. […] Neben familiären Bezugspersonen können Lehrer im schulischen Setting von Kindern und Jugendlichen mit erschwerten Lebens- und Erziehungsbedingungen Schlüsselfiguren darstellen, die Halt geben und ein Orientierungsmodell bieten« (Theis-Scholz, 2012, S. 343). Damit dies gelingen kann, ist eine positive, vertrauensvolle Beziehung zwischen Schülern und Lehrern notwendig, auf die im Folgenden näher eingegangen wird.

Soziale Beziehung zwischen Schülern und Lehrern

Die Beziehung zu den Lehrkräften hat für Kinder und Jugendliche im Schulalltag eine besondere Bedeutung (König, 2010). »Hinsichtlich der Relevanz dieser Beziehungen für den schulischen Lernprozess besteht zwar durchaus Konsens, trotzdem finden sich nur wenige empirische Arbeiten, die sich mit der Bedeutung und Qualität sozialer Beziehungen und Interaktionen im schulischen Feld explizit beschäftigen« (Raufelder, 2010, S. 187). Raufelder sieht den Grund für diese geringe Datengrundlage in der Schwierigkeit, die Komplexität der Lehrer-Schüler-Beziehung empirisch zu erfassen, da zahlreiche Faktoren, wie individuelle kognitive und emotionale Schemata von Lehrern und Schülern, Lernvergangenheiten, die gegenwärtige Beziehung und objektive Einflüsse, wie Medien und Lehrpläne, sowie Rollen- und Geschlechtererwartungen, Führungsstil und Persönlichkeitsaspekte, die Beziehung beeinflussen. In Studien werden daher oftmals die Auswirkungen einzelner Variablen der Schüler-Lehrer-Beziehung auf die schulischen Leistungen der Schüler als leicht messbarer Indikator untersucht. Dem liegt nach Raufelder die These zugrunde, dass die Schüler ein besseres Leistungsvermögen vorweisen können, wenn sie von einer guten Beziehung zu der entsprechenden Lehrperson profitieren können, denn »sowohl pädagogisch-psychologische als auch kulturanthropologische Forschungsbefunde zeigen, dass soziale Beziehungen und damit verbundene Emotionen für den schulischen Lehr- und Lernprozess entscheidende Einflussgrößen sind. Qualitativ und quantitativ methodisch orientierte Studien zum Lehrer-Schüler-Verhältnis, zum Schüler-Schüler-Verhältnis, zum Klassen- und Schulklima, aber auch zum Lebensort Schule verdeutlichen, dass der individuelle Lernerfolg von Schülern durch positiv emotional erlebte soziale Beziehungen begünstigt wird« (Raufelder u. Mohr, 2011, S. 75). So besagt eine Studie von Hamre und Pianta (2005), in der die schulischen Leistungen von 910 Kindern aus Risikogruppen in Bezug auf die emotionale Unterstützung durch die Lehrperson verglichen wurden: »by the end of the first grade, at-risk students placed in first-grade classrooms offering strong instructional and emotional support had achievement scores and student-teacher relationships commensurate with their low-risk peers; at-risk students placed in less supportive classrooms had lower achievement and more conflict with teachers« (S. 949). Goleman (2006) resümiert zu dieser Studie von Hamre und Pianta, dass die Schüler bessere Leistungen hervorbringen, wenn es dem Lehrer gelingt, sich auf die Kinder einzustimmen, auf ihre Bedürfnisse, Stimmungen, Interessen und Fähigkeiten zu reagieren und ein positives Klassenklima herzustellen, das von guten Gesprächen, gemeinsamem Lachen, Aufmerksamkeit und positiver Zuwendung geprägt ist. »Die schlechtesten Resultate gab es, wenn Lehrer eine Ich-Es-Einstellung an den Tag legten und den Schülern ihre eigene Struktur überstülpten, ohne sich auf sie einzustimmen, oder indem sie ihnen emotional distanziert und unbeteiligt begegneten« (S. 421). Tausch (2008) hebt den Einfluss des personenzentrierten Verhaltens des Lehrers auf die Schüler-Lehrer-Beziehung hervor, wobei Tausch unter einem solchen Verhalten die Haltungsdimensionen Achtung – Wertschätzung – Wärme sowie Einfühlung – Verständnis – Aufrichtigkeit – Echtheit subsumiert. Tausch führt aus, dass Schüler, die von einem sich ihnen gegenüber wertschätzend, einfühlend und aufrichtig zeigendem Lehrer unterrichtet werden, bessere Leistungen im fachlichem Lernen und in der Beteiligung am Unterricht erbringen, weniger Fehltage haben und sich besser an Regeln und Strukturen anpassen können. Neben diesen eher leistungsbezogenen Vorteilen weisen die Schüler aber auch weniger Angst im Unterricht, vertrauensvollere Beziehungen zum Lehrer und mehr persönliche Äußerungen im Unterricht auf. Die Schüler machen zudem die Erfahrung, ernst genommen und geachtet zu werden sowie in ihrem Denken, Handeln und Fühlen gehört und verstanden zu werden. Tausch fasst die von ihm zusammengetragenen Ergebnisse wie folgt zusammen: »Vielfältige Untersuchungen zeigen deutlich: Lehrer/innen mit einem größeren Ausmaß an Achtung – Wärme, Einfühlung, förderlicher, nicht-dirigierender Aktivität sowie geringer Lenkung – Dirigierung haben – verglichen mit Lehrern mit einem geringen Ausmaß in diesen Verhaltensformen – Schüler mit günstigeren fachlichen Leistungen, besserer Qualität der mündlichen Unterrichtsbeiträge, größerem Ausmaß an Denkprozessen, ferner mit mehr Kooperation und weniger Aggressivität sowie deutlich günstigerer seelischer Befindlichkeit u. a.« (S. 162).

Eine gute Lehrer-Schüler-Beziehung hat aber nicht nur Auswirkungen auf die Leistungen und das Befinden der Schüler, sondern auch auf das Verhalten des Lehrers. Denn »Achtung und Ernstnehmen sowie ehrliches Interesse an der Person der Schüler verstärken die Einfühlung und motivieren Lehrer zu vielen verschiedenen förderlichen Aktivitäten, z. B. sprechen sie Schüler häufiger an und führen häufiger Gespräche mit ihnen. Dadurch erhalten sie mehr Einblick in die seelische Situation der Schüler und können angemessener handeln. Diese Gespräche können psycho-therapeutische Wirkung haben: Sie verbessern die Beziehung zum Lehrer, mindern die Angst und helfen Schülern bei der Klärung ihrer Schwierigkeiten, sei es im Unterricht oder außerhalb der Schule« (S. 168). Auch sind die Lehrer eher dazu bereit, sich selbst gegenüber dem Schüler zu öffnen, die eigenen tieferen Gefühle auszudrücken und von eigenen Erfahrungen zu berichten. Jedoch weisen Sann und Preiser (2008) auf die Gefahr hin, die sich in diesen persönlichen Gesprächen verbergen kann: »Fehlinterpretationen von Gefühlen und die daraus folgenden unangemessenen Handlungen sind eine häufige Quelle von misslingenden Interaktionen zwischen Lehrkräften und Schülern« (S. 211). Zudem ist, so Bauer (2008), die emotionale Beziehung durch die professionelle Rolle der Lehrkraft begrenzt, die sich insbesondere dadurch ausdrückt, dass, unabhängig von positiven oder negativen Beziehungen, alle Schüler gleich behandelt und nach gleichen Maßstäben beurteilt werden müssen. »Die zu erreichenden Ziele sind unabhängig von persönlichen Bindungen definiert« (S. 589). Entsteht aufgrund eines positiven Lehrer-Schüler-Verhältnisses eine Ungleichbehandlung unter den Schülern, besteht zugleich das Risiko, dass die besondere Beziehung des Schülers zum Lehrer und damit dessen spezifische Rolle als »Lieblingsschüler« zur sozialen Isolation und Stigmatisierung durch die Mitschüler führen kann (Graßhoff, Höblich, Stelmaszyk u. Ullrich, 2006). Zugleich verdeutlicht eine Querschnittsstudie von Hascher und Neuenschwander (2011) mit 1.623 Jugendlichen der Klassenstufen 7 bis 9 zum Selbstkonzept im Jugendalter, dass Jugendliche, die von Gleichaltrigen häufiger abgelehnt wurden, sich von Lehrpersonen generell akzeptierter fühlen. Aus einer positiven Lehrer-Schüler-Beziehung, die mit einer Ungleichbehandlung der Schüler untereinander einhergeht, kann sich somit ein Kreislauf entwickeln, der zum einen die Ablehnung durch Gleichaltrige fördert und zum anderen die Beziehung zum Lehrer verbessert: Der Schüler wird aufgrund seiner Bevorzugung von Gleichaltrigen abgelehnt, fühlt sich aber vom Lehrer akzeptiert, was die Beziehung zum Lehrer beeinflusst und weitere Ablehnungen durch Gleichaltrige mit sich bringen kann. Es kommt somit zu einer Verschiebung der Ressourcen für den Jugendlichen zugunsten des Lehrers als Bezugsperson und zum Nachteil für die Beziehung zur Peergroup.

Doch wie erleben die Lehrer und Schüler die Beziehung untereinander? Ist der einfühlsame und wertschätzende Lehrer eine typische Lehrperson oder eher ein Idealtypus? Diesen Fragen sind Wilbert und Gerdes (2007) nachgegangen, indem sie eine Studie zum Vergleich der Vorstellungen vom idealen und vom typischen Lehrer durchführten, in der 260 Schüler im Alter von 13 bis 25 Jahren und 121 Lehrer im Alter zwischen 27 und 62 bezüglich der Persönlichkeitsmerkmale bzw. Eigenschaften und der Verhaltensmuster bzw. Fähigkeiten des idealen und typischen Lehrers befragt wurden. Bezüglich der Vorstellungen eines idealen Lehrers bestand eine hohe Übereinstimmung zwischen den Antworten der Schüler und der Lehrer. Es erwies sich also, »dass die Lehrer und Schüler sich relativ einig sind über ihre Vorstellungen vom idealen Lehrer, während der typische Lehrer von den beiden Gruppen deutlich unterschiedlicher wahrgenommen wird« (S. 214). Die Lehrer sehen den typischen Lehrer in den Eigenschaften passiv-zurückhaltend und direktiv-streng näher am idealtypischen Lehrer als die Schüler. Der typische Lehrer wird von den Schülern als deutlich passiv-zurückhaltender, weniger pädagogisch, jedoch mehr wissensorientiert beurteilt als der ideale Lehrer. Im Gegensatz zu den Lehrereinschätzungen wünschen sich die Schüler den idealen Lehrer zudem deutlich weniger direktiv-streng. Auffällig in dieser Studie sind die Befunde zum Einfühlungsvermögen des Lehrers, dem von den teilnehmenden Lehrern eine sehr hohe Bedeutung, von den Schülern jedoch eine geringere Bedeutung zugesprochen wird. »So heben Lehrer vor allem das Einfühlungsvermögen als charakteristisches Kennzeichen des idealen und auch typischen Lehrers hervor, während sie dem Allgemeinwissen eine weniger entscheidende Rolle zuschreiben. Umgekehrt halten Schüler das Einfühlungsvermögen der Lehrer für weniger wichtig, dagegen aber Eigenschaften wie Fairness und Allgemeinwissen für wichtiger als die Lehrer« (S. 220).

Die Autoren erklären sich die geringe Bedeutung, die das Einfühlungsvermögen für die Schüler hat, mit dem Alter der Studienteilnehmer, die 15 Jahre und älter waren. So sind diese – im Gegensatz zu jüngeren Schulkindern – nicht so sehr auf einen fürsorglich-lenkenden Lehrer angewiesen und wünschen sich eher ein partnerschaftlich agierendes Gegenüber. Diese Vermutung wird durch eine Studie von Stephanie van Ophuysen (2009) bestätigt, in der die sozialen Beziehungen der Schüler nach dem Grundschulübergang untersucht wurden. Circa 900 Schüler schätzten zu Beginn des fünften Schuljahres ihre Beziehung zu den Mitschülern, zu dem Klassenlehrer und zu den weiteren Lehrkräften ein. Ergänzend dazu wurden die Ergebnisse von 42 zur Beziehungsqualität in ihrer Klasse befragten Klassenlehrern hinzugezogen. Die Auswertung besagt, dass die Beziehung zum Klassenlehrer von den Schülern kurz nach Schuljahresbeginn sehr positiv beurteilt wird, die Schüler ihren Klassenlehrer als Vertrauensperson ansehen und im Gespräch mit ihm Probleme thematisieren können. »Nur 4,7 % der befragten Schüler geben an, dass sie ihrem Klassenlehrer kein Vertrauen entgegenbringen. Jeweils gut über 10 % beträgt die Quote derjenigen, die meinen, dass der neue Klassenlehrer nicht auf die Wünsche der Schüler eingeht (12,5 %) bzw. dass sie nicht offen mit ihm über Probleme sprechen können (11,2 %)« (S. 339). Die Urteile der Lehrer bezüglich ihrer sozialen Beziehungen zu den Schülern sind ebenfalls positiv. Somit wird die Schüler-Lehrerbeziehung sowohl von Seiten der Schüler als auch von Seiten der Lehrer als positiv erachtet.

Der einfühlsame und wertschätzende Lehrer als Vertrauensperson und somit als wichtige Ressource des Schülers ist demnach insbesondere für jüngere Schüler von großer Bedeutung, während bei älteren Schülern der Wunsch nach Akzeptanz (Bauer, 2008), berufsspezifischer Handlungskompetenz (Wilbert u. Gerdes, 2007) und Gleichbehandlung (Graßhoff et al., 2006) im Vordergrund steht.

Lehrpersonen empfinden außerdem den persönlichen Kontakt zu den Schülern als positiv. Neben der statistischen bzw. gesetzlichen Relevanz belegen Studien, dass Lehrer sensibel für Problemlagen im familiären Umfeld der Schüler sind und es als sehr positiv erleben, wenn sie von den Schülern als Vertrauensperson angesehen werden. In einer Studie von Grimm (1996) wurden 280 Lehrkräfte nach angenehmen und unangenehmen Unterrichtssituationen befragt. Dabei zeigte sich, dass Nähe und Kontakt, zum Beispiel wenn die Schüler privaten Kontakt suchen und über persönliche Probleme sprechen, von den Lehrern positiv bewertet wurden. Auch die hervorgerufenen Gefühle der Zuneigung, des Verbundenseins und des Gebrauchtwerdens erleben sie als positiv und bereichernd.

Zugleich aber sehen sich die Lehrer mit zahlreichen Situationen konfrontiert, die sie negativ beurteilen und zu denen unter anderem Undiszipliniertheit und eine Unkonzentriertheit im Unterrichtssetting zählen, die sich zum Beispiel in der unvollständigen Erledigung der Hausaufgaben ausdrücken. Aber auch Kontaktstörungen werden als belastend erlebt. Findet der Lehrer keinen Zugang zu seinen Schülern und wird er nicht als Kontaktperson wahrgenommen, ist dies für ihn mit negativen Emotionen verbunden. Lehrer verspüren in derartigen Situationen Selbstzweifel, Unzufriedenheit, Versagensängste, Schuldgefühle und Frustrationen (Grimm, 1996).

Es kann davon ausgegangen werden, dass die Lehrer von Kindern psychisch kranker Eltern mit ambivalenten Reaktionen von Seiten dieser Schüler konfrontiert sind. Die Kinder schwanken zwischen dem Wunsch, den Kontakt aufzunehmen, und den mit einer solchen Kontaktaufnahme verbundenen Ängsten: Einerseits suchen sie die Nähe und das persönliche Gespräch, um sich zu entlasten und an einer Halt gebenden und in ihren Verhaltensweisen verlässlichen erwachsenen Bezugsperson zu orientieren. Andererseits ist ihnen durch die Tabuisierung der Erkrankung diese Kontaktaufnahme verwehrt. Einen Zugang zu den Kindern zu finden, stellt den Lehrer damit vor große Schwierigkeiten. Die Gefahr, dass er die Ambivalenz zwischen dem Bedürfnis nach Nähe und der gleichzeitigen Abwehr von Nähe im Kontakt mit dem Schüler als unangenehm empfindet, ist groß. Die Studie zeigt, dass die Lehrer für die Entstehung von negativen Gefühlen und Situationen im Zusammenhang mit Schülern die Umwelt und die familiären Probleme der Schüler als maßgebliche Vulnerabilitätsfaktoren angeben (Grimm, 1996) und sich somit ihrer Grenzen hinsichtlich eines positiven Beziehungsaufbaus bewusst sind. Dies bestätigt auch eine Studie von Todt (2008) mit 106 Grundschullehrern. Über die Hälfte der Teilnehmer sah den Grund für auffälliges Schülerverhalten oft bzw. sehr oft in der Reaktion des Kindes auf außerschulische, insbesondere familiäre Probleme, wobei ein Unterschied in Bezug auf die Geschlechter auffällt. Bei männlichen Schülern geben 59 % der Lehrer den Grund für auffälliges Verhalten im außerschulischen Bereich an, bei weiblichen Schülern nur 51 %. Hubrig und Herrmann (2010) resümieren, dass Schulprobleme meist eng mit der Familiensituation zusammenhängen und daher der Familie auch bei der Lösung von Problemen eine elementare Bedeutung zukommt, auch wenn die Probleme vordergründig schulische zu sein scheinen.

Lehrer als Vertrauensperson

Mit dem Vertrauen zwischen Lehrern und Schülern hat sich Martin K. Schweer ausführlich befasst. Schweer (2008) führt aus, dass aufgrund der Asymmetrie in der Lehrer-Schüler-Beziehung zu Beginn des Vertrauensprozesses insbesondere der Lehrperson eine große Bedeutung zukommt. Für den Aufbau von Vertrauen ist es deshalb hilfreich, wenn der Lehrer mit einer Vertrauensvorleistung, wie zum Beispiel der Übertragung von Verantwortung, auf seine Schüler zugeht, um diesen das Zurückgeben eigenen Vertrauens zu ermöglichen. Laut Schweer prädeterminieren »die individuellen Wahrnehmungsmuster der Interaktionspartner [...] schließlich die *Qualität des Anfangskontaktes* zwischen beiden. In der konkreten ersten Interaktionssituation werden nun die wahrgenommenen Verhaltensweisen eines Interaktionspartners mit den eigenen impliziten Vertrauenstheorien abgeglichen. Je positiver dieser Vergleich ausfällt, umso wahrscheinlicher wird eine progressive Vertrauensentwicklung, je negativer dieser Vergleich ausfällt, umso wahrscheinlicher wird ein negativer Beziehungsverlauf« (S. 555; Hervorh. i. O). Was die Aufrechterhaltung des Vertrauens angeht, hält Schweer das Erkennen von Vertrauenshandlungen für notwendig, da »die entsprechende Dekodierung bzw. Entschlüsselung von Vertrauen [...] auf der interaktionalen Ebene letztendlich nur über realisierte Vertrauenshandlungen erfolgen [kann]: Wenn der Interaktionspartner beispielsweise persönliche Dinge preisgibt, die ihm Schaden zufügen könnten, lässt sich dies als Vertrauenshandlung auffassen, anhand derer man das Vertrauen des anderen erkennt« (S. 549). Vertrauen kann sich demzufolge erst im Laufe der Zeit entwickeln und ist zudem immer durch das potenzielle Risiko des Missbrauchs durch den Interaktionspartner gekennzeichnet. So ist es weder per se durch den täglichen Umgang des Lehrers mit dem Schüler noch aufgrund seiner Funktion als leitender Erwachsener noch aufgrund seines Wissens- und Erfahrungsvorsprungs gegeben. Sympathie kann den Vertrauensprozess zwar fördern, bedingt ihn aber nicht vollends, denn »spontane Sympathie ist zwar dem Vertrauen förderlich, aber nicht mit einer tatsächlichen Vertrauensbeziehung gleichzusetzen« (Schweer, 2004, S. 280). Der Lehrer muss dem Schüler zu erkennen geben, dass er ihm vertraut, um ihm so die Gewissheit gegenseitigen Vertrauens, das heißt, die Gewissheit, dass er sich ihm anvertrauen kann, zu vermitteln. Gleiches gilt für den Schüler, wie Schweer (2008) betont: »Interessanterweise scheint in diesem Zusammenhang auch für die pädagogische Beziehung die Norm der Reziprozität zu gelten: Je positiver nämlich bei einem Schüler das Vertrauen zum Lehrer ausgeprägt ist, umso überzeugter ist er, dass ihm seitens des Lehrers ebenfalls Vertrauen entgegengebracht wird« (S. 557). Aus dieser Reziprozität kann sich damit ein positiver Kreislauf entwickeln, der gegenseitiges Vertrauen ermöglicht.

»Hat sich erst einmal in einer nicht-freiwilligen Beziehung Vertrauen etabliert, wird sich längerfristig ein positiver Kreislauf stabilisieren. Im umgekehrten Fall jedoch besteht keinerlei Möglichkeit, die Interaktionsbeziehung zu beenden. Für die Schüler-Lehrer-Beziehung bedeutet dies: Der Schüler kann sich ebenso wenig einen neuen Lehrer aussuchen wie der Lehrer seine Klasse abgeben kann. An die Stelle von Vertrauen kann hier sehr schnell ein durch Misstrauen geprägtes Klima treten, ohne dass man der Situation entfliehen kann« (S. 554). Dieses Misslingen des Vertrauensaufbaus kann in der Verkennung von Vertrauenshandlungen begründet liegen, denn nicht immer werden Vertrauenshandlungen als solche verstanden.»So zeigen empirische Befunde zur asymmetrischen Lehrer-Schüler-Beziehung, dass hier vielfach Dekodierungsprobleme dahingehend entstehen, dass ein großer Teil der Schüler nicht erkennt, ob der Lehrer Vertrauen investiert. Aber Lehrer verkennen oftmals ebenfalls das Vertrauen ihrer Schüler« (S. 549f.). Die Gründe dafür sieht Schweer darin, dass die Lehrer eine Strategie des Schülers hinter dem entgegengebrachten Vertrauen vermuten oder eine Vertrauenshandlung des Schülers nur dann erkennen, wenn der Schüler aus konkretem Anlass um Unterstützung bittet.

Das Erleben und insbesondere das Verkennen von Vertrauen steht nicht nur mit der persönlichen Beziehung zwischen Lehrer und Schüler in einem Zusammenhang, sondern auch mit der Leistungsfähigkeit bzw. Bereitschaft des Schülers, sich anzustrengen. So beschreiben Lehrer die Schüler, zu denen sie kein gegenseitiges Vertrauen aufbauen konnten, eher als leistungsschwach und häufiger als störend, während Schüler, zu denen ein gutes Vertrauen besteht, eher als leistungsstark und in stärkerem Maße dazu bereit, etwas für die Schule zu tun, eingeschätzt werden (Thies, 2005). Schweer (2008) schlussfolgert, dass »sowohl Lehrer wie auch Schüler dem Vertrauensaufbau in der pädagogischen Beziehung einen hohen Stellenwert für den Erfolg schulischer Erziehungs- und Bildungsmaßnahmen beimessen; [die empirischen Befunde] sprechen gleichermaßen für die Etablierung von Vertrauen als pädagogisches Ziel« (S. 560).

Einschränkend merkt Schweer (2004) jedoch an, dass zum einen die Vertrauensintensitäten je nach Lebensbereich variieren und daher eine Bereichsspezifität aufweisen. Gewonnenes Vertrauen kann also nicht auf alle Bereiche übertragen, sondern muss vielfach immer neu gewonnen werden. Zum anderen kann »konkretes Lehrerverhalten, das bei einem bestimmten Schüler für den Vertrauensaufbau sehr wichtig ist, [...] bei einem anderen Schüler hinsichtlich der Vertrauensentwicklung lediglich eine untergeordnete Rolle spielen oder sogar den Vertrauensprozess hemmen. Ein typisches Beispiel ist in diesem Zusammenhang das gewünschte Ausmaß an positiver Zuwendung seitens des Lehrers« (2008, S. 557). Opp (2007) merkt an, dass Nähe nicht nur durch Vertrauen, sondern auch durch professionelle Begrenzungen ermöglicht werden kann. Lehrpersonen müssen sich daher in ihrem Vertrauenshandeln nicht nur an verschiedenen Situationen, sondern auch am individuellen Schüler orientieren. Gelingt durch gegenseitige Vertrauenshandlungen ein positiver Vertrauensaufbau, dann können für Schüler »Lehrpersonen Vertrauenspersonen in Situationen sein, in denen sie sich sonst zunächst niemandem anvertrauen wollen. Dies können Probleme im Freundeskreis sein, Streit mit den Eltern, Eheprobleme oder Trennung der Eltern bis hin zu traumatischen Erlebnissen wie zum Beispiel Missbrauchserfahrungen, der Tod eines Freundes oder eines Familienangehörigen« (Hertel u. Schmitz, 2010, S. 29). Der Lehrer wird dadurch zur wichtigen Beziehungsperson und Ressource im Alltag, die insbesondere für Kinder in schwierigen familiären Lebensbedingungen eine kompensatorische Funktion innehat.

Lehrer als Kompensator

Kindliche Entwicklung profitiert nach Eickhoff und Zinnecker (2000) insbesondere davon, dass sich die Kinder von ihren Eltern verstanden und geachtet fühlen, ihre Eltern als kompetente Ratgeber in wichtigen Lebensfragen und das familiäre Klima als kooperativ, partnerschaftlich und harmonisch erleben. All diese förderlichen Aspekte können in Familien mit einem psychisch erkrankten Elternteil eingeschränkt sein, insbesondere dann, wenn kein gesunder Elternteil als Korrektiv zur Verfügung steht. Lehrer können vor allem für Kinder, die nicht die Erfahrung eines förderlichen familiären Umfeldes machen, eine kompensatorische Funktion ausüben, insbesondere wenn sie von den Schülern als »learning facilitators, reliable, supporters, challengers« (Schiff u. Tatar, 2003, S. 273) angesehen werden und damit die Rolle einer verlässlichen Bezugsperson, eines unterstützenden Erwachsenen und eines Lernhelfers übernehmen. Opp (2007) weist darauf hin, dass dieser kompensatorische Prozess nicht allein von den Lehrern ausgeht, sondern von den Schülern gefördert wird, indem sie »auch in der Schule nach Erwachsenen suchen, die ihnen zumindest einige dieser Erfahrungen ermöglichen« (S. 233). So ist »die gute zwischenmenschliche Beziehung zum Lehrer […] auch bedeutsam für den seelischen Halt der Schüler. – Die Erfahrungen, geachtet, gemocht und tief greifend verstanden zu werden, machen Schüler sowohl in persönlichen Einzel- und Gruppengesprächen mit dem Lehrer, aber auch durch seine Aktivitäten im Klassenraum. Sie erfahren es selbst und sehen es bei anderen, dass der Lehrer persönlich sich intensiv um die Schüler bemüht, mit ihnen über persönliche Schwierigkeiten spricht und/ oder sie unterstützt« (Tausch, 2008, S. 168). Der Lehrer erfüllt damit grundlegende Bedürfnisse, die insbesondere die Kinder psychisch erkrankter Eltern – je nach Schwere und Art der elterlichen Erkrankung – nicht immer erfüllt bekommen können. »Es geht um Anerkennung, Achtung und Respekt, den Kinder und Jugendliche für sich einfordern und um schulische Beziehungskulturen, in denen positive Lern- und Anpassungsleistungen wahrgenommen und anerkannt werden [sowie außerdem die] Autonomieentwicklung unterstützt wird« (Opp, 2007, S. 233 f.). Theis-Scholz (2012) sieht den Schlüssel für die Kompensation defizitärer Lebensbedingungen der Schüler durch die Lehrer in ihrem positiven und achtenden Erziehungsverhalten: »Durch ein wertschätzendes Erziehungsverhalten, das verbunden mit Empathie und positiver Fehlerkultur, Schüler in ihrer aktiven Beteiligung ermutigt, kann ein schulisch positives Gegengewicht zu problembelasteten familiären Umständen geschaffen werden« (S. 345). Opp (2007) nimmt eine kompensatorische Funktion darüber hinaus in der Struktur wahr, die den Kindern durch den schulischen alltäglichen Ablauf gegeben wird. Widerfährt den Kindern psychisch kranker Eltern im familiären Alltag, wie oben dargestellt, oftmals eine Ent-Normalisierung ihres Alltags, die mit zahlreichen Umstellungen und veränderten bzw. verlorenen Strukturen einhergeht, so »kann die Schule zu einer strukturierten Gegenwelt zu dem alltäglichen Chaos werden, das sie in ihren angestammten Lebenswelten erleben« (S. 230). Die Schüler erfahren, dass die schulischen Strukturen verlässlich sind, geregelten Abläufen folgen und aufgrund dessen einen stabilen und somit stabilisierenden Faktor im Alltag der Kinder darstellen. Golemann (2006) formuliert so metaphorisch wie treffend: »Diese Basis wird zu einem sicheren Hafen, zu einem Kraftfeld, von dem aus die Kinder es wagen können, die Welt zu erforschen, neue Aufgaben zu meistern und etwas zu leisten« (S. 422). Opp (2007) merkt jedoch kritisch an, dass die Lehrer sich dieser wichtigen kompensatorischen Bedeutung ihrer Person nicht immer bewusst sind, obwohl sie »gerade auf die Entwicklung von Risikoschülern mehr Einfluss haben, als sie glauben wollen« (S. 230). »Dabei kann man sich des Eindrucks nicht erwehren, dass die Lehrerinnen und Lehrer nicht nur die Bedeutung von kognitiven Instruktionsprozessen tendenziell überschätzen, sondern gleichzeitig ihre potenziellen Möglichkeiten, als signifikante Andere das Leben ihrer Schülerinnen und Schüler positiv zu beeinflussen, systematisch unterschätzen« (S. 235).

Die kompensatorische Funktion der Lehrperson kann insbesondere dann gelingen, wenn der Lehrer auf der Grundlage einer positiven Beziehung als vertrauensvoller Berater wahrgenommen wird. Daher werden im nächsten Kapitel die Spezifika der Beratung durch Lehrpersonen sowie die Anforderungen an die Lehrer als Berater näher ausgeführt.

Lehrer als Berater

> »Aber wenn es dann wirklich ernst ist, kümmert sie sich auch um einen und hört einem auch zu. Und erzählt das auch nicht weiter. […] Das macht sie wirklich, da hört sie einem auch wirklich zu und versucht dann einem Ratschläge zu geben und zu sagen: ›Was kannst du machen? Brauchst du Hilfe?‹ Wenn ja, dann: ›Sollen wir nicht das und das machen?‹ So halt.«
>
> (14-jährige Schülerin einer Gesamtschule)

»Beratung kann präventive, kurative und rehabilitative Aufgaben erfüllen, also im Vorfeld der Entstehung manifester Probleme ansetzen, bei aktuell bestehenden Schwierigkeiten in Anspruch genommen werden oder in Bezug auf den Umgang mit Folgen von Beeinträchtigungen nachgesucht oder angeboten werden« (Sickendiek, Engel u. Nestmann, 2008, S. 13). Sowohl Eltern als auch Schüler suchen das Gespräch mit dem Lehrer mit dem Ziel einer präventiven, kurativen oder rehabilitative Beratung (vgl. Hertel u. Schmitz, 2010). Schnebel (2007) weist jedoch darauf hin, dass Schule keine primäre Beratungseinrichtung ist. »Ihre Aufgabe besteht darin, Schülerinnen und Schülern Lernen zu ermöglichen und deren persönliche Entwicklung zu fördern. Dieser gesellschaftliche Auftrag prägt die institutionelle Verfasstheit der Schule und das Selbstverständnis der Lehrkräfte. Schulische Beratung ist deshalb von einigen Merkmalen gekennzeichnet, die sie von professioneller Beratung in anderen Einrichtungen und Kontexten teilweise unterscheidet« (S. 26).

Beratung im schulischen Kontext stellt einige Anforderungen an den Lehrer als Berater. Einige wesentliche Aspekte dieser Anforderungen werden daher nachfolgend eingehender erläutert.

Gestaltung einer guten Beratungsbeziehung durch Klärung der Rolle

»Lehrkräfte, deren primäre Aufgabe nicht die Beratung ist, die aber dennoch sehr häufig beraten, geraten immer wieder in Konflikte hinsichtlich ihrer Rollen und ihres Professionsverständnisses« (Schnebel, 2007, S. 28). Die Konfusion und Ambivalenz der Beratungsrolle der Lehrer besteht insbesondere darin, dass die Lehrer für den Schüler sowohl Berater als auch Beurteiler sind. »Neben ihrer Beratungsfunktion üben sie eine Beurteilungsfunktion aus, die sowohl die Ratsuchenden wie auch die Berater in eine schwierige Situation versetzt« (Methner,

Melzer u. Popp, 2013, S. 26). Eine Aufhebung dieser Rollenambivalenz ist nach Methner et al. entweder durch ein Personensplitting oder ein Rollensplitting möglich. Ein Personensplitting kann jedoch aufgrund fehlender Personalstrukturen nicht einheitlich umgesetzt werden, da Lehrer nicht grundsätzlich auf unterstützendes pädagogisches Personal zurückgreifen können. Zudem kann der Lehrer durch die Abgabe der Beratungsfunktion sein bereits vorhandenes Vertrauensverhältnis zum Schüler nicht nutzen bzw. weiter ausbauen. Das kann den Schüler letztendlich daran hindern, um Rat zu fragen, da er entweder eine Ablehnung seines Beratungsgesuches fürchtet, für das nun ein anderer Lehrer zuständig ist, oder erst einmal ein Vertrauensverhältnis zu dieser anderen Person aufbauen muss.

Ein Rollensplitting setzt eine hohe Transparenz der Rolle in der jeweiligen Situation voraus. Sowohl für den Lehrer als auch für den Schüler muss deutlich werden, in welcher Rolle der Lehrer gerade agiert, ob die Situation beratenden Charakter hat oder ob der Lehrer als Beurteiler und Leistungsbewerter handelt. Es ist jedoch fraglich, »inwiefern Berater und Themeneinbringer längerfristig beide Rollen voneinander trennen können« (Methner et al., 2013, S. 27). Eine Interviewstudie von Helmken (2011) zur Verbesserung des Beratungsangebotes an Schulen zeigt jedoch die hohe Relevanz dieser Rollentrennung für die Schüler, die eher ein Personensplitting statt eines Rollensplittings befürworten: »Bei der Frage, ob Lehrer als Beratende geeignet wären, nehmen beide Schülergruppen eine ablehnende Position ein [...]: Die Berufsschülerinnen wollen die Situation vermeiden, dass man einem Lehrer, zu dem man in einem Beratungsgespräch relativ offen war, wieder im Unterricht begegnet, weil man als Schüler im Unterricht wieder eine deutlich höhere Distanz einnehmen muss – möglicherweise könnte dies schwierig werden. Die Befürchtungen der Gymnasiasten gehen in eine andere Richtung, denn sie haben die Vorstellung, dass eine Begegnung mit einem vormals beratenden Lehrer im Unterricht zur Folge hätte, dass dieser eine übertriebene bemitleidende Position einnehmen würde. Die Gymnasiasten würden das als unangenehm und ihre eigene Person abwertend empfinden« (S. 64).

Bleibt die Rolle des Lehrers ungeklärt und der Schüler somit im Unwissen, ob der Lehrer gerade als Beurteiler oder Ratgeber fungiert, kann sich dies hemmend auf den Aufbau einer vertrauensvollen Beratungsbeziehung auswirken. »Die Beziehung zwischen BeraterInnen und KlientInnen ist eine bedeutsame, wenn nicht gar die wichtigste Dimension einer jeden Beratungskonstellation, eines jeden Beratungsprozesses« (Sickendiek et al., 2008, S. 129), denn sie »bildet die Grundlage für [die] methodische Gestaltung der Beratungskommunikation. Der Ausdruck von Empathie und von Akzeptanz der Sichtweisen und Persönlichkeiten von KlientInnen sowie das Angebot eines Arbeitsbündnisses, das Einvernehmen, Verstärkung und Konfrontation erlaubt, können zentrale Schritte zu einer vertrauensvollen und tragfähigen Beratungsbeziehung sein« (S. 223).

Neben der Rollenklärung fördert der persönliche Kontakt zwischen Schüler und Lehrer den Aufbau einer Beratungsbeziehung. So betonen Nestmann und Engel (2002), dass »trotz einer Mediatisierung der Beratung durch neue Kommunikationsformen, Ratgeberliteratur und Ratgebersendungen, [...] bei den Ratsuchenden oftmals das Bedürfnis [besteht], diese Beratungsbeziehung real zu erleben, also das Bedürfnis nach ›face-to-face-Beratung‹ und unvermittelter menschlicher Zuwendung, Begegnung und Erfahrung: lokal statt global, real statt virtuell, dreidimensional statt zweidimensional« (S. 41). Insbesondere die Form der Einzelberatung eignet sich für den Aufbau und das Erleben einer intensiven Beziehung zwischen Berater und Ratsuchenden, entspricht sie doch dem Wunsch vieler Ratsuchenden nach einer Beratungssituation, »in der jemand ›ausschließlich für sie da ist‹. In Beratungsstellen, aber auch in ›halb-formellen‹ Beratungssituationen suchen häufig Personen nach Unterstützung, die es als außergewöhnlich oder als große Erleichterung empfinden, dass sich ein Berater oder eine Beraterin über eine längere Zeit nur ihnen zuwendet. [...] Die Erfahrung der über einen längeren Zeitraum ungeteilten Zuwendung und der Teilnahmebereitschaft einer Beraterin oder eines Beraters, der/die zudem noch fachlich kompetent ist, gilt als einer der wichtigsten Wirkfaktoren in Beratung und Psychotherapie. Ratsuchende fühlen sich hier mit ihrem Anliegen ernstgenommen. Aus der Sicht eines Kindes oder Jugendlichen kann die Tatsache, dass sich ein Erwachsener für sie alleine Zeit nimmt, ihrer Situation Verständnis entgegenbringt und sie in der Entwicklung von Bewältigungsmöglichkeiten unterstützt, eine selten mit Erwachsenen erlebte positive Erfahrung sein« (Sickendiek et al., 2008, S. 98 f.). Je nach Schwere der elterlichen Erkrankung und der Auswirkungen auf die Gestaltung der Beziehung zum Elternteil kann der intensiven Zuwendung des Lehrers somit gerade für die Kinder psychisch erkrankter Eltern eine große Bedeutung zukommen. Insbesondere wenn der erkrankte Elternteil krankheitsbedingt nicht in der Lage ist, die Belastungen des Kindes wahrzunehmen, oder die Kinder während der Ent-Normalisierung des Alltages aus dem Blick geraten, stellt die Zeit, die sich die Lehrperson nur für sie nimmt, eine große Ressource dar.

Sickendiek et al. (2008) weisen jedoch auch auf das Risiko der Einzelberatung hin, denn »bei längerdauernden Beratungsprozessen entwickeln Ratsuchende leicht eine starke (emotionale) Bindung an die BeraterInnen, die die spätere Ablösung in der Beendigung des Prozesses erschwert. Einzelberatungen stellen deshalb hohe Anforderungen an die ›Beziehungskompetenz‹ und die Sensibilität von BeraterInnen im Hinblick auf den Umgang mit der Beratungsbeziehung selbst« (S. 99).

Einnehmen einer »Holding-function«

Beratungen können emotional belastend sein – sowohl für den Schüler als auch den beratenden Lehrer –, was dazu führen kann, dass sich aufgestaute Emotionen entladen oder Konflikte eskalieren. Es kann zu Vorwürfen und Anfeindungen des wegen des Beratungsthemas emotional aufgewühlten und angespannten Schülers gegenüber dem Lehrer kommen, der dem Schüler durch eigenes besonnenes Reagieren aus einer gefestigten Persönlichkeit heraus Halt geben muss. Hubrig (2010) weist daraufhin, dass der Lehrer insbesondere in konfliktgeladenen Situationen die Aufgabe hat, die Aggressionen im Sinne einer »Holding-function« zu überstehen und den unangemessenen Verhaltensweisen nicht mit eigenen negativen Emotionen zu begegnen. »Den Berater ›wirft nichts um‹, weder aggressives Beschuldigen noch depressive Niedergeschlagenheit, Angst oder Hoffnungslosigkeit des anderen. Er lässt sich anrühren von Kummer, Hilflosigkeit und Ängsten. Bei der Äußerung von Wut, aggressiven Fantasien und böser Anschuldigung bleibt er letztendlich ›ungerührt‹, das heißt, er reagiert im Dialog nicht mit ähnlichen Gefühlen, korrigiert Verhalten nicht spontan, wie man das als Lehrer gewohnt ist« (S. 234). Dies bedeutet eine hohe Emotionskontrolle auf Seiten des Lehrers, der den Angriffen und Unterstellungen des Schülers nicht ebenfalls mit Ablehnung oder Beschuldigungen antwortet, sondern die hinter dem Verhalten des Schülers liegende Suche nach Hilfe erkennt und als solche annimmt. Dies signalisiert dem Schüler, dass der Lehrer in seiner Persönlichkeit stabil ist, Halt und Ruhe zu vermitteln vermag. Der Schüler begreift, dass er sich auch in schwierigen, zum Teil unkontrollierbaren Situationen an den Lehrer wenden kann. Melzer und Methner (2012) begründen die Begünstigung des Hilfeprozesses durch eine starke Persönlichkeit wie folgt: »Nur dem, der mir als gefestigte Person erscheint, werde ich es auch zumuten, meine Probleme zu schildern« (S. 179). Neben der Kontrolle eigener Gefühle erfordert eine konfliktbehaftete Beratungssituation, dass der Lehrer zeitweise seinen erzieherischen Auftrag ablegt. Würde er nämlich im Rahmen dieses Auftrages agieren, dürfte er Fehlverhalten wie Aggressionen oder Anfeindungen nicht dulden. Ist er jedoch in der Rolle des Beraters, kann es, wie soeben aufgezeigt, hilfreich sein, die Aggressionen beim Schüler zuzulassen. Übt der Lehrer also in einer Beratungssituation seine Rolle als korrigierender Erwachsener aus, kann das für die Beziehung zwischen ihm und dem Schüler und vor allem für den weiteren Beratungs- und Hilfesuchprozess des Schülers von Nachteil sein.

Förderung von Empowerment-Prozessen

Beratung wird »in Lern- und Arbeitszusammenhängen zunehmend zweckorientiert verstanden: sie dient als Werkzeug zur Behebung eines störenden Zustandes, soll effizient und schnell eine Lösung herbeiführen. Solche Beratungsansätze greifen jedoch nicht tief genug, schaffen oft keine tragfähigen Lösungen und machen zudem das Subjekt, z. B. Schüler und Schülerinnen, tendenziell zum Objekt eines pädagogischen Prozesses« (Ader u. Tölle, 2011, S. 202 f.). Eine solche Auffassung von Beratung führt dazu, »dass Lehrkräfte als Experten für die Sache gerne zu fertigen Lösungsvorschlägen neigen und den Rat suchenden Schülern, Eltern oder Kollegen wenig Möglichkeit bieten, eigene Lösungsideen einzubringen und zu diskutieren« (Schnebel, 2007, S. 28), oder sich in der Problemlösung ohne Berücksichtigung des familiären Umfeldes unmittelbar auf eine Verhaltensänderung beim Kind fokussieren (Ader u. Tölle, 2011). Beratung wird hier bei den beratenden Lehrern mit Information und Aufklärung gleichgesetzt, so »dass Lehrkräfte in eine direktive, belehrende Haltung fallen und damit den Beratungsprozess zum Stillstand bzw. zum Scheitern bringen« (Schnebel, 2007, S. 136). Die Anforderung an den Berater besteht hingegen in der Förderung von Empowerment-Prozessen, also von Ermächtigungs-Prozessen. Dies meint, dass ein Berater den Ratsuchenden ermöglicht, selbstbestimmt zu handeln, dass er sie ermächtigt und ihnen die Verantwortung für ihr Handeln und für eigene Problemlösungen überlässt bzw. überträgt. Lehrer sollten hilfesuchende Schüler somit beim Finden von Lösungsmöglichkeiten unterstützen anstatt ihnen bereits fertige Lösungen zu bieten, das heißt, sie sollten den Schülern die Zeit geben, zu ihren individuellen Lösungsmöglichkeiten zu gelangen, und zwar zu Lösungen, die eine Einbeziehung des familiären Kontextes der Schüler zulassen. Eigene Lösungsideen der Lehrer sind von diesen, wollen sie die Selbstkompetenz und Selbstwirksamkeit der Schüler stärken, zurückzuhalten, auch wenn sie für den Prozess vorteilhafter zu sein scheinen.

Berücksichtigung des zeitlich begrenzten Rahmens

Der zeitliche Rahmen für persönliche Gespräche zwischen Lehrern und Schülern ist durch den klar strukturierten, an Unterrichtszeiten orientierten Tagesablauf begrenzt. So kommt es meist zu zufälligen Situationen zwischen Tür und Angel (Engel, 2007) oder zu »Fragen, die ›spontan‹ und ›zwischendurch‹ an die PädagogIn als Vertrauensperson herangetragen werden« (Sickendiek et al., 2008, S. 19) und auf die der Lehrer sofort und oft unter Zeitdruck reagieren muss, will er die Ratsuche des Schülers nicht abwenden, sondern Gesprächsbereitschaft signalisieren. Neben spontanen Anfragen kann sich ein Beratungssetting aber auch schleichend ergeben. Melzer und Methner (2012) weisen hierbei auf die Pause hin, die der Schüler nutzt, um mit dem Lehrer ins Gespräch zu kommen. Meist werden vom Schüler Beziehungsanfragen, wie zum Beispiel nach persönlichen Vorlieben des Lehrers, gestellt, um zu überprüfen, ob der Lehrer ins Gespräch einsteigt oder es blockiert, ob er den Schüler ernst nimmt oder abweist und ob sich eine gemeinsame Vertrauensbasis herstellen lässt. Pausengespräche sind meist nur die Türöffner für Gespräche über das eigentliche, hinter der vordergründig gestellten Beziehungsanfrage liegende Problem. Eine hohe Sensibilität wird dem Lehrer in dieser Situation abverlangt, damit er die Hilfeanfrage des Schülers hinter den allgemeinen Gesprächsthemen erkennt und seine Rolle als unterrichtender Lehrer zum gegebenen Zeitpunkt zugunsten des beratend tätigen Lehrers ablegt.

Der enge zeitliche Rahmen steht im Gegensatz zu der Intensität eines Beratungsprozesses, der viel Zeit einfordern kann. So sind Zeit und Dauer für die Verständigung, Bewusstwerdung, Aufklärung, Reflexion, Entfaltung, Erprobung, den Erfahrungszuwachs, die Bildung und vieles mehr notwendig, was Teil des Anliegens und der Ziele der Beratung ist. »Diese Beratungsziele müssen nicht in der Beratungssituation selbst erfüllt werden. Es bedarf aber einer gemeinsamen Zeit der Beziehung, der Allianz, des Arbeitsbündnisses und der Kooperation von Beratern und Klienten, um diese Prozesse in Gang zu setzen, einige auch gemeinsam zu durchlaufen, sie gemeinsam zu reflektieren und zu evaluieren« (Nestmann u. Engel, 2002, S. 29). Nur wenn ausreichend Zeit für all diese Prozesse zur Verfügung steht, kann nach Methner et al. (2013) Beratung gelingen. Das bedeutet »im Umkehrschluss, dass Zeitdruck der am meisten hemmende Faktor ist. Zeitdruck ist nicht nur für die Erarbeitung des Themas, das Herausstellen von Zielen und das Finden von Handlungsalternativen ungünstig, sondern wirkt sich auch bewusst (und unbewusst) auf die Gesprächsatmosphäre aus« (S. 70). Hinsichtlich der Beratungssituation zwischen Lehrern und Schülern stellt der enge Zeitrahmen somit ein Problem dar, das es zu bedenken gilt. Die zeitlichen Möglichkeiten sind daher realistisch einzuschätzen und zu berücksichtigen, wobei eine Atmosphäre des Zeitdrucks möglichst zu vermeiden und einer Beratung als Prozess und gemeinsame Zeit dauerhaft über die Beratungssituation hinaus Raum zu geben ist.

Teil eines psychosozialen Unterstützungsnetzwerks

Beratung durch Lehrpersonen ist nicht – wie psychotherapeutische Sitzungen – entkontextualisiert (Nestmann, 2008), sondern in den schulischen Kontext integriert. Innerhalb dieses Kontextes stehen den Schülern und Eltern weitere schulinterne und externe Hilfen zur Verfügung, so dass die Beratung durch die Lehrperson ein Teil eines Unterstützungsnetzwerkes darstellt. Im internen schulischen Kontext gehören zu diesem Netzwerk – wenn vorhanden – Schulsozialarbeiter, Schulpsychologen und Lehrpersonen, die eine Ausbildung zum Beratungslehrer durchlaufen haben. »Beratungslehrern kommt hier die Funktion zu, eine erste Hilfestellung zu geben und dann an Therapeuten und Beratungsstellen weiterzuvermitteln. Zudem können sie ihre Kollegen ohne spezifische Beratungslehrerausbildung unterstützen, indem sie Beratungsmöglichkeiten und -vorgehensweisen aufzeigen und somit ihren Kollegen beratend zur Seite stehen« (Hertel u. Schmitz, 2010, S. 32). In der Kooperation mit schulexternen Unterstützungsleistungen können Schüler, Eltern und Lehrer auf Erziehungsberatungsstellen, schulpsychologische Beratungseinrichtungen, Sucht-und Drogenberatungsstellen (2010), aber auch auf Ärzte, Psychotherapeuten, Sozial- und Jugendämter, Rechtsanwälte, Polizei, etc. (Chur, 2002) zurückgreifen. Dem Lehrer kommt dabei eine Schlüsselrolle zu, da er in den Gesprächen zur Inanspruchnahme der weiteren Dienste motivieren, Zugangswege aufzeigen und so einen ersten Kontakt ermöglichen bzw. die Fortführung bestehender Hilfen unterstützen kann (Lenz u. Brockmann, 2013).

Hier zeigen sich Parallelen zu der von Nestmann (2002) beschriebenen Studien- und Studentenberatung an Hochschulen. So führt Nestmann aus, dass neben spezialisierten Beratungseinrichtungen mit hauptamtlichen Beratern vielfältige weitere Unterstützungsressourcen und Kooperationen zu außeruniversitären Hilfen zur Verfügung stehen, so dass die Universität als ressourcenreiches Setting mit vielfach unterstützenden Angeboten erlebt werden kann. Zentrale Aufgabe der präventiven Studentenberatung ist es daher, »all die informellen (alltäglichen) wie formellen (professionellen) Unterstützungsressourcen im und um das System Hochschule zu aktivieren, zu fördern und gezielt zusammenzuführen, die eine umfassende präventive, kurative und rehabilitative Hilfe für Studentinnen und Studenten gewährleisten können« (S. 311).

Je besser die Zusammenführung der Unterstützungsdienste mit ihren jeweils eigenen Wissensbeständen, Handlungslogiken, Arbeitsweisen und Methoden gelingt, umso wirksamer können die Hilfen gestaltet werden, da ein fachlich fundierter Umgang mit komplexen Problemlagen eine interdisziplinäre Handlungsperspektive voraussetzt (Lenz, 2010a).

Kommt in dem Gespräch mit dem Lehrer die psychische Erkrankung des Elternteils zur Sprache, kann die Lehrperson innerhalb ihrer Profession mit ihren Kompetenzen, Zuständigkeiten und Grenzen nur eingeschränkt Unterstützung leisten. So sind zur wirksamen Unterstützung des Kindes die Kompetenzen der Kinder- und Jugendhilfe und eventuell der kinder- und jugendpsychiatrischen Versorgung notwendig. Da die Belastungen des Kindes eng mit der elterlichen Erkrankung verknüpft sind und die Erkrankung des Elternteils eine Behandlung und fachliche Begleitung notwendig macht, bedarf es Hilfen des erwachsenenpsychiatrischen bzw. psychotherapeutischen Versorgungssystems. Neben den Hilfen für einzelne Familienmitglieder benötigt das Familiensystem als Ganzes häufig Unterstützung, um die Belastungen zu bewältigen, so dass praktische Hilfen im Haushalt ebenso hilfreich und notwendig sein können wie sozialpädagogische Familienhilfen oder Familientherapien (Lenz u. Brockmann, 2013). Gelingt es dem Lehrer, seine Position innerhalb des Unterstützungsnetzwerkes zu erkennen und die Kooperationsbeziehungen zu den verschiedenen Diensten zu gestalten (Brockmann und Lenz, 2010), kann er zur Verknüpfung der Leistungen des psychosozialen Unterstützungsnetzwerkes beitragen, wirksame Hilfen für Schüler und Eltern aktivieren und zugleich für das eigene Handeln Unterstützung, Rückversicherung und Sicherheit durch den Austausch mit den Kooperationspartnern erlangen. Damit das der Fall ist und er tatsächlich in der Lage ist, auf verlässliche, systematisch eingebettete Kooperationsstrukturen zurückzugreifen (Lenz, 2010a), muss er sich allerdings zuerst einmal das notwendige Wissen um Zuständigkeiten, Angebote, Vorgehensweisen, Kompetenzen und Grenzen der Helfersysteme aneignen (van Santen u. Seckinger, 2008).

Subjektive Sichtweisen von Schülern, Eltern und Lehrern

Um einen authentischen Einblick in die Auswirkungen der psychischen Erkrankung des Elternteils auf die Beziehung von Schülern, Eltern und Lehrern erhalten zu können, ist es notwendig, die subjektiven Sichtweisen der Betroffenen zu erfassen. Hierzu wurden im Rahmen der qualitativen, leitfadengestützten Interviewstudie meiner Dissertation (Brockmann, 2014) Schüler der fünften bis zehnten Klasse verschiedener Schulformen, deren psychisch erkrankter Elternteil sowie ein Lehrer des Kindes befragt, der von der elterlichen Erkrankung erfahren hatte. Es handelte sich um zehn Kinder im Alter von zwölf bis 15 Jahren, die Schülerinnen und Schüler an Haupt-, Real-, Gesamt- oder Förderschulen waren, zwölf Elternteile, die mit den Kindern in einem Haushalt lebten und bei denen Schizophrenie, affektive Störungen, neurotische Störungen, Persönlichkeitsstörungen, Posttraumatische Belastungsstörungen oder Essstörungen diagnostiziert worden waren, sowie zwölf Lehrer, die Klassenlehrer der Kinder waren und von der elterlichen Erkrankung erfahren hatten. Im Folgenden werden zunächst die subjektiven Sichtweisen der Schüler hinsichtlich ihrer emotionalen Belastung und der professionellen und familiären Unterstützung sowie ihre gedankliche Beschäftigung mit der elterlichen Erkrankung in der Schule ausführlich dargestellt. Den Schwerpunkt der Interviewergebnisse bildet die Enttabuisierung der Erkrankung im schulischen Kontext, wobei unter anderen vor allem die Bedingungen interessieren, die sich aus der Perspektive der Kinder als förderlich oder hinderlich erweisen, um mit dem Lehrer über die elterliche Erkrankung zu sprechen. Um das subjektive Erleben der Kinder zu veranschaulichen und die Erläuterungen konkret zu belegen, werden Ausschnitte aus den Interviews mit den Schülern herangezogen. Den Sichtweisen der Kinder schließen sich die subjektiven Sichtweisen der psychisch erkrankten Eltern sowie der Lehrer an, die von den Schülern bzw. den Eltern selbst über die Erkrankung informiert wurden. Auch hier dienen direkte Zitate aus den Interviews der Verdeutlichung und Illustration der Ausführungen.

In den Interviewausschnitten werden folgende Kürzel verwendet:

EB = Eva Brockmann
K = Kind
E = Elternteil
L = Lehrer

Subjektive Sicht der Schüler

Die nachfolgende Darstellung der Sichtweisen der Schüler wendet sich in einem ersten Unterkapitel der emotionalen Belastung und dem Hilfebedarf der Kinder zu. Im nächsten Unterkapitel geht es dann um die professionelle und familiäre Unterstützung. Das Verhalten der Kinder in der Schule beschreibt das darauf folgende Unterkapitel und das nachfolgende nimmt sich dann eingehend dem eigentlichen Schwerpunkt, der Enttabuisierung in der Schule, an. In zwei weiteren Unterkapiteln werden zudem das Wissen der Mitschüler und Thematisierung psychischer Erkrankungen im Klassensetting erläutert. Im letzten Unterkapitel erfolgt abschließend noch einmal ein Überblick über die zuvor aufgeführten subjektiven Sichtweisen der Schüler.

Emotionale Belastung und Hilfebedarf der Kinder

Bei allen Kindern ist eine hohe emotionale Belastung erkennbar. Insbesondere vermissen sie den Elternteil, wenn dieser aufgrund stationärer oder teilstationärer Behandlungen länger von ihnen getrennt ist, und verspüren, wenn er bei ihnen ist, gleichzeitig die Angst, dass eine erneute Klinikeinweisung eine eventuell längere Trennung notwendig machen könne. Unabhängig einer innerfamiliären Enttabuisierung bereitet die Erkrankung den Kindern Sorgen, da sie veränderte Verhaltensweisen nicht verstehen und einordnen können. Diese Sorgen verringern sich, wenn die Kinder eine Verbesserung des gesundheitlichen Zustandes wahrnehmen.

Auch die Kinder, die sich allein gelassen, benachteiligt und vom Familienleben ausgeschlossen fühlen oder zunächst ihr Desinteresse und ihre Distanz zum Elternteil betonen, achten genau auf Veränderungen im Verhalten der Eltern, unregelmäßige Medikamenteneinnahme oder Stimmungsschwankungen. Sie versuchen daraufhin zu intervenieren, indem sie zum Beispiel den Elternteil zur Medikamenteneinnahme auffordern. Die Eltern wehren sich gegen diese Interventionen, was bei den Kindern zu Wut, Enttäuschung und Ratlosigkeit führt.

Neben den emotionalen Belastungen in Bezug auf den erkrankten Elternteil beschreiben die Kinder weitere Probleme, mit denen sie sich im Alltag konfrontiert sehen. Dazu gehören insbesondere zerrüttete Familienverhältnisse, die mit verbaler und physischer Gewalt einhergehen und sich deutlich auf die psychische Gesundheit der Kinder auswirken.

Bei einigen Kindern ist die emotionale Belastung sehr stark ausgeprägt. An vielen Stellen benennen sie, dass sie mit der Situation überfordert sind, nicht mehr weiter wissen und ihre eigenen Belastungsgrenzen erreicht sind. Sorgen um die eigene psychische Gesundheit und eigener Hilfebedarf werden in den Interviews immer wieder mit aller Deutlichkeit zum Ausdruck gebracht, wie der folgende Interviewausschnitt bezeugt:

> EB: »Gibt es noch was, was du mir noch sagen möchtest? Abschließend?«
> K (Schülerin einer Gesamtschule, 14 Jahre): »Ganz ehrlich? Ohne Hilfe schaffe ich das nicht mehr. Ich denke wirklich irgendwann, ich selber gehe auch drauf. […] Weil geht nicht mehr. Kann ich nicht. Ich habe meiner Mama ganz ehrlich gesagt: ›ich brauche Hilfe.‹ Ich vor mir selber sage das, sonst hast du nachher auch noch einen an der Klatsche. Weil alleine, denke ich, da könnten die mich in die Ecke stopfen. Weil alleine verarbeiten kann ich das nicht. Das sind so viele Probleme, die … Vor allen Dingen meine Mutter sagt, ich bin 14. Sonst habe ich immer gesagt: ›ja ja.‹ Ne? Aber mittlerweile sage ich auch: ›Mama, ich bin erst 14, ich kann die Sachen nicht alleine verarbeiten.‹«

Die Kinder verleugnen oder bagatellisieren die eigene hohe Belastung nicht, wenngleich sie die Gründe für die Überforderung oder für die bei ihnen ausgelösten Gefühle nicht konkret benennen oder die Situationen, die sie besonders belasten, nicht beschreiben können. Da sie sich der eigenen Überforderung bewusst sind, bringen sie – wie die 14-jährige Schülerin im Interviewausschnitt oben – den Wunsch nach professioneller Unterstützung klar zum Ausdruck. Sie fordern diese im Gespräch mit dem Elternteil ein und motivieren die Eltern, Kontakt zu Hilfesystemen aufzunehmen.

Professionelle und familiäre Unterstützung

Trotz der hohen, von ihnen explizit benannten Belastung sind die interviewten Kinder nicht an kontinuierliche professionelle Unterstützungssysteme, wie zum Beispiel Angebote der Kinder- und Jugendhilfe oder eine therapeutische Unterstützung, angebunden. Dennoch berichten die Kinder an einigen Stellen von Personen, die Hilfsdienste leisten und für die Kinder spezifische Hilfen in die Wege leiten könnten. Diese Möglichkeiten bleiben aber ungenutzt. So werden zum Beispiel sozialpädagogische Fachkräfte, die das Elternteil unterstützen, als Personen genannt, die im regelmäßigen Kontakt mit den Familien stehen. Die Möglichkeit aber, diese Mitarbeiter auf den eigenen Hilfebedarf anzusprechen und um die Unterstützung in der Organisation weiterer Hilfen zu bitten, wird nicht gesehen. Ein Grund dafür liegt in der Unkenntnis über die Kompetenzen, Aufgaben und Möglichkeiten dieser Fachkräfte. Dies verdeutlicht das folgende Zitat:

> K (Schülerin einer Realschule, 15 Jahre): »Das ist Mamas, ich weiß nicht, was das für Mama ist, ich glaube so eine Art Betreuerin, die kommt einmal in zwei Wochen oder so oder jede Woche. Ich bin mir nicht ganz sicher.«

Neben den fehlenden oder ungenutzten professionellen Unterstützungssystemen können die Kinder, die eine sehr hohe emotionale Belastung erkennen lassen, zudem nicht auf konstante Hilfen aus dem nahen familiären Umfeld zurückgreifen. Entweder stehen keine Personen zur Verfügung oder aber die bestehenden kleinen familiären Netze können nicht genutzt werden, da die dazugehörigen Personen selber körperlich oder psychisch erkrankt sind.

Aufgrund der fehlenden professionellen und familiären Unterstützung können die Kinder die hohe emotionale Belastung und Überforderung nicht bewältigen. Die Folge sind psychische Auffälligkeiten. Die Kinder entwickeln selbstverletzende Verhaltensweisen, die sie als ein Ventil erklären, um angestauten Emotionen Raum zu geben.

Andere Kinder, die keine so stark ausgeprägte Überlastung zeigen, berichten von Ressourcen, die ihnen im Alltag in der Bewältigung der Lebenssituation helfen. Neben dem Elternteil, der als Ansprechpartner und Rückhalt benannt wird, nehmen Geschwisterkinder eine wichtige Rolle ein. Zu ihnen besteht ein enges Verhältnis, das von gegenseitigem Vertrauen geprägt ist. Für die Kinder zählen zu den familiären Ressourcen auch die Haustiere, die als Tröster und Zuhörer bezeichnet werden und daher in der Rolle des emotionalen Unterstützers nicht unterschätzt werden dürfen.

Selbst Ansprechpartner, Zuhörer und Tröster zu sein, dem Geheimnisse anvertraut werden, sehen die Kinder als persönliche Stärke, die zum Zusammenhalt der Familie beiträgt. Dieser familiäre Zusammenhalt und der Schutz der Familie und insbesondere des erkrankten Elternteils vor Diskriminierungen und Missachtung durch andere, wie zum Beispiel Klassenkameraden, nehmen für alle Kinder eine hohe Bedeutung ein.

Verhalten der Kinder in der Schule

Während einige Kinder sich in der Schule unauffällig verhalten, sich konstruktiv am Unterricht beteiligen und ein angemessenes Verhalten gegenüber Mitschülern und Lehrern zeigen, zeichnet sich das Verhalten anderer Kinder durch Aggressionen und Unterrichtsstörungen aus. Sie reden im Unterricht oder stehen mitten in diesem auf, unterbrechen und beleidigen die Lehrpersonen, werden gegenüber Mitschülern verbal und körperlich aggressiv und suchen durch Provokationen und indem sie sich Arbeitsanweisungen widersetzen, die Auseinandersetzungen mit dem Lehrer.

Die Kinder erklären, dass sie durch ihr Verhalten Einfluss auf andere Schüler und den Verlauf des Unterrichtes nehmen können. Sie versuchen auf diese Weise Druck auf die Lehrperson auszuüben und von ihr ein bestimmtes Verhalten einzufordern.

Allen Kindern fällt es schwer, während der Zeit in der Schule nicht an die Situation zu Hause zu denken. Sie *beschäftigen sich gedanklich während des Unterrichts intensiv mit der elterlichen Erkrankung*: grübeln, warum gerade ihr Elternteil erkrankt ist, wie lange die Erkrankung noch anhält, wann Besserung eintreten wird und ob die Mutter oder der Vater erneut erkranken wird. Hinzu kommen Gedanken, ob und wie sie den Belastungen standhalten können. Die Kinder empfinden Gefühle der Wut, Trauer und des Unverständnisses, aber auch der Empathie und der Sorge um den Elternteil. Hierzu ein Interviewausschnitt:

> K (Schülerin einer Gesamtschule, zwölf Jahre): »Wir fragen uns mal: ›Ja, was macht sie denn jetzt? Macht sie keinen Blödsinn oder so?‹«
> [...]
> EB: »Was meinst du denn damit, mit: ›macht sie keinen Blödsinn‹?«
> K: »Ja, der geht es ja öfters so schlecht und mal hat sie sich selbst verletzt oder so.«

Die Gedanken, die sich die Kinder machen, variieren in Quantität und Qualität. In Zeiten, in denen es dem Elternteil schlechter geht, denken die Kinder während des Unterrichts häufiger an die Situation zu Hause. Geht es dem Elternteil besser, werden auch die Gedanken weniger oder tauchen in den Pausen statt innerhalb des Unterrichts auf. Den Schülern ist bewusst, dass es ihnen das ständige Denken an Zuhause erschwert, sich auf den Unterricht zu konzentrieren. Dennoch können sie es nicht stoppen und versuchen auf unterschiedliche Weise, darauf zu reagieren. Während einige sich durch eine Unterhaltung mit Mitschülern, das Hören von Musik oder Störungen des Unterrichts ablenken wollen, lassen andere die Gedanken bewusst zu. Anstatt sie zu verdrängen, begegnen sie ihnen mit Gegenstrategien, wenn sie zu stark werden.

So unterschiedlich ihre Reaktionen auf die Gedanken auch sind, sind sich alle Kinder jedoch bewusst, dass es ihnen durch die ständige gedankliche Beschäftigung schwerer fällt, den notwendigen Anforderungen zu entsprechen. Hinzu kommen Ängste, aufgrund der Situation den Leistungsanforderungen nicht gewachsen zu sein, nicht versetzt zu werden oder die Schule wechseln zu müssen.

Enttabuisierung in der Schule

Die Enttabuisierung, also die offene Kommunikation über die elterliche Erkrankung, stellt – wie bereits erläutert – einen zentralen Schutzfaktor für die Kinder psychisch kranker Eltern dar. Zunächst spielt hierbei der *situative Kontext der Enttabuisierung* eine Rolle. Bei der Enttabuisierung der elterlichen Erkrankung in der Schule muss, wie die Studie gezeigt hat, diesbezüglich zwischen drei Gruppen unterschieden werden: In einer ersten Gruppe haben die Schüler ohne Wissen der Eltern den Lehrern von der Erkrankung berichtet, bei einer zweiten Gruppe haben die Eltern das Gespräch mit dem Lehrer gesucht und das Kind zugleich motiviert, den Lehrer als Ansprechpartner zu nutzen, und in einer dritten Gruppe hat die Enttabuisierung zwar durch die Eltern stattgefunden, jedoch ohne die Kinder darüber zu informieren.

Die Enttabuisierung der Erkrankung durch die Schüler ist letztendlich, wie der Kontext der ersten Gruppe ergeben hat, eine Folge des aggressiven, aufmüpfigen Verhaltens auf Seiten der Schüler. Denn nach Situationen, in denen sich die Schüler unangemessen verhalten haben, suchen die Lehrer das Gespräch, um dieses Fehlverhalten zu thematisieren und nach Erklärungen zu fragen.

Das Fragen der Lehrer nach den Gründen für das unangemessene Verhalten allein führt jedoch noch nicht dazu, dass die Kinder von der Erkrankung berichten. Ganz im Gegenteil: Die Kinder wollen zunächst nichts von der Erkrankung erzählen. Sie berichten von allgemeinen Belastungen, familiären Hintergründen und Problemlagen, ohne die Erkrankung zu erwähnen. Erst wenn weitere Faktoren hinzukommen, wird den Kindern eine Enttabuisierung ermöglicht. *Zeit* ist einer der wesentlichen Faktoren. Wenn die Kinder erleben, dass sich der Lehrer für sie Zeit nimmt, ihnen zuhört und ihnen Raum gibt, sich zu öffnen, ist das für einige Kinder eine eher ungewohnte Situation, wie der folgende Interviewausschnitt deutlich macht:

K (Schülerin einer Realschule, 15 Jahre): »Dann habe ich ihm das halt so erzählt, und dann habe ich ihm halt immer mehr erzählt, weil ich habe mich einfach so gefühlt so: ›okay, der hört mir zu, dem kann ich das erzählen.‹ Genau. Dann habe ich halt immer weiter erzählt und erzählt.«
EB: »Und das war eine ganz neue Erfahrung für dich, dass da jemand sitzt und dir zuhört?«
K: »Ja, genau.«
EB: »Das kanntest du so noch gar nicht?«
K: »Nein, weil meine Mam spricht mich da eigentlich nicht drauf an, generell habe ich sonst keinen, der so zuhört.«

Ein weiterer wesentlicher Faktor, der zur Enttabuisierung führt, ist der von den Schülern aufgrund der hohen emotionalen Belastung erlebte *Leidensdruck* und der damit verbundene Wunsch nach Entlastung.

Die Kinder beschreiben den Lehrern die Erkrankung des Elternteils, die für sie im Alltag erkennbaren Symptome und die damit einhergehenden Belastungen so konkret, wie es ihnen möglich ist. Insbesondere betonen sie im Gespräch mit dem Lehrer die eigene Überlastung und den dringenden Hilfebedarf.

In der zweiten Gruppe, der Gruppe der Kinder, deren Familien einen offenen Umgang mit der Thematik pflegen, haben die erkrankten Elternteile bzw. der gesunde Elternteil nach Rücksprache mit dem erkrankten Partner die Initiative zur Enttabuisierung der Erkrankung in der Schule ergriffen. Somit kam nicht den Kindern die Aufgabe zu, den ersten Schritt der Enttabuisierung zu wagen, oder allein die Entscheidung zu treffen, ob der Lehrer informiert wird. Die Eltern nutzten die Strukturen des Schuljahres, um mit den Lehrern ins Gespräch zu kommen. So wurden die Lehrer im Rahmen des »Tags der offenen Tür« oder des Elternsprechtags informiert. Die Kinder wussten im Vorfeld davon und erhielten die explizite Erlaubnis, mit dem Lehrer über die familiäre Situation zu sprechen.

Diese Redeerlaubnis nutzten die Kinder, um mit den Lehrern in Kontakt zu kommen oder andere vertraute Lehrpersonen selber über die Erkrankung zu informieren. Sie suchten das Gespräch, um zwischenzeitliche Unkonzentriertheit oder fehlende Hausaufgaben zu erklären und sich zu entlasten.

In der dritten Gruppe haben die Eltern die Erkrankung zwar im Gespräch mit den Lehrern enttabuisiert, den Kindern jedoch war dies lange Zeit nicht bekannt. Einige haben eher zufällig davon erfahren, als sich die Lehrer nach dem Gesundheitszustand des Elternteils erkundigten, andere erst im Interviewsetting im Rahmen der durchgeführten Studie. Die Kinder scheinen von der Enttabuisierung gegenüber der Schule unberührt zu sein. Sie äußern emotionslos Desinteresse und Gleichgültigkeit, sprechen die Entscheidung allein der Mutter bzw. dem Vater zu und erheben selbst keinen Anspruch darauf, in die Überlegungen oder Entscheidungen zur Enttabuisierung einbezogen zu werden.

Dennoch lässt sich erkennen, dass die Schüler einer Enttabuisierung in der Schule nicht wirklich gänzlich gleichgültig gegenüberstehen. Dies wird aufgrund ihrer Aussagen klar, in denen sie angeben, dass sie eine klare Trennung von Themen befürworten, die von schulischer Bedeutung sind und daher mit den Lehrern besprochen werden müssen, und Themen, die intern in der Familie bleiben und nicht nach außen dringen sollen.

Die erstmalige Enttabuisierung führte in den zwei Gruppen, in denen die Eltern über die Erkrankung informiert hatten, zu weiteren Gesprächen mit den Lehrern über die elterliche Erkrankung. Die Lehrer suchten zwischenzeitlich das Gespräch mit den Kindern, erkundigten sich nach dem Gesundheitszustand des Elternteils und der Gefühlslage des Kindes, nach eventuellen Klinikaufenthalten oder -entlassungen sowie Auswirkungen auf den familiären Alltag. Die Schüler fühlen sich dadurch wertgeschätzt, spüren, dass die Lehrer nicht mit Gleichgültigkeit, sondern Interesse reagieren, und schätzen das eigene Wohlbefinden nach den meist kurzen Interaktionen als positiver ein, so auch die 13-jährige Schülerin im folgenden Beispiel:

> K (Schülerin einer Realschule, 13 Jahre): »Es ist so ein Mischmasch. Erst habe ich so ein komisches Gefühl im Bauch, da irgendwie, und danach ist es dann wie weggeblasen, weil ich dann […] Weil ich dann mir es einfach von der Seele geredet habe.«

Die Erlaubnis der Eltern, mit dem Lehrer über die Erkrankung zu sprechen, ist dafür entscheidend, ob die Kinder von sich aus auf den Lehrer zugehen und das Gespräch suchen. Die Kinder, die im familiären Alltag die Kommunikation über die Erkrankung als selbstverständlich erleben und von den Eltern zum Austausch mit den Lehrern motiviert werden, suchen den Kontakt, wenn sie den Bedarf sehen oder die Information für wichtig erachten.

Es kommt somit bei den Schülern der zweiten Gruppe zwischen Kind und Lehrer zu einer gegenseitigen fortwährenden Enttabuisierung: Der Lehrer sucht von sich aus aktiv den Kontakt zu dem Schüler, um sich nach der Gesundheit des Elternteils und des Kindes zu erkundigen, gleichzeitig geht das Kind bei Bedarf auf den Lehrer zu und sucht das Gespräch, um ihn zu informieren oder belastende Situationen bewältigen zu können.

Die Kinder der dritten Gruppe hingegen, deren Eltern die Lehrer zwar informiert haben, die jedoch selber weder eine offene Kommunikation im familiären Alltag erfahren noch die Erlaubnis zum Austausch mit den Lehrern erhalten haben, suchen das Gespräch mit den Lehrern nicht. Dennoch kommt es durch die Fragen der Lehrer zum zwischenzeitlichen Dialog über die Erkrankung.

Anders in der ersten Gruppe, der Gruppe der Kinder, die den Lehrern ohne Wissen der Eltern über die Erkrankung berichtet haben. Hier kommt es nicht zu weiteren Gesprächen, da weder Lehrer noch Kinder auf den jeweils anderen zugehen. Die Schüler suchen zu späteren Zeitpunkten nicht selbst das Gespräch, da sie offensichtlich auf ein Hilfsangebot der Lehrer hoffen. Diese Erklärung für ihre passive Haltung können die Schüler zwar nicht direkt geben. Aus ihren Antworten ergibt sich jedoch, dass es den Schülern leichter fallen würde, sich erneut den Lehrern anzuvertrauen, wenn diese das Gespräch wiederholt suchen und Hilfe anbieten würden – hier ein Beispiel:

> K (Schülerin einer Realschule, 15 Jahre): »Weil ihm würde ich das ja jetzt erzählen, da ich ja schon ihn, da er ja den ersten Schritt gemacht hat und mich darauf angesprochen hat. Da würde ich ihm das schon erzählen, ja. Ist ja auch ganz schön, wenn er mich drauf ansprechen würde.«

Was die Schüler der ersten Gruppe klar benennen können, ist der Grund für ihren Wunsch nach erneuten Gesprächen: Sie spüren die Mehrfachbelastung durch die familiäre Situation, sind sich ihrer eigenen Überforderung bewusst und erkennen in der Thematisierung der Belastungen eine Möglichkeit, sich Entlastung zu verschaffen.

Als ein weiterer wesentlicher Aspekt sind außerdem die *Emotionen der Kinder bei der Enttabuisierung* anzusehen:

Für die Kinder, die die Lehrer über die Erkrankung ohne Wissen der Eltern informiert haben, war das Gespräch eine hoch emotionale Situation, in der aufgestaute Gefühle nicht zurückgehalten werden konnten. So im folgenden Fall:

> EB: »Wie ging es dir in diesem Gespräch? War das angenehm oder eher unangenehm für dich?«
> K (Schülerin einer Realschule, 15 Jahre): »Am Anfang schon so total schlecht, ich habe halt die ganze Zeit geweint so, weil musste einfach sein und keine Ahnung! Also danach ging es mir echt besser, ich habe mich echt so besser gefühlt, weil ich war so happy.«

Das Zulassen der Gefühle wurde durch die Ruhe und Zeit, die der Lehrer den Schülern geboten hat, ermöglicht. Sie haben sich dadurch akzeptiert und ernst genommen gefühlt. Doch so erleichternd das Gespräch empfunden wurde, so beklemmend wirkte zugleich die Situation auf die Schüler. Zu der ungewohnten Erfahrung, über die elterliche Erkrankung und die eigenen Belastungen zu sprechen, kam das Gefühl der Unsicherheit und die Angst vor der Reaktion des Lehrers und möglichen Auswirkungen des Gespräches. Zudem wurde den Schülern in der Situation nochmals bewusst, dass sie täglich eine Vielzahl unterschiedlicher Probleme bewältigen müssen. Die folgende Aussage einer 14-jährigen Schülerin bezeugt darüber hinaus die Furcht davor, ausgeschlossen zu werden:

> K (Schülerin einer Gesamtschule, 14 Jahre): »Wie soll ich das beschreiben? Ich habe mich einfach in dem Moment so, so anders gefühlt. Also ausgeschlossen von anderen. Dass sie mich jetzt ganz anders sieht als wie vorher. Weil meine Mutter krank ist.«

Das Gespräch löst somit ein Zusammenspiel verschiedener Ängste bei den Schülern aus. Sie können nicht abschätzen, welche Folgen sich ergeben werden, weder für den Moment des Aussprechens noch für die weitere Interaktion zwischen ihnen und den Lehrern. Ob das Gespräch positive oder negative Auswirkungen auf das Verhalten des Lehrers gegenüber dem Schüler haben wird, ob sich Folgen für die Leistungsbewertungen ergeben werden, ob der Lehrer die besprochenen Inhalte vertraulich behandeln oder eventuell den Schüler sogar in Zukunft nicht mehr ernst nehmen wird: All das sind unbekannte Variablen, die ängstigen und verunsichern.

Die Ängste führen dazu, dass die Schüler der ersten Gruppe im Nachhinein an ihrer Entscheidung, dem Lehrer von der Erkrankung zu berichten, zweifeln. So sehr sie auch in der Situation von den Gefühlen überwältigt worden sind, so sehr sie das Gefühl, gehört zu werden, ins Reden gebracht hat und so wenig es zudem eine im Vorfeld bewusst geplante Entscheidung gewesen ist, so erschrocken sind die Schüler über diesen von ihnen gegangenen Schritt inzwischen.

Zu den *Reaktionen der Lehrer im Gespräch*, von denen die Kinder erzählten, gehörte die Berücksichtigung eines den Lehrern bekannten psychosozialen Netzwerkes. Das heißt, einige der Lehrer sahen ihre Funktion in dem Verweis auf psychosoziale Hilfen. Sie motivierten die Kinder dazu, selbst Hilfe in Anspruch zu nehmen, psychologische Unterstützung zu suchen, auf vorhandene Hilfesysteme, wie Familienhelfer, zurückzugreifen und, wenn vorhanden, das Gespräch mit dem Schulsozialarbeiter zu suchen. So zum Beispiel im Fall folgender 14-jähriger Schülerin einer Gesamtschule:

> K (Schülerin einer Gesamtschule, 14 Jahre): »Ja, die hat dann versucht, mit mir zu reden. Und dann hat sie gesagt: ›nee, du musst zur Frau G. [zur Schulsozialarbeiterin] gehen.‹ Und dann musste ich halt mit IHR sprechen, mehrmals auch.«

Trotz einer derartigen Weitervermittlung bieten die Lehrer zudem eigene Hilfe an, indem sie Gesprächsangebote unterbreiten und emotionale Unterstützung und Rücksichtnahme zusichern. Andere Lehrer bieten den Kindern im Gespräch zunächst keine weiteren Hilfen an, sondern geben Ratschläge, wie sie sich zu Hause und in der Schule verhalten sollten, damit es den Eltern besser gehe.

Die Enttabuisierung bewirkt eine *Veränderung in der Interaktion im Schulalltag*: Alle Schüler berichten, dass sich das Verhalten der Lehrpersonen ihnen gegenüber, seit sie von der psychischen Störung ihres Elternteils wissen, verändert hat – unabhängig davon, ob der Lehrer in einem ersten Gespräch über die Erkrankung Hilfe und Rücksichtnahme angeboten, auf externe Hilfen verwiesen oder Ratschläge erteilt hat. Die Kinder spüren, dass die Lehrer mehr auf sie Acht geben und ihnen gegenüber mit mehr Rücksichtnahme und Verständnis, insbesondere in Zeiten, in denen es ihnen nicht gut geht, handeln. Den Schülern wird die Möglichkeit gegeben, sich Entlastung zu verschaffen, sich etwas zurückzuziehen und sich zu beruhigen, indem die Lehrer ihnen eine Auszeit geben, Arbeitsanweisungen und Leistungsanforderungen kurzzeitig aussetzen und signalisieren, dass sie die aktuelle Belastung wahrgenommen haben und daher nicht zusätzliche Belastungen aufbauen, sondern zur Entlastung beitragen möchten. In anderen Situationen motivieren die Lehrer die Schüler vermehrt und heben deutlich positive Eigenschaften und gute Leistungen hervor. Die Schüler führen diese Rücksichtnahme und verstärkte Motivation darauf zurück, dass die Lehrer Hintergrundwissen bekommen haben und so ihren Rückzug oder ihr unangemessenes Verhalten einschätzen und gezielt darauf reagieren können.

Im folgenden Zitat erläutert ein 13-jähriger Hauptschulschüler den Unterschied, der ihm im Verhalten der Lehrer ihm und anderen Schülern gegenüber aufgefallen ist:

> K (Schüler einer Hauptschule, 13 Jahre): »Also, andere kriegen ja viel Ärger. Zum Beispiel werden sie angemeckert oder so. Und bei mir haben die nur gesagt: ›Mach die Hausaufgaben‹, und so. ›Das ist WICHTIG. Du bist schlau‹, und so.«

Neben dem veränderten Umgang der Lehrpersonen mit ihnen nehmen die Schüler auch Veränderungen im eigenen Benehmen wahr. Sie berichten, dass sie sich ruhiger verhalten, angemessener auf Anweisungen reagieren und nicht mehr so schnell aggressiv werden. Ihre Beziehung zu den Lehrern hat sich durch das Gespräch verbessert. Jedoch merken die Schüler an, dass sie sich in erster Linie bei dem Lehrer, der das Gespräch mit ihnen gesucht hat, positiver verhalten, während bei anderen Lehrern keine so deutliche Verbesserung zu erkennen ist.

Ein entscheidender Punkt der Interviewauswertung zielte darauf ab, die *förderlichen und hinderlichen Faktoren für die Enttabuisierung* herauszufinden:

Was die *förderlichen Aspekte* betrifft, benennen Schüler verschiedene Aspekte, die ihnen sowohl ein erstes Gespräch über die elterliche Erkrankung als auch den fortwährenden Austausch mit den Lehrern über die Belastungen erleichtern. Hierzu gehören sowohl ein freundliches, ruhiges und zugewandtes Verhalten der Lehrer als zugleich auch Verlässlichkeit in dem Aufzeigen von Grenzen und der Umsetzung von Konsequenzen. Wie das nachfolgende Interviewzitat zeigt, schätzen die Schüler es, wenn sie als Gesprächspartner und Person ernst genommen werden und sich die Lehrer um sie sorgen, mit ihnen Lösungswege besprechen und sich so ihrer Situation annehmen:

> K (Schülerin einer Gesamtschule, 14 Jahre): »Aber wenn es dann wirklich ernst ist, kümmert sie sich auch um einen und hört einem auch zu. Und erzählt das auch nicht weiter ... Das macht sie wirklich, da hört sie einem auch wirklich zu und versucht dann einem Ratschläge zu geben und zu sagen: ›Was kannst du machen? Brauchst du Hilfe?‹ Wenn ja: ›Sollen wir nicht das und das machen.‹ So halt.«

Eine hohe Bedeutung messen die Schüler außerdem den ermutigenden, motivierenden Zusprüchen der Lehrer zu. Durch diese erfahren die Kinder, dass ihnen die Lehrer etwas zutrauen, an ihre Fähigkeiten appellieren und sie dabei unterstützen möchten, diese zu nutzen.

Zudem sehen die Schüler die Zeit und Ruhe, die sich die Lehrer für die erstmaligen Gespräche über die Erkrankung genommen haben, sowie das zwischenzeitliche Erkundigen nach aktuellen familiären Entwicklungen als Angebot an, dass sie Vertrauen zu den Lehrern aufbauen können und sollen. Die Schüler hoffen darauf, dass sie sich trotz zahlreicher Auseinandersetzungen mit den Lehrern aufgrund ihres Verhaltens, ihrer Leistungen und Emotionen auf dieses Angebot verlassen können und die Lehrer das Vertrauen nicht – zum Beispiel durch die Weitergabe der besprochenen Inhalte – missbrauchen.

Nehmen die Lehrer die Funktion des Klassenlehrers ein, wird den Schülern der Aufbau des Vertrauens erleichtert, da Klassenlehrer meist bereits über allgemeine familiäre Hintergründe informiert sind und als Ansprechpartner für alle Belange, die die Klasse und die einzelnen Schüler betreffen, fungieren. Sie werden – im Gegensatz zu anderen Fachlehrern – eher als Vertrauensperson wahrgenommen.

Neben den förderlichen Eigenschaften und Verhaltensweisen der Lehrer weisen einige Kinder aber auch auf die Schweigepflicht als gesetzliche Regelung hin, durch die ihnen die Vertraulichkeit des Lehrers zugesichert wird. Ein Sich-dem-Lehrer-Anvertrauen aufgrund der gesetzlichen Grundlage setzt aber voraus, dass die Schüler über die Schweigepflicht informiert sind und zudem damit rechnen, dass die Lehrer diese nicht verletzen.

Die Kinder halten darüber hinaus eine eigene offene, dem Lehrer zugewandte Haltung und Bereitschaft, die Gesprächsangebote der Lehrer anzunehmen, für förderlich. Eine derartige Bereitschaft und Offenheit fällt ihnen leichter, wenn sie erkennen, dass mit der Enttabuisierung ein persönlicher Vorteil für sie verbunden ist, wie zum Beispiel eine Erweiterung ihrer sozialen Ressourcen und Unterstützungsmöglichkeiten. Die Schüler betonen jedoch gleichzeitig, dass sie durch die Enttabuisierung keine Vorteile in der Bewertung ihrer Leistungen erfahren und auch nicht erfahren möchten. Sie wollen aufgrund der familiären Situation nicht bevorzugt behandelt werden, sondern fordern die Gleichbehandlung mit den anderen Schülern ein. Sie erwarten, dass die Lehrer sie fachlich nach den gleichen Maßstäben wie die Mitschüler beurteilen. Sie sehen die schulischen Pflichten von den familiären Belastungen abgekoppelt und sich selbst daher in der Verantwortung, den Schulverpflichtungen unabhängig des gesundheitlichen Zustandes des Elternteils nachzugehen und sich gleichberechtigt mit den anderen Schülern zu messen.

Die Kinder äußern sehr deutlich, dass sie die schwierige familiäre Situation nicht ausnutzen wollen, um eigene Fehler oder Fehlverhalten zu entschuldigen, obwohl ihnen eine Beeinflussung der Erkrankung auf ihr Konzentrations- und Leistungsfähigkeit, wie oben gezeigt, durchaus bewusst ist.

Auch in Bezug auf die *hinderlichen Faktoren für eine Enttabuisierung* bietet die Studie Interviewergebnisse:

Neben den förderlichen Aspekten können die Schüler sehr genau benennen, welche Eigenschaften und Haltungen der Lehrpersonen sie daran hindern, das Gespräch zu suchen und die Erkrankung zu thematisieren. Fehlendes Einfühlungsvermögen und wenig Rücksichtnahme auf die individuelle Belastungssituation stehen hier an erster Stelle. Den Schülern fehlt das Verständnis der Lehrer, wenn sie erleben, dass diese den Ausführungen von Arbeitsaufträgen und

Anweisungen mehr Bedeutung zumessen als den persönlichen Problemlagen der Schüler. Diese von ihnen als Gleichgültigkeit empfundene Haltung der Lehrer löst bei den Kindern Unverständnis und Entsetzen aus. Enttäuschung tritt ein, wenn die zunächst gegebene Unterstützung nicht mehr stattfindet und die Kinder merken, dass sie vom Lehrer trotz der Enttabuisierung und der Thematisierung des eigenen Hilfebedarfs mit ihren Belastungen in der Schule allein gelassen werden.

Gleichzeitig aber empfinden die Schüler eine zu enge Unterstützung als störend. Auch wenn sie die Balance vermissen, die ihnen zwischen der durch das Hilfeangebot entstandenen Nähe und einer der Beratungssituation und Lehrer-Schüler-Beziehung angemessenen Distanz in Form von Abwarten und Zurückhaltung als angebracht erscheint, reagieren die Kinder ablehnend. Die Schüler erwarten von den Lehrpersonen die Einhaltung der Beziehungsgrenzen und professionelles Handeln.

Haben sich die Kinder dem Lehrer anvertraut, machen sie zum Teil die Erfahrung, dass sie sich auf dieses Vertrauen nicht verlassen können. Die Lehrer brechen die von den Schülern erbetene Geheimhaltung. Die Kinder reagieren wütend, aggressiv und sind tief enttäuscht.

Als unangenehm empfinden es die Schüler auch, wenn sie durch ihre Situation Mitleid auslösen und dies in der Interaktion mit dem Lehrer deutlich wird. Zudem bleiben die Gespräche zwischen Schüler und Lehrer für Klassenkameraden nicht unbemerkt, so dass es zu Nachfragen der Mitschüler kommt, denen die Kinder gerne ausweichen würden.

Neben Verhaltensweisen und Eigenschaften der Lehrpersonen, die die Kinder daran hindern, erstmalig oder erneut das Gespräch zu suchen, kommen sie auch auf Aspekte der eigenen Persönlichkeitsstruktur zu sprechen, die sich hemmend auf die Aktivierung von Unterstützung auswirken. Sie erzählen von einer gewissen Verschlossenheit und Vorsicht gegenüber anderen Personen in Bezug auf die elterliche Erkrankung, auch wenn die Schüler in anderen Situationen sehr selbstbewusst, zugewandt und offen wirken und dem Lehrer im Unterricht fordernd und offensiv entgegentreten.

Wissen der Mitschüler

Einige Mitschüler der Kinder wissen von der psychischen Erkrankung des Elternteils, jedoch wurde diese nur in kleinen Freundschaftsverbünden thematisiert und nicht im Klassensetting. Die Kinder, in deren Familien offen über die Erkrankung gesprochen wird, berichten den anderen Schülern von den Symptomen, den Veränderungen im familiären Alltag und den eigenen Belastungen. Andere erzählen zunächst nur sehr allgemein von familiären Problemen, ohne die Erkrankung explizit zu erwähnen. Diese Kinder suchen zunächst einen Weg, mit den Mitschülern unverfänglichere, allgemeinere Belastungen zu besprechen, oder nur von körperlichen Erkrankungen ihres Elternteils zu reden. Dies gibt ihnen die Gelegenheit, die Reaktionen der Mitschüler zu beobachten, abwertende oder respektvolle Äußerungen abzuwarten und in der Situation zu entscheiden, ob sie die psychische Erkrankung thematisieren werden.

Zugleich schildern die Kinder, dass die Mitschüler einerseits besorgt waren über die Belastungen, andererseits aber auch Bewunderung zum Ausdruck gebracht haben. Die Kinder empfinden diese Reaktionen der Mitschüler als Wertschätzung und sind erstaunt, dass ihnen Respekt und Anerkennung entgegengebracht wird. Doch selbst bei wertschätzenden Reaktionen, Neugierde und Respekt der Mitschüler wägen die Schüler ab, wie viel und was sie erzählen. Diese Vorsicht liegt in der Angst der Kinder begründet, auf Abwertung und Unverständnis bei den Mitschülern zu stoßen.

Thematisierung psychischer Erkrankungen im Klassensetting

Eine Thematisierung psychischer Erkrankungen im Klassensetting fand bisher bei keinem der interviewten Kinder der Studie statt. Lediglich angrenzende Themenbereiche, die mit der psychischen Gesundheit in einem Zusammenhang stehen, wie Mobbing oder Belastung durch Arbeitslosigkeit, wurden behandelt. Alle interviewten Schüler würden jedoch eine Thematisierung im Unterricht sehr befürworten, damit Mitschüler über Erkrankungsbilder und -symptome, Entstehungsbedingungen, Therapiemöglichkeiten und Belastungen für die Familie aufgeklärt würden. Auch die Situation der Kinder psychisch erkrankter Eltern sollte angesprochen werden, um die Auswirkungen auf den Alltag der Familie und die Belastungen und Folgen für das Kind in den Blick zu nehmen und so die Mitschüler für die schwierige Situation zu sensibilisieren. Zudem erhoffen sich die Kinder – auch diejenigen, in deren Familien ein offener Umgang herrscht – die Möglichkeit, Fragen stellen und ihr eigenes Wissen erweitern zu können.

Eine Enttabuisierung der eigenen Situation vor der Klasse schließen sie aber auch für den Fall einer Thematisierung im Unterricht aus und betonen ausdrücklich die Angst davor, dass Mitschüler verletzend und beleidigend reagieren oder sich negativ über den erkrankten Elternteil äußern könnten. Die Kinder versuchen sich vor einer Enttabuisierung zu schützen, indem sie ihre Emotionen nicht offen zeigen, sondern vor den Klassenkameraden verbergen. Eine 13-jährige Schülerin vermittelt diesen Zusammenhang im folgenden Interviewausschnitt sehr anschaulich:

> K (Schülerin einer Realschule, 13 Jahre): »Hat zum Glück niemand gesehen, aber sind mir erst hier so zwei Tränchen über die Wange gelaufen, weil ich dann natürlich sofort wieder an Papa gedacht habe. [...]«
> EB: »Hat zum Glück niemand gesehen, hast du gerade gesagt.«
> K: »Ja, weil unsere/ein paar Kinder aus unserer Klasse können ziemlich gemein sein. [...] Ja. Und ich will halt nicht, dass man mich als Heulsuse ansieht. [...] Ja, weil dann wird man die ganze Zeit gehänselt mit (Singsang): ›Heulsuse, Heulsuse!‹«

Den Grund dafür, dass die Gefahr besteht, die Mitschüler zu derartigen Kränkungen wie im obigen Beispiel angeführt zu provozieren, sehen die Schüler in der mangelnden Reife der Mitschüler. Solch ein Verhalten wird von den interviewten Kindern als kindlich-albern wahrgenommen. Sie können es nicht nachvollziehen und empfinden es als altersunangemessen.

Subjektive Sichtweise der Schüler – ein Ergebnisüberblick

Bevor nun im Anschluss und zum Vergleich auf die subjektive Sichtweise der psychisch erkrankten Eltern eingegangen wird, sollen die Ausführungen dieses Kapitels zur subjektiven Sichtweise der Schüler noch einmal abschließend in einem zusammenfassenden Überblick vergegenwärtigt werden. Die Auswertung der Interviewstudie hat ergeben, dass die Kinder psychisch kranker Eltern hinsichtlich ihres Hilfebedarfs, ihrer Belastungen, ihrer Unterstützung, ihres Verhaltens sowie förderlicher und hinderlicher Faktoren für eine Enttabuisierung in der Schule folgende Punkte herausstellen:

- Die Kinder benennen die emotionale Belastung durch Sorgen um den Elternteil, die Angst vor Trennungen durch psychiatrische Aufenthalte und die Unwissenheit über die Erkrankung.
- Sie erkennen die hohen Belastungen und den eigenen Unterstützungsbedarf, nehmen jedoch kaum professionelle Unterstützung in Anspruch.
- Sie möchten als Schüler keine Vorteile in der Leistungsbewertung aufgrund der elterlichen Erkrankung.
- Sie empfinden Angst und Unsicherheit im Gespräch mit dem Lehrer.
- Sie nehmen wahr, dass die Enttabuisierung zu einer verstärkten Rücksichtnahme der Lehrer führt, die sie motiviert.
- Sie merken, dass die Gespräche mit dem Lehrer zu einer Verbesserung der Lehrer-Schüler-Beziehung führen.
- Sie vermeiden eine Enttabuisierung vor Mitschülern oder der Klassengemeinschaft aus Angst vor Ausgrenzung.

Als förderliche Faktoren für eine innerschulische Enttabuisierung führen sie auf:
- die Zeit, die sich der Lehrer nimmt, und die Aufmerksamkeit des Lehrers,
- die wertschätzende, zugewandte Haltung des Lehrers während des Gesprächs,
- die Erlaubnis der Eltern, mit dem Lehrer über die Erkrankung zu sprechen,
- wiederholte Erkundigungen des Lehrers nach der aktuellen familiären Situation.

Als hinderliche Faktoren für eine innerschulische Enttabuisierung benennen sie:
- ein geringes Einfühlungsvermögen des Lehrers,
- eine fehlende Unterstützung, obwohl der Lehrer von der Erkrankung weiß,
- eine zu enge Unterstützung.

Subjektive Sicht der psychisch erkrankten Eltern

Die Darstellung der subjektiven Sicht der psychisch erkrankten Eltern beginnt mit Ausführungen zur Kommunikation mit den Kindern über die Erkrankung. Es folgt ein Unterkapitel, in dem die Enttabuisierung in der Schule aus der Perspektive der Eltern thematisiert wird. Dem schließt sich ein Unterkapitel zu den Erwartungen der Eltern an. Es werden dann die Folgen des enttabuisierenden Gesprächs mit dem Lehrer, die Ansprechpartner in der Schule und zuletzt die Thematisierung im Klassensetting aus dem Blickpunkt der Eltern näher erläutert. Abschließend wird es einen Überblick über die zuvor in den Unterkapiteln erläuterten Punkte zur subjektiven Sicht der Eltern geben.

Kommunikation mit den Kindern über die Erkrankung

In der familiären Kommunikation über die Erkrankung zeigen sich deutliche Unterschiede. Einige Eltern gehen offen mit ihrer Erkrankung um, suchen das Gespräch mit den Kindern, erläutern Symptome, Auswirkungen auf das Befinden und Veränderungen im familiären Alltag. Auch motivieren sie die Kinder, Fragen zu stellen, und ermöglichen ihnen durch Literatur oder Gespräche mit den behandelnden Ärzten und Therapeuten ergänzende Informationen.

Andere Eltern sprechen nicht mit den Kindern über die Erkrankung, sondern weichen einer Thematisierung aus. Die Kinder erfahren, dass sich der Elternteil nicht wohl fühlt, nicht jedoch, dass es sich um eine psychische Erkrankung handelt, die einer therapeutischen oder psychiatrischen Behandlung bedarf. Auch im Falle eines Krankenhausaufenthaltes wird die psychische Erkrankung nicht thematisiert.

Während einige Eltern auch mit anderen Familienmitgliedern, Verwandten, Nachbarn oder Freunden nicht über die Erkrankung sprechen, suchen andere Eltern das Gespräch mit ausgewählten Personen, enttabuisieren die Erkrankung jedoch vor ihren Kindern nicht. Die Kinder reagieren auf diese Tabuisierung entweder aggressiv und konfrontieren die Eltern mit ihrem Informationsbedarf oder scheinen die fehlende Kommunikation zu akzeptieren, stellen keine Fragen und versuchen nicht, Erklärungen für das veränderte Verhalten einzufordern.

Die Gründe für eine Tabuisierung der Erkrankung gegenüber dem Kind sind vielfältig. Die Kinder werden als zu jung für genauere Informationen angesehen, zudem sind die Eltern verunsichert, welche Informationen notwendig, altersgerecht und angemessen sind und wie sie die Entstehung der Erkrankung, den Verlauf und die Symptome erklären können. Erschwerend kommt hinzu, dass die Eltern selbst Unsicherheiten bezüglich der Auswirkungen der Erkrankung auf die Gesundheit des Kindes haben und auf Nachfragen der Kinder zu einzelnen Aspekten kaum sicher antworten können.

Zudem gehen einige der Eltern davon aus, dass die Kinder die familiäre Situation nicht als außergewöhnlich empfinden, da sie sich nach Ansicht dieser Eltern an die Auswirkungen, wie das erhöhte Ruhebedürfnis des Elternteils, gewöhnt haben und die Symptome der Erkrankung als Eigenschaften des Elternteils begreifen.

Alle Eltern sind sich bewusst, dass ihre gesundheitliche Situation für die Kinder eine große Belastung darstellt. Sie erkennen, dass insbesondere in akuten Phasen die Erkrankung im Vordergrund steht und auf die Sorgen der Kinder nicht adäquat eingegangen werden kann. Zugleich erkennen sie die Verantwortung, die die Kinder tragen. So berichten sie von den Bemühungen der Kinder, die Eltern zur regelmäßigen Medikamenteneinnahme zu motivieren, Aufgaben im Haushalt zu übernehmen und den Elternteil emotional zu entlasten.

Auch die schulischen Angelegenheiten werden durch die elterliche Erkrankung beeinflusst. Die Auswirkungen kommen insbesondere in akuten Erkrankungsphasen zum Ausdruck, in denen sich die Kinder verstärkt für den Elternteil verantwortlich und zur Übernahme elterlicher Aufgaben verpflichtet fühlen. Hausaufgaben, Lernen und die Vorbereitung von Klassenarbeiten treten dabei sowohl bei den Kindern als auch bei den Eltern in den Hintergrund. In einigen Situationen wird sogar der Schulbesuch zweitrangig.

Die Eltern sind sich dieser Folgen bewusst und versuchen daher, zumindest in stabilen Phasen, ihre Kinder bei den Hausaufgaben oder der Vorbereitung von Leistungsüberprüfungen zu unterstützen. Gelingt ihnen dies nicht, setzen sie sich dafür ein, dass die Kinder innerhalb der Schule, zum Beispiel im Rahmen der Hausaufgabenbetreuung, adäquate Hilfen bekommen.

Enttabuisierung in der Schule

Ähnlich der innerfamiliären Kommunikation zeigen sich auch bezüglich der Enttabuisierung der Erkrankung in der Schule Unterschiede.

Der von einigen Eltern gepflegte innerfamiliär offene Umgang mit der Erkrankung wirkt sich auf die Kommunikation mit den Lehrpersonen aus. Die Eltern nutzen die Strukturen, wie Elternsprechtage oder Sprechstunden der Lehrer, um die Lehrpersonen über die Erkrankung zu informieren, und suchen das Gespräch so bald wie möglich. Sie nennen die Diagnose, einige Auswirkungen auf den familiären und kindlichen Alltag und den Grund der Enttabuisierung und fordern von den Lehrern ein, auf Veränderungen des Kindes zu achten und es frühzeitig anzusprechen und das Gespräch anzubieten. Auch bitten sie die Lehrer um Weitergabe der Information an das Kollegium, damit auch andere Lehrer des Kindes über die Hintergrundinformation verfügen. Hier ein Beispiel:

> E (an Schizophrenie erkrankte Mutter einer zwölfjährigen Schülerin): »Ja, das war eigentlich beim Elternsprechtag. Beim ersten Elternsprechtag habe ich gleich gesagt: ›Ich muss Ihnen sagen, ich bin psychisch krank. Es kann ab und zu mal sein, dass meine Tochter dann anders ist, weil ich dann in der Klinik bin, aber ich sage Ihnen, ich gebe ihr einen Zettel mit, dass ich dann halt in der Klinik bin‹, dass die auch Bescheid wissen.«

Dadurch, dass die erkrankten Eltern selbst das Gespräch mit den Lehrern suchen, überlassen sie diesen Schritt nicht ihren Kindern. Damit die Kinder nicht mit Nachfragen der Lehrer zur familiären Situation überrascht werden und es ihnen gelingt, bei Bedarf auf die Lehrer als Vertrauensperson zuzugehen, haben diejenigen Eltern, die auch innerfamiliär offen mit der Erkrankung umgehen, mit den Kindern besprochen, dass sie den Lehrern ihre psychische Krankheit mitteilen werden. Die Enttabuisierung ist den Kindern in diesen Fällen also bekannt.

Auch die Eltern, die in ihrem sozialen Umfeld offen mit der Erkrankung umgehen, das Kind jedoch nicht in die Enttabuisierung einbeziehen, nutzen frühestmögliche Zeitpunkte, um das Gespräch mit den Lehrern zu suchen. Sie informieren ebenfalls über die Art der Erkrankung und die Auswirkungen auf den familiären und insbesondere kindlichen Alltag. Sie besprechen zudem Möglichkeiten des Austausches miteinander sowohl für stabile als auch für instabile gesundheitliche Phasen. Den Kindern wird jedoch nicht mitgeteilt, dass die Lehrer über die elterliche Erkrankung informiert und hinsichtlich der familiären Situation im Kontakt mit den Eltern sind. Die Enttabuisierung ist den Kindern somit unbekannt.

Bei den Eltern, die die Erkrankung sowohl innerfamiliär als auch im Kontakt zum sozialen Umfeld tabuisieren, ist es zu einer Enttabuisierung durch die Kinder gekommen. Die Kinder haben im Gespräch mit Lehrern und Schulsozialarbeitern die Erkrankung und die damit verbundenen Belastungen thematisiert, ohne dies mit den Eltern im Vorfeld zu besprechen. Die Eltern haben von der Enttabuisierung somit erst im Nachhinein erfahren. Dennoch betonen sie, dass sie dieser Öffnung der Kinder gegenüber den Lehrern positiv gegenüberstehen und es als Erleichterung empfinden, dass die Kinder die Aufgabe der Enttabuisierung übernommen haben, da bei ihnen selbst Angst davor bestand, das Gespräch mit dem Lehrer zu suchen. Ihnen wird dadurch aber auch bewusst, dass sie selbst einem solchen Setting ausgewichen sind und die Gedanken an ein notwendiges Gespräch mit den Lehrpersonen verdrängt haben. Dies führt zu Vorwürfen bei den Eltern, wichtige Hilfen für das Kind verhindert zu haben. Sie erleben Selbstzweifel, ob sie ihrer Rolle als Eltern in dieser Hinsicht gerecht geworden sind oder das Kind aus dem Blick verloren haben.

Trotz der Enttabuisierung durch das Kind und ihren Selbstvorwürfen haben die Eltern daraufhin nicht aktiv den Kontakt zur Schule gesucht. Weitere Gespräche haben erst nach Aufforderung der Lehrer an die Eltern stattgefunden.

Die *Reaktionen der Lehrer* auf die Enttabuisierung empfinden alle Eltern als positiv. Die Lehrer nehmen die Information über die psychische Erkrankung zur Kenntnis, aber vertiefen die Thematik durch Fragen zu Ursachen, Symptomen oder Behandlungen nicht. Das Gespräch konzentriert sich stattdessen auf die Situation des Kindes und den Umgang bei Verhaltensauffälligkeiten. Diese neutrale Reaktion schätzen die Eltern, weil sie weder auf Vorurteile stoßen noch in Rechtfertigungen gedrängt werden oder Informationen preisgeben müssen, die sie nicht nennen wollen. Die Mutter eines 13-jährigen Schülers drückt es so aus:

> E (an Depressionen erkrankte Mutter eines 13-jährigen Schülers): »Also mir hat es gut getan, dass sie eigentlich sehr neutral geblieben ist. Also weder besonders [...] wie soll ich das jetzt sagen, sie hat nicht schockiert reagiert, aber auch nicht so, als ob sie sagt: ›Na endlich mal ein Geständnis.‹«

Die Offenheit der Eltern wird von den Lehrern im Gespräch wertgeschätzt und positiv hervorgehoben. Die Eltern nehmen Verständnis und Respekt wahr und erfahren, dass die Lehrer eine enge Zusammenarbeit befürworten, um das Kind adäquat zu unterstützen.

Durch die positive Haltung der Lehrer lösen sich anfängliche Gefühle der Beklemmung und Verunsicherung, so dass die Eltern bereit sind, ausführlicher über ihre Situation zu sprechen, ohne dass die Lehrer dies aktiv einfordern. Die Bereitschaft der Eltern, von sich aus näher auf die Thematik einzugehen, wird somit im Gesprächssetting verstärkt. Durch die positiven Reaktionen der Lehrer fühlen sich die Eltern in ihrem Entschluss zur Enttabuisierung bestätigt.

Das folgende Zitat ist ein Beispiel dafür, wie das Verhalten des Lehrers der Mutter ermöglicht, von ihrer Krankheit zu erzählen:

> E (an Schizophrenie erkrankte Mutter einer zwölfjährigen Schülerin): »Ja, weil es mir dann leichter fiel, es ihr zu erzählen. Auch die harten Sachen davon und so. [...] Ich hatte eigentlich nur vor, zu sagen, dass das psychisch bedingt war.«

Die *Motivation, das Gespräch mit den Lehrern zu suchen,* ist bei allen Eltern einheitlich. Zum einen sollen die Lehrer Verständnis für die Lebenssituation der Kinder und für eventuelle Verhaltensauffälligkeiten, wie Aggressionen oder Rückzug, entwickeln und erkennen, dass der Grund für das Verhalten in der elterlichen Erkrankung liegt und nicht durch die Person des Lehrers, sonstige schulische Belange oder eine psychischen Erkrankung des Kindes bedingt wird. Zum anderen sollen die Lehrer eine Erklärung erhalten, warum sich die Zusammenarbeit zwischen Eltern und Lehrern zwischenzeitlich schwierig gestalten kann, so dass Stigmatisierungen und vorschnelle Meinungsbildungen verhindert werden. Die Eltern befürchten bei einer Tabuisierung, dass die Lehrer das Verhalten des Elternteils und die Aussagen des Kindes nicht einordnen können und eigene Theorien aufstellen, ohne vorurteilsfrei das Gespräch mit dem Elternteil zu suchen. Durch die Offenheit möchten die Eltern sicherstellen, dass die Lehrer die Informationen bekommen, die sie benötigen, und ihre Fragen direkt beantwortet werden können. Hinsichtlich der Befürchtungen der erkrankten Eltern gibt folgender Interviewausschnitt ein Beispiel:

> E (an Borderline-Persönlichkeitsstörung, Manie und Essstörung erkrankte Mutter einer 14-jährigen Schülerin): »Und bevor ich dann so einen unnötigen Stempel kriege, der gar nicht mir zusteht, sage ich es lieber.«

EB: »Wie wäre denn der Stempel beschriftet gewesen, den Sie aufgedrückt gekriegt hätten?«
E: »Unfähig. [...] Wäre nicht ernst zu nehmen.«

Zudem wissen die Eltern um die Belastungen der Kinder einerseits und der hohen Bedeutung, die den Lehrern als Bezugsperson zukommt, andererseits. Durch die Enttabuisierung möchten sie die Lehrer zur Ausübung dieser Rolle motivieren und so ihre Unterstützung für das Kind aktivieren. Zugleich empfinden sie eine große Dankbarkeit für bereits geleistete Unterstützung und möchten diese deutlich zum Ausdruck bringen.

Abgesehen von der Motivation der Eltern gibt es förderliche Aspekte auf Seiten der Lehrer, die den Eltern einen offenen Umgang mit der Erkrankung erleichtern. Nehmen sich die Lehrer Zeit für eine individuelle, nicht nur schulische Unterstützung der Kinder, wirkt sich dies auf die Elternteile vertrauens- und sympathiefördernd aus. Die Eltern berichten, dass die Lehrer insbesondere in akuten Krankheitsphasen die Kinder unterstützen, sich fürsorglich kümmern, den Kindern Halt geben und eine positive Beziehung zum Schüler aufbauen und ihn stärken möchten. Die Lehrer übernehmen damit wichtige Aufgaben, die die Elternteile in akuten Phasen nicht immer ausfüllen können.

Den Kindern gelingt es mit Hilfe der Lehrer besser, Belastungen zu bewältigen und für sie schwierige Zeiten zu überwinden, was für die Eltern eine Beruhigung darstellt.

Dass die Lehrer dem Kind gegenüber eine positive und wohlwollende Einstellung haben, wird für die Eltern nicht nur an der Unterstützung des Kindes sichtbar, sondern auch an den Äußerungen der Lehrer über das Kind im Kontakt mit ihnen. Dies erleichtert es den Eltern, das Gespräch mit den Lehrern über die Erkrankung aufzunehmen.

Kennen die Eltern die Lehrer bereits über einen längeren Zeitraum, hilft ihnen das, die Einstellungen und Sichtweisen der Lehrer einzuschätzen und ihre Reaktionen auf ihre Offenheit abzusehen. Ihnen fällt es leichter, darauf zu vertrauen, dass die Kinder keine negativen Folgen, wie Ausgrenzung oder Demütigung, durch die Lehrer erfahren werden. Zudem vertrauen die Eltern auf die Einhaltung der Schweigepflicht, so dass sie insbesondere keine Weitergabe der Informationen an Schüler befürchten müssen und die Kinder selbst entscheiden können, ob und welche Schüler von der elterlichen Erkrankung erfahren sollen. Eine Weitergabe an die Schüler möchten die Eltern vermeiden, da sie aufgrund mangelnden Wissens der Mitschüler über psychische Erkrankungen mit negativen Reaktionen, wie stigmatisierenden Aussagen, rechnen.

In den Interviews mit den Eltern lassen sich auch *hinderliche Aspekte* für eine Enttabuisierung gegenüber den Lehrern festmachen. Trotz der Motivation und den förderlichen Aspekten, gibt es bei allen Eltern Ängste und Vorbehalte. So vermuten sie, dass sich die Sicht der Lehrer auf die Kinder zum Negativen verändern werde, indem die Lehrer verstärkt die Auffälligkeiten der Kinder fokussieren und die Kinder ausschließlich unter dem Aspekt der schwierigen familiären Bedingungen betrachten würden. Hinzu kommen Ängste vor Stigmatisierungen der eigenen Person und der gesamten Familie. Die Eltern sind verunsichert, wie sich die Lehrer auf die Information über die Erkrankung hin ihnen und ihrem Kind gegenüber verhalten werden, ob sie den kranken Elternteil fortan kritisch beobachten und sein Verhalten hinterfragen oder ihm weiterhin wertschätzend gegenübertreten werden.

Als Grund für die Gefahr derartiger Stigmatisierungen nehmen die Eltern mangelndes Wissen der Lehrer über psychische Erkrankungen an, was ihrer Erwägung nach zugleich dazu führe, dass die Lehrer die Belastungen, die sich für die Familien aus der Erkrankung ergeben, nicht einschätzen können und in ihrer Bedeutung insbesondere für die Kinder nicht wahrnehmen. Neben Vorbehalten bezüglich einer zu starken Fixierung auf die kindlichen Auffälligkeiten und die Veränderungen der elterlichen Verhaltensweisen bestehen somit auch Bedenken, dass die Lehrpersonen Verhaltensauffälligkeiten und Unterstützungsbedarfe der Kinder bagatellisieren und keine Notwendigkeit der Zusammenarbeit mit den Eltern erkennen könnten, weil sie die Bemühungen um eine positive Entwicklung der Kinder aufgrund des familiären Hintergrundes als nicht erfolgsversprechend erachten würden. Auch eine Reduzierung der schulischen Förderung und Unterstützung der Kinder wird von Seiten der Eltern für möglich gehalten, weil Verhaltens- und Leistungsprobleme ausschließlich vor dem Hintergrund der elterlichen Erkrankung bewertet werden könnten.

Ein weiterer zentraler hinderlicher Aspekt besteht bei allen Eltern in den Ängsten, dass ihre Erziehungskompetenz angezweifelt würde. Die Eltern befürchten, dass die Lehrer die Informationen über die Erkrankung an das zuständige Jugendamt weitergeben, dabei Auffälligkeiten der Kinder schildern und zugleich Zweifel an den Erziehungskompetenzen äußern. Die Veranlassung eines Hausbesuches durch Mitarbeiter der öffentlichen Kinder- und Jugendhilfe und die Herausnahme der Kinder aus der Familie werden als mögliche Konsequenzen des Gespräches mit dem Lehrer angesehen.

Neben den Sorgen bezüglich möglicher negativer Folgen des Gesprächs berichten die Eltern von ihren Ängsten, einer Kommunikation mit den Lehrpersonen nicht gewachsen zu sein. Die Eltern fühlen sich aufgrund der von ihnen wahrgenommenen Hierarchieunterschiede in der Kommunikation gehemmt. Sie haben das Gefühl, Aspekte, die sie thematisieren möchten, kaum zum Ausdruck bringen zu können.

Hemmend wirkt sich für einige Eltern zudem das Setting aus, da es ihnen erkrankungsbedingt kaum gelingt, die Schule bzw. den Klassenraum oder das Lehrerzimmer zu betreten. Dies löst bei ihnen Gefühle des Unbehagens bis hin zur Panik aus.

Die Eltern nennen jedoch nicht nur Faktoren, die sie auf Seiten der Lehrer daran hindern, das offene Gespräch zu suchen, sondern sehen auch ihre eigenen Einstellungen als Hemmschwelle. So geben einige Eltern an, die Notwendigkeit der Enttabuisierung im Schulsetting zunächst nicht wahrgenommen zu haben. Hinzu kommt eine große Unsicherheit, ob von Seiten der Lehrer der Kontakt zu den Eltern gewünscht ist und ob sie mit ihrer Schilderung der familiären Situation die Lehrer nicht gar zu einer Unterstützung drängen, die diese eigentlich nicht leisten möchten.

All diese hinderlichen Aspekte führen dazu, dass die Eltern lange Zeit versuchen, das Gespräch mit den Lehrern über die Erkrankung zu vermeiden und zunächst ohne externe Hilfe die Belastungen zu bewältigen.

Erwartungen der Eltern

Ein grundsätzlicher Wunsch der Eltern besteht darin, dass die Lehrer gegenüber den außerschulischen Belastungen und familiären Problemen ihrer Kinder offen sind und dazu bereit, ihre Kinder in der Bewältigung dieser zu unterstützen. Das folgende Zitat eines Vaters ist hierfür ein Beispiel:

> E (an Depression erkrankter Vater einer zwölfjährigen Schülerin): »Aber ich denke, so im Großen und Ganzen so [...] vielleicht ein bisschen mehr Verständnis, oder ein bisschen mehr Offenheit gegenüber den Problemen von Kindern oder Familien. Dass halt eben nicht nur alles auf das Thema Schule reduziert wird.«

Die Erwartungen aller Eltern sind von dem Wunsch geprägt, dass die Lehrer die Unterstützungsbedarfe der Kinder wahrnehmen. Die Eltern hoffen, dass die Lehrer insbesondere auf Verhaltensveränderungen achten und den Kontakt mit den Kindern herstellen, um sich nach Belastungen, Sorgen und Ängsten zu erkundigen. Inhalt der Gespräche soll damit nicht vorrangig das eigentliche Verhalten der Kinder sein, sondern die Hintergründe, die zu diesem Verhalten führen und es erklären können. Den Lehrern sollen so tiefere Einblicke in die

Lebenssituation der Kinder und ein verbessertes Verständnis für die Zusammenhänge zwischen Verhaltensauffälligkeiten und elterlicher Erkrankung ermöglicht werden. Vor diesem Hintergrund erwarten die Eltern, dass die Lehrer den Kindern die Möglichkeit eröffnen, vertrauensvoll auf sie zuzugehen und von ihren Belastungen zu berichten, und dass sie zugleich adäquat verhaltensregulierend auf das Kind einwirken. In den Gesprächen sollen die Lehrer die elterliche Erkrankung nicht verschweigen, sondern sich nach möglichen erneuten Krankheitsphasen, Klinikeinweisungen oder Veränderungen im Alltag als Hintergrund der Verhaltensänderung der Kinder erkundigen und dem Kind dadurch ihre Unterstützung auch in schwierigen familiären Phasen signalisieren.

Trotz der aufmerksamen Beobachtung des Kindes und der vertrauensvollen Gespräche soll ihm nicht das Gefühl einer Sonderrolle vermittelt werden. Den Eltern ist eine Gleichbehandlung wichtig. So sollen die Lehrer weiterhin von den Kindern eine aktive Mitarbeit im Unterricht fordern, um Zurückgezogenheit und einem damit eventuell verbundenem Leistungsabfall entgegenzuwirken. Sie sollen den Kindern die Konsequenzen von Fehlverhalten aufzeigen, um ihnen Grenzen zu setzen.

Werden von den Lehrern Veränderungen im Verhalten oder in der schulischen Leistungsfähigkeit der Kinder wahrgenommen, möchten die Eltern zeitnah darüber informiert werden. Den Eltern bieten die Beobachtungen der Lehrer die Sicherheit, einen möglichen Hilfebedarf der Kinder nicht zu übersehen.

Einerseits knüpfen die Eltern an das Wissen der Lehrer über die Erkrankung die Erwartung einer konstruktiven Zusammenarbeit, in der die Bedürfnisse der Eltern und die Grenzen, die ihnen durch die Erkrankung gegeben sind, berücksichtigt werden. Da beispielsweise ein persönliches Gespräch in der Schule für einige Eltern nur schwer realisierbar ist, bewerten sie einen regelmäßigen telefonischen Kontakt als sehr positiv. So kann der Elternteil Informationen an den Lehrer geben und ist bei Gesprächsbedarf der Lehrer erreichbar. Es kann dann gemeinsam überlegt werden, wie die Unterstützung der Kinder bei der Bewältigung der Belastungen und schulischen Anforderungen gelingen und im Alltag gestaltet werden kann. Andererseits wünschen sich die Eltern ähnlich wie ihre Kinder eine Gleichbehandlung. Der Umgang des Lehrers mit ihnen soll nicht durch eine besondere Rücksichtnahme gekennzeichnet sein, sondern gleichberechtigt mit den anderen, gesunden Eltern erfolgen.

Der Wunsch nach Gleichbehandlung führt dazu, dass die Eltern nicht davon ausgehen, dass sich die Lehrer in späteren Gesprächen von sich aus nach ihrem gesundheitlichen Befinden erkundigen. Thematisieren die Eltern nicht selbst ihre Erkrankung, zum Beispiel aufgrund anstehender Klinikaufenthalte, lehnen sie weitere Gespräche darüber sogar ab, da sie eine fortwährende Thematisierung als störend und unangenehm empfinden. Außerdem dienen die Kompetenzen der Lehrpersonen ihrer Meinung nach nicht der Unterstützung psychisch erkrankter Personen, sondern der Erziehung und Unterrichtung ihrer Kinder.

Bestehen jedoch Unsicherheiten auf Seiten der Lehrer bezüglich der Auswirkungen der Erkrankung auf das Kind, den Umgang mit den Kindern oder Eltern oder der weiteren Zusammenarbeit, würden es die Eltern befürworten, wenn die Lehrer ihre Unsicherheiten äußern, Fragen stellen und die Antworten des Elternteils ernst nehmen würden.

Neben Erwartungen und Wünschen, die den Lehrer betreffen, äußern die Eltern eigene Vorstellungen und Ideen, wie durch schulische Strukturen eine Unterstützung der Familien mit einem psychisch erkrankten Elternteil gelingen kann. Hier wird insbesondere eine intensivere Unterstützung der Kinder in den schulischen Leistungen genannt, zum Beispiel durch gezielte Förderung vor Leistungsüberprüfungen, Begleitung in der Anfertigung der Hausaufgaben und Informationen über schulexterne Hilfsmöglichkeiten, wie Nachhilfeangebote. Zudem kommt der verlässlichen Betreuung der Kinder eine hohe Bedeutung zu, denn die Eltern möchten sich darauf verlassen, dass das Kind zu den angegebenen Zeiten unterrichtet oder betreut wird. Ändern sich die zeitlichen Strukturen und damit der familiäre Tagesablauf, wünschen sich die Eltern, frühzeitig informiert zu werden. Für sie ist es notwendig, sich auf veränderte Abläufe einstellen zu können.

Gelingt die Unterstützung der Kinder durch die Schule, so dass sich die Leistungen und das Verhalten der Kinder verbessern, sehen die Eltern darin eine Möglichkeit, selbst entlastet zu werden, da sie sich um die schulischen Belange weniger Sorgen machen müssen. Dies kann nach Ansicht der Eltern zu einer Verbesserung der gesundheitlichen Situation führen.

In den Äußerungen der Eltern spielen jedoch auch eine *Relativierung ihrer Erwartungen* und der Versuch einer realistischen Einschätzung der Kräfte der Lehrer eine Rolle. Die Eltern erkennen die Grenzen der Unterstützungsmöglichkeiten der Lehrer durchaus. So betonen sie die Schwierigkeit der Doppelrolle der Lehrer, als vertrauensvoller Ansprechpartner einerseits und Autoritätsperson andererseits zu agieren.

Die Eltern wissen um die hohe psychische Belastung der Lehrer im Arbeitsalltag, die fehlenden zeitlichen Ressourcen, die hohen Schülerzahlen und daraus resultierenden zu geringen Möglichkeiten der individuellen Unterstützung einzelner Schüler. Die Eltern sind daher gehemmt, eigene Bedarfe zu benennen und Hilfe einzufordern. Sie möchten keine zusätzliche Belastung darstellen und sind verunsichert, ob ihre Erkrankung eine intensive Zusammenarbeit mit den Lehrpersonen berechtigt.

Die Eltern, die die Erkrankung nicht persönlich enttabuisiert haben, relativieren, nachdem ihre Kinder den Lehrern von ihrer psychischen Störung erzählt haben, ihre Erwartungen hinsichtlich ihrer eigenen Verantwortung. Sie hinterfragen ihre bisherige Tabuisierung kritisch, betonen, dass sie sich ihrer Verantwortung bewusst sind und diese zukünftig wahrnehmen möchten.

Folgen des enttabuisierenden Gesprächs mit dem Lehrer

Alle Eltern berichten über positive Auswirkungen der Enttabuisierung gegenüber den Lehrpersonen. Insbesondere die Eltern, deren Kinder in der Schule unangemessene Verhaltensweisen, wie Aggressionen gegen Lehrer und Mitschüler, Arbeitsverweigerung oder Unterrichtsstörungen zeigen, sehen Veränderungen im Verhalten der Kinder nach der Enttabuisierung. Die Verhaltensauffälligkeiten zeigen sich seltener und sind schwächer ausgeprägt, die Integration in die Klasse und die schulischen Leistungen haben sich verbessert. Zudem sind die Kinder gegenüber den Lehrern, die von der Erkrankung erfahren haben, positiver eingestellt, sehen diese als Vertrauenspersonen und verhalten sich ihnen gegenüber respektvoller. Auch bei den Kindern, die in der Schule keine Verhaltensauffälligkeiten aufweisen, emotional aber stark belastet sind, berichten die Eltern von erfreulichen Veränderungen, davon, dass es den Kindern durch die Unterstützung der Lehrer nun besser gelingt, die Belastungen zu bewältigen.

Als Gründe für die positive Entwicklung geben die Eltern einen veränderten Umgang der Lehrer gegenüber den Kindern an. Die Lehrer bringen mehr Verständnis und eine verstärkte Rücksichtnahme auf. Sie können aufgrund der Informationen gezielter und effektiver auf das Fehlverhalten eingehen und suchen das persönliche Gespräch mit den Eltern und Schülern. Die Eltern sind von den genauen Beobachtungen der Lehrer, deren Offenheit und Überlegungen, wie es gelingen könne, das Kind zu unterstützen, positiv überrascht.

Darüber hinaus empfinden die Eltern im gemeinsamen Austausch eine verstärkte Rücksichtnahme auf ihr Wohlbefinden. Zwar erkundigen sich die Lehrer nicht erneut nach dem Gesundheitszustand, die Eltern bemerken jedoch, dass die Lehrer ihnen die Informationen nun behutsamer geben und abwägen, wie stark sie den Elternteil belasten können. Obwohl die Eltern die Erwartung der Gleichbehandlung mit psychisch gesunden Eltern an das Gespräch geknüpft haben, empfinden sie die Rücksichtnahme der Lehrer als angenehm. Sie erzeugt bei ihnen Sympathie für den Lehrer. Befürchtete negative Veränderungen in dem Verhalten der Lehrer oder in der Kommunikation in Form von Ablehnung oder Vorurteilen sind bei keinem der interviewten Elternteile eingetreten. Das folgende Zitat veranschaulicht die Reaktion einer erkrankten Mutter auf das auf einmal behutsamere Agieren eines Lehrers:

> E (an Depression und Essstörung erkrankte Mutter eines 14-jährigen Schülers): »Ja, ich habe nur geschmunzelt, weil ich habe das Gefühl gehabt, die wollen mich einfach schonen (lacht) und ich habe das nicht laut gesagt und so, also gar nicht. Ich fand das sympathisch, also ich fand das richtig nett (lacht), also das hat mich jetzt nicht irgendwie gestört oder so. Ich fand das witzig, ja.«

Außerdem haben die enttabuisierenden Gespräche vielfach eine verbesserte Kooperation zwischen Lehrern und Eltern zur Folge. Es besteht ein enger Kontakt zum regelmäßigen gegenseitigen Austausch über Auffälligkeiten der Kinder, Fehlverhalten und Absprachen über notwendige Konsequenzen. Zudem stellen sich die Lehrer auf die Ressourcen und Probleme der Elternteile ein. So erfolgt die Kooperation, wie bereits erwähnt, zum Beispiel telefonisch, wenn es den Eltern erkrankungsbedingt nicht möglich ist, in die Schule zu kommen.

Da die meisten Eltern insbesondere den Regelungen für instabile Phasen oder erneute Klinikeinweisungen eine große Bedeutung beimessen, werden konkrete Absprachen für diese Zeiten getroffen. Es wird beispielsweise vereinbart, dass die Lehrer durch kurze schriftliche Mitteilungen, die die Kinder den Lehrern aushändigen, über Veränderungen im Tagesablauf der Kinder und insbesondere über eine stationäre Behandlung informiert werden. Zudem erhalten sie, wie das folgende Zitat belegt, die Kontaktdaten weiterer Personen aus dem nahen sozialen Umfeld der Familie, vor allem von denjenigen, die in Zeiten, in denen der erkrankte Elternteil dazu nicht in der Lage ist, die Betreuung und Versorgung der Kinder übernehmen:

> E (an Schizophrenie erkrankte Mutter einer zwölfjährigen Schülerin): »Ja, also die Schule hat die Telefonnummer meiner Mutter, die hatte ich ihnen da gegeben, wie ich in der Klinik war, falls was Besonderes ist, oder dann versuchen sollen über Handy, aber dass sie im Moment eben bei meiner Mutter war, wussten die auch. Und auch die Kontaktmöglichkeiten.«

Im Hinblick auf die Folgen der Enttabuisierung betonen alle Eltern resümierend, dass sie den offenen Umgang gegenüber den Lehrpersonen als richtige Entscheidung ansehen und daher diesen Weg wieder gehen würde. Zudem erleichtern die positiven Erfahrungen den Eltern bei erneuten Krankheitsphasen oder weiteren Belastungen auf die Lehrer bzw. andere Ansprechpartner innerhalb der Schule zuzugehen.

Ansprechpartner in der Schule

Die Eltern, die Gespräche mit den Schulsozialarbeitern geführt haben und deren Kinder bereits eine Unterstützung durch diese Fachkräfte erhalten, heben die Notwendigkeit dieser Ansprechpartner und Vertrauenspersonen für die Kinder hervor. Sie erhalten die Möglichkeit, sich bei persönlichen und familiären Belastungen an die Fachkräfte wenden zu können und von diesen gezielte Hilfen zu erhalten, ohne dadurch Auswirkungen auf die Beziehung zum Lehrer oder die Bewertungen der schulischen Leistungen befürchten zu müssen.

Die in der Zusammenarbeit mit den Schulsozialarbeitern erlebte vorurteilsfreie Haltung sowie die besondere Beachtung der Hilfebedarfe der Familie wirken auf die Eltern beruhigend, da sie sicher sein können, dass die Kinder in der Bewältigung der Belastungen unterstützt werden. Zudem wird die Zusammenarbeit insofern als sehr positiv beschrieben, dass die Eltern ihren Bedarf an Hilfe in einer wertschätzenden Gesprächsatmosphäre zum Ausdruck bringen können sowie Anregungen zur Bewältigung der Belastungen sowie Kontaktadressen für weitergehende schulexterne Hilfen erhalten. Das folgende Zitat vermittelt diesen bejahenden Eindruck der Eltern:

> E (an Posttraumatischer Belastungsstörung erkrankte Mutter eines 13-jährigen Schülers): »Ich fand das super, [das] Gespräch mit Frau B. [der Sozialpädagogin], das war wirklich total angenehm, sie hat zugehört und hat wirklich dann auch versucht, Tipps zu geben, so mit Caritas und allem. Und das fand ich schon sehr wichtig, dieses Gespräch, also für mich war das auf jeden Fall hilfreich.«

Die Eltern, die die Erkrankung bisher nur mit den Lehrern thematisiert haben und aufgrund der erhaltenen Unterstützung keine weiteren Hilfebedarfe sehen, sind noch nicht in Kontakt mit den Schulsozialarbeitern getreten. Einige Eltern wissen trotz des vorhandenen Angebotes noch nicht einmal, dass diese Fachkräfte an der Schule tätig sind, oder sind nicht über Zuständigkeiten und Aufgaben der Sozialarbeiter informiert. Dies führt dazu, dass die Eltern ihren Kindern diese nicht als Ansprechpartner nennen können.

Thematisierung im Klassensetting

Alle Eltern befürworten eine Thematisierung psychischer Erkrankungen im Unterricht, um die Schüler über Ursachen, Auswirkungen auf das persönliche Erleben und den familiären Alltag sowie über Belastungen der Familienmitglieder aufzuklären und so Stigmatisierungen entgegenzuwirken. Sie erhoffen sich eine erhöhte Sensibilität und Verständnis für die Lebenssituation betroffener Schüler, ohne dass ihre eigenen Kinder ihre persönliche Situation offenlegen müssen.

Doch schränken die Eltern ihre generelle Zustimmung hinsichtlich des Schüleralters ein. Während sie eine Behandlung der Thematik im Unterrichtssetting der älteren Schüler für sinnvoll erachten, befürchten sie, dass sie bei jüngeren Schülern Angst auslösen könnte. Sie vermuten, dass sich die Sensibilität der Kinder gegenüber ihren Eltern durch das erworbene Wissen verändere und sie die Verstimmungen oder nicht nachvollziehbaren Reaktionen ihrer Eltern als psychische Erkrankung interpretieren könnten.

Im Gegensatz zum Aufgreifen der Thematik als Unterrichtseinheit stehen die meisten Eltern einer Enttabuisierung der persönlichen Situation ihrer Kinder im Klassensetting skeptisch gegenüber. Sie glauben, dass es zu einem Verlust von Freundschaften, zu Ausgrenzungen und Stigmatisierungen kommt.

Nur die Eltern, die innerhalb der Familie und ihren sozialen Netzen sowie gegenüber den Lehrern offen mit der Erkrankung umgehen, stehen auch der Enttabuisierung gegenüber den Mitschülern offen gegenüber. Sie überlassen die Entscheidung zur Enttabuisierung allein ihren Kindern und machen diesen gegenüber keine Einschränkungen bezüglich der Inhalte, die die Kinder an Freunde und Mitschüler weitergeben.

Subjektive Sichtweise der Eltern – ein Ergebnisüberblick

Abschließend und bevor im nächsten Kapitel auf die subjektive Sicht der Lehrer eingegangen wird, sollen die Ausführungen dieses Kapitels zur subjektiven Sichtweise der psychisch erkrankten Elternteile noch einmal in einem zusammenfassenden Überblick vergegenwärtigt werden. Im folgenden Resümee wird entsprechend der Interviewauswertung der Schwerpunkt auf die Motivation der Eltern zur schulischen Enttabuisierung und auf die aus ihrer Perspektive förderlichen und hinderlichen Faktoren für eine solche gelegt:
- Die Eltern sind sich der Belastungen der Kinder und der Auswirkungen, die diese auf ihren Schulbesuch, ihr Verhalten in der Schule und ihre Schulleistungen, haben, bewusst.
- Die innerfamiliäre Kommunikation ist maßgebend für die innerschulische Kommunikation: Sprechen die Eltern mit ihren Kindern über die Erkrankung, fällt es Eltern und Kindern leichter, mit dem Lehrer die Erkrankung zu thematisieren. Wird die Erkrankung innerfamiliär tabuisiert, gelingt es den Kindern und Eltern kaum, das Gespräch mit dem Lehrer zu suchen.

- Eine neutrale Reaktion des Lehrers, wenn sie von der Erkrankung erfahren, und eine Fokussierung des Gespräches auf die Situation des Kindes vermindern bei den Eltern das Gefühl der Angst und Beklemmung.
- Im Hinblick auf ihre Motivation zur Enttabuisierung spielen für die Eltern vor allem folgende Faktoren eine bedeutende Rolle:
  - die Förderung des Verständnisses für Verhaltensauffälligkeiten des Kindes,
  - die Verhinderung einer Stigmatisierung des Kindes als auffällig, problematisch oder psychisch erkrankt,
  - die Aktivierung des Lehrers als Bezugsperson.
- Als für die Enttabuisierung förderlich erweisen sich aus der Elternperspektive folgende Aspekte:
  - die Zeit, die sich der Lehrer nimmt,
  - eine positive, wohlwollende Einstellung des Lehrers gegenüber dem Kind,
  - dass sie der Verschwiegenheit des Lehrers sicher sein und ihm diesbezüglich vertrauen können.
- Als für die Enttabuisierung hinderlich empfinden die Eltern folgende Aspekte:
  - die Angst vor einer Stigmatisierung, die sie und ihr Kind erfahren könnten,
  - die Befürchtung einer Reduzierung der schulischen Förderung des Kindes und der Zusammenarbeit mit ihnen als Elternteil aufgrund der familiären Situation,
  - ein Anzweifeln ihrer Erziehungskompetenz von Seiten des Lehrers.

Subjektive Sicht der Lehrer

Die nachfolgende Darstellung der Sichtweisen der Lehrer fokussiert zunächst das Verhalten der Kinder in der Schule und im Anschluss daran das Verhalten der Eltern. In einem dritten Unterkapitel geht es ausführlich darum, wie die Enttabuisierung sich aus der Perspektive der Lehrer darstellt und wie sie sich auf sie ausgewirkt hat. Das nachfolgende Unterkapitel nimmt sich Raum für einen weiteren wichtigen Schwerpunkt der Auswertung: die Auswirkungen der Enttabuisierung auf den Schulalltag. Vor der abschließenden Zusammenfassung der Lehrersicht werden zunächst weitere Bedarfe und Wünsche der Lehrer, die in den Interviews eine bedeutende Rolle spielten, thematisiert. Es folgt die Zusammenfassung, das heißt der Ergebnisüberblick über die subjektive Sicht der Lehrer auf die Situation der Kinder mit psychisch erkrankten Eltern.

Verhalten der Kinder in der Schule

Die Lehrer schildern ihre Beobachtungen über das Verhalten der Kinder in der Schule sehr genau. Während einige Schüler als sehr ruhig, hilfsbereit und angepasst beschrieben werden, werden andere als aggressiv, schwierig und aufmüpfig bezeichnet. In Bezug auf diese Schüler berichten die Lehrer insbesondere von Verhaltensauffälligkeiten, die sich im Unterricht und im Kontakt zum Lehrer zeigen. Dazu zählen Verwirrtheit, Nervosität und Unsicherheit. Hinzu kommen nicht altersentsprechende Verhaltensweisen, so dass die Schüler entweder als sehr kindlich und albern oder aber als übermäßig erwachsenenorientiert charakterisiert werden. In einigen Situationen wirkt das Verhalten auf die Lehrer derart befremdlich, dass sie ihre eigenen Unsicherheiten bezüglich eines adäquaten Umgangs, ihre Erschrockenheit und zugleich ihre Besorgnis zum Ausdruck bringen.

Die Verhaltensauffälligkeiten treten insbesondere in Situationen auf, in denen die Lehrer ermahnen, Grenzen setzen oder Konsequenzen umsetzen und von den Schülern eine Anpassung an Regeln und Vorgaben verlangen. Während einige Schüler daraufhin nervös und unsicher werden oder aus dem Klassenraum laufen, suchen andere die Konfrontation mit den Lehrern, indem sie deren Autorität in Frage stellen und die Folgen dieser Autorität nicht akzeptieren wollen. Nach Ansicht der Lehrer sind sich die Schüler ihres Fehlverhaltens bewusst und leugnen es nicht. Dennoch können sich die Schüler nicht erklären, warum sie sich so verhalten, schaffen es kaum, sich zu kontrollieren und sind schnell verunsichert, ob ihr Verhalten angemessen ist.

Hinzu kommt, dass die Kinder im weiteren Unterrichtsverlauf den gestellten Aufgaben nicht nachgehen, sich nicht an Unterrichtsinhalten beteiligen und Mitschüler durch Nebengespräche ablenken. Die Aufforderungen zur Mitarbeit, Ermahnungen und Auseinandersetzungen beeinflussen stark den Ablauf des Unterrichtes und nehmen viel Zeit in Anspruch. Das Verhalten der Schüler wird daher von den Lehrpersonen als sehr störend empfunden.

Zugleich aber beschreiben die Lehrer andere Situationen, in denen die Verhaltensauffälligkeiten nicht zum Vorschein kommen, sondern sich die Kinder konstruktiv am Unterricht beteiligen, altersentsprechend verhalten, Freude ausdrücken können, aber auch Ärger und Probleme angemessen bewältigen. Die Schüler sind dann im Gespräch mit dem Lehrer sehr offen und zugewandt, berichten über ihren Alltag oder ihre Hobbies und suchen den Kontakt und die Aufmerksamkeit. Da jedoch die Verhaltensauffälligkeiten überwiegen und die Störungen im Unterricht in den Vordergrund rücken, verhindern diese eine positive schulische Entwicklung, obwohl die Lehrer von einer guten Auffassungsgabe und positiven Schulleistungen einiger Schüler berichten.

In die Klassengemeinschaft sind die Kinder nach Ansicht der Lehrer gut integriert. Sie werden von Mitschülern respektiert und haben solide Freundschaften geschlossen. Einige Lehrer betonen, dass die betroffenen Schüler in der Klasse eine führende Position einnehmen, Meinungsbildner sind und sich andere an ihnen orientieren. Sie würden diese Rolle bewusst anstreben. Zugleich würden diese Schüler eine hohe Emotionalität und Solidarität gegenüber ihren Mitschülern zeigen. Die Lehrer nehmen somit die große Besorgnis um andere wahr und beobachten die Unterstützung der Mitschüler, die von diesen Schülern ausgeht.

Die Lehrer der Kinder, die sich in der Schule den Regeln und Strukturen anpassen und nicht durch störende Verhaltensweisen auffallen, beschreiben insbesondere die Suche der Schüler nach Nähe zu ihnen als Lehrer. Sie führen aus, dass die Kinder jede Möglichkeit nutzen, Kontakt zu ihnen aufzubauen, mit ihnen ins Gespräch zu kommen und ihre Aufmerksamkeit zu erlangen.

Wird den Kindern die gesuchte Aufmerksamkeit geschenkt, nehmen sie diese jedoch nur in einigen Situationen an, in anderen Situationen weichen sie zurück, reagieren abweisend und lehnen die Zuwendung ab. Diese Schwankungen treten insbesondere dann auf, wenn keine klaren Strukturen gegeben sind, zum Beispiel in Pausen, Freizeiten oder beim freien Arbeiten. Die Lehrer bemerken in diesen Momenten eine große Selbstunsicherheit der Schüler. Zu dieser gehört eine hohe Emotionalität: Die Kinder beginnen schnell zu weinen und ziehen sich daraufhin zurück, können aber auch laut und jähzornig werden.

Gleichzeitig wird von der sehr guten Anpassung der Schüler an Situationen gesprochen. Sie integrieren sich schnell in Klassengemeinschaften, passen sich veränderten Rahmenbedingungen an und richten ihr Verhalten auf die neue Situation aus. Zudem übernehmen sie anfallende Arbeiten in der Klasse, die der Gemeinschaft zugutekommen, und führen diese gewissenhaft aus. Der Lehrer kann sich darauf verlassen und empfindet die Hilfe der Kinder als Unterstützung.

Die Integration in die Klassengemeinschaft und der Kontakt zu Mitschülern sind dennoch auch mit Schwierigkeiten verbunden und gelingen keineswegs durchweg und bei allen der betreffenden Schüler. Die Lehrer beobachten auch, wie Mitschüler sich von den Kindern abwenden, da sie zum einen durch die Fixierung auf den Lehrer den Kontakt zu Gleichaltrigen vernachlässigen, zum anderen oft bestimmend wirken und sehr emotional reagieren.

Verhalten der Eltern

Einige Lehrer berichten, dass die Eltern sehr an der schulischen Entwicklung ihrer Kinder interessiert sind und sich bemühen, das Kind zu unterstützen. Auch wenn die Bemühungen nur begrenzt zum Erfolg führen, werden sie von den Lehrern wertschätzend wahrgenommen, denn sie erleichtern den Lehrern die Kontaktaufnahme. Wenn diese Schwierigkeiten thematisieren oder auf Auffälligkeiten hinweisen möchten, treffen sie bei den Eltern auf eine kooperative, offene und unterstützende Haltung.

Andere Lehrer erleben die Zusammenarbeit mit den Eltern als schwierig, insbesondere wenn es zu einer differenten Wahrnehmung von Situationen, Dringlichkeiten oder Handlungsbedarfen kommt. Wechselhaftes oder kaum kalkulierbares Verhalten der Eltern hemmen die Lehrpersonen im weiteren Umgang mit dem Kind und den Eltern. Als ebenso hinderlich für den Kontakt erleben die Lehrer Überreaktionen der Eltern. Da die Lehrperson Eskalationen vermeiden möchte, richtet sie ihr Verhalten auf die möglichen Reaktionen des Elternteils aus.

Verstärkt werden die Schwierigkeiten in der Zusammenarbeit mit den Eltern, wenn es nur zu sehr wenigen persönlichen Kontakten kommt, die Eltern Termine zu Elternsprechtagen und Elternabenden nicht wahrnehmen und telefonisch kaum zu erreichen sind. Auch berichten die Lehrer von negativen Einstellungen einiger Eltern zur Schule, die die gemeinsame Kommunikation zusätzlich erschweren.

Enttabuisierung der elterlichen Erkrankung

Die Lehrer haben auf sehr unterschiedlichen Wegen von der elterlichen Erkrankung erfahren. So haben einige Schüler den Lehrer persönlich darüber informiert, nachdem sie wegen ihres Fehlverhaltens von ihm zu Erklärungen aufgefordert worden waren.

Die Kinder schildern in den laut Lehrer sehr emotionalen Gesprächen die innerfamiliäre Tabuisierung, die Unsicherheiten, die Belastungen, die für sie mit der Erkrankung verbunden sind, und den persönlichen Hilfebedarf. Sie nutzen das Gespräch aber auch, um ihr Fehlverhalten zu erklären und zu rechtfertigen.

Andere Lehrer sind von den Schülern um ein Gespräch gebeten worden, weil diese ihnen etwas über die Klinikeinweisung des Elternteils, die Veränderungen im Alltag, die Möglichkeiten des Besuchs und die eigenen Sorgen erzählen wollten. So in folgendem Fall:

> L (Lehrerin an einer Realschule): »Sie hat erzählt, dass der Papa in einer Klinik ist, sehr weit weg ist, und erst am Wochenende nach Hause kommt. Und ich habe dann gesagt: ›F., darf ich denn fragen, was hat Papa denn?‹, Ja, und sie hat gesagt: ›Papa ist psychisch krank.‹«

Der Großteil der Lehrer hat von den erkrankten Elternteilen selbst die Informationen erhalten. Die Eltern nutzten dafür ein erstes Treffen zu Beginn des Schuljahres und schilderten die Diagnosen, die Auswirkungen auf den familiären Alltag und die Beziehung zum Kind sowie mögliche Einschränkungen in der Zusammenarbeit mit den Lehrern. Sie legten aber auch dar, dass sie um die Belastungen des Kindes wüssten, sich in Behandlung befänden und versuchten, das Kind trotz der Erkrankung bestmöglich zu unterstützen. Im folgenden Zitat schildert eine Lehrerin die Situation, in der ihr eine Mutter mitgeteilt hat, dass ihr nur eine eingeschränkte Zusammenarbeit möglich ist:

> L (Lehrerin an einer Hauptschule): »Sie hat mir erklärt: die und die Sachlage ist gegeben. ›Und es ist für mich schwierig, sagen wir mal so, an Elternsprechtagen oder solchen Anlässen teilzunehmen, weil mir das eben einfach schwerfällt, da rauszugehen und persönlich aufzutreten.‹ Sie würde das dann gerne lieber telefonisch machen oder so. Habe ich gesagt: ›Okay, kein Thema, können wir gerne machen.‹«

Sehr positiv bewerteten die Lehrer den Wunsch der Eltern, sie in ihrer Arbeit zu unterstützen und durch gemeinsame Vorgehensweisen und Absprachen die Kinder bestmöglich in ihrer schulischen und persönlichen Entwicklung zu fördern.

Das Wissen um die Erkrankung und die Belastungen der Kinder haben jedoch nicht bei allen Lehrern zur Folge, dass sie erneut das Gespräch über Hilfebedarfe und Unterstützungsmöglichkeiten mit den Schülern suchen. Unabhängig davon, ob sich die Schüler persönlich an sie gewandt haben oder ob sie von den Eltern informiert worden sind, haben einige Lehrer die Erkrankung mit den Schülern nicht erneut thematisiert, sie nicht nach aktuellen Entwicklungen gefragt oder offen Unterstützung angeboten. Diese Lehrer berichten, dass sie die Schüler mit ihrer zugewandten Art unterstützen und dass sie den Schülern bereits dadurch, dass sie auf sie zugehen und ihnen signalisieren, dass sie an ihrem Wohlbefinden interessiert sind, ihre Hilfe versichern – das folgende Beispiel veranschaulicht das:

> L (Lehrerin an einer Realschule): »Nein, das habe ich nicht getan, aber vielleicht schon mal so auf anderem Wege, so eine Zuwendung durch freundliche Blicke

oder: ›na, J., wie geht es dir?‹, also so halt. Aber nicht explizit rausgeholt, um ein Gespräch zu führen. Das nicht.«

Die Schüler selbst wenden sich nicht erneut an die Lehrer. Nur in einzelnen Situationen kommt es zu Formulierungen der Schüler, die im Zusammenhang mit der Erkrankung stehen. Doch auch diese werden von den Lehrern nicht näher hinterfragt oder genutzt, um die elterliche Erkrankung und die damit verbundenen Belastungen der Schüler zu thematisieren.

Andere Lehrer berichten von wiederholten Gesprächen über die elterliche Erkrankung nach der erstmaligen Enttabuisierung. Die Kinder suchen den Kontakt zu den Lehrern und erzählen offen über die aktuelle familiäre Situation, über Veränderungen im Gesundheitszustand, über Klinikaufenthalte und ihre Besuche des Elternteils in der Psychiatrie, aber auch über eigene Unsicherheiten, mit der Erkrankung umzugehen.

Nicht nur durch die Kontaktaufnahme der Schüler zu den Lehrern folgen dem ersten weitere Gespräche über die Erkrankung. Auch die Lehrer thematisieren die familiäre Situation regelmäßig, indem sie die Schüler nach aktuellen gesundheitlichen Entwicklungen, nach persönlichen Belastungen, nach erneuten Klinikaufenthalten und Unterstützungen für die Familie fragen. Die Nachfragen der Lehrer regen die Schüler dazu an, mit ihnen zu sprechen und ausführlich zu berichten.

Gefördert werden die Gespräche über die Erkrankung durch die Sensibilität der Lehrer für Veränderungen im Verhalten und in den Emotionen der Kinder. Sie beobachten genau und nehmen das, was sie beobachten, zum Anlass, Rückschlüsse auf eine veränderte familiäre Situation zu ziehen und diese mit den Kindern zu thematisieren.

Die *Reaktionen der Lehrer auf die Enttabuisierung* unterscheiden sich also: Die einen Lehrer nehmen zur Kenntnis, die anderen thematisieren. Die Lehrer, die von den Eltern über die Erkrankung in Kenntnis gesetzt wurden, sind in dem Gespräch nicht näher auf die Informationen eingegangen, so dass sich keine weitere Thematisierung ergeben hat.

Den Lehrern jedoch, die von den Kindern über die Erkrankung informiert wurden, war es in dem Moment wichtig, den Kindern den Raum zu geben, von ihren Belastungen und ihrem Bedarf an Hilfe erzählen zu können. Einige nutzten die Gelegenheit, den Kindern eine Rückmeldung zu ihren Verhaltensweisen zu geben und zugleich ihr Verständnis auszudrücken. Andere gingen intensiv auf die Erkrankung ein, indem sie Fragen zur Behandlung, zum familiären Alltag und insbesondere zu den Auswirkungen und Belastungen für den Schüler selbst stellten.

Wie die Interviews mit diesen Lehrern verdeutlichen, geben die Lehrer den Schülern in den Gesprächen zu verstehen, dass eine psychische Erkrankung nichts Außergewöhnliches sei und viele Menschen daran, ähnlich wie an körperlichen Erkrankungen, leiden würden. Sie versichern den Kindern aber zugleich, dass sie um die Belastungen wüssten, die mit der Erkrankung verbunden seien. Die Lehrer greifen die Ängste und Sorgen der Kinder auf, nehmen sie ernst und zeigen Verständnis für die Belastungen der Familie. Sie relativieren die Ängste aber zugleich und machen den Kindern Mut, indem sie ihnen sagen, dass psychische Erkrankungen behandelbar seien und die Familie lernen könne, damit umzugehen.

Die Lehrer betonen den Kindern gegenüber außerdem die hohe Relevanz der professionellen Unterstützung des Elternteils durch Therapien und Klinikaufenthalte zur Behandlung der Erkrankung. Da sie die Entscheidung zu einer Therapie jedoch nicht für selbstverständlich halten, heben die Lehrer hervor, wie bemerkenswert dieser Schritt sei. Zugleich verdeutlichen die Lehrer den Kindern, dass sie den Elternteil darin unterstützen können, die Krankheit zu bewältigen. Dies sei, so erläutern die Lehrer, möglich, indem die Kinder sich positiv verhalten und gute schulische Leistungen erbringen würden. Zur Realisierung derartiger Bemühungen sowie zur emotionalen Entlastung bieten die Lehrer, wie das folgende Beispiel zeigt, den Kindern ihre Unterstützung an:

> L (Lehrerin an einer Realschule): »Sie war traurig und sie macht sich Sorgen um Papa und es ist ihr nicht recht, dass Papa so lange weg ist. Ja? Und ich habe ihr halt gesagt: ›Wenn du helfen willst, dem Papa helfen willst, der Mama helfen willst, dann sorg du doch für deinen Teil.‹ Sage dann: ›Versuch mal, ob wir das in der Schule hinkriegen, dass wir nicht mehr Papa und Mama mit sowas belangen müssen.‹ Sage: ›Das wäre doch eine tolle Sache.‹ Und was glaubst du, was dein Papa stolz auf dich ist, wenn du sagen kannst: ›Kuck mal Papa, kein Eintrag diese Woche‹, ich glaube, da hilfst du ihm am meisten mit. Und das ist was, was wir hinkriegen, wir beiden.‹«

Die Lehrer schildern in den Interviews ihre *Gedanken und Empfindungen, die ausgelöst wurden,* als sie von der Erkrankung erfahren haben, betonen jedoch, dass sie bereits vor der Enttabuisierung der elterlichen Erkrankung familiäre Probleme als Ursache der Verhaltensauffälligkeiten der Kinder vermutet hatten.

In Bezug auf die Schüler waren die Gedanken geprägt von Mitleid, da den Lehrern die schwierige Lebenssituation, die Belastungen und die Auswirkungen auf den weiteren Lebensweg der Kinder bewusst wurden. Zugleich haben sie in dem Moment eine Erklärung für das Verhalten der Kinder bekommen. So sehen sie seitdem das erhöhte Aggressionspotenzial in Verbindung mit den alltäglichen Belastungen, denen die Kinder ausgesetzt sind. Die Schwierigkeiten der Kinder, schulischen Aufgaben nachzugehen und eine Ordnung einzuhalten, führen sie nun auf die Strukturprobleme der erkrankten Elternteile zurück, die sich auf die Führung des Haushaltes und die Strukturierung des kindlichen Alltages auswirken, wie in folgendem Interviewausschnitt:

> L (Lehrer an einer Gesamtschule): »Ein Messie-Haushalt, ja also, einfach was man sich so vorstellen kann. Ja, wo soll der seine Hausaufgaben machen, geschweige denn seine Bücher finden.«

Die Unsicherheit der Kinder, die Notwendigkeit klarer Strukturen und zugleich die Suche nach Nähe erklären sich die Lehrer somit mit der unsicheren familiären Situation, mit der die Kinder tagtäglich konfrontiert sind. Des Weiteren begreifen sie, dass die Ausmaße der Belastungen zusammen mit dem gesundheitlichen Zustand der Elternteile täglich variieren können und dass es weder ihnen noch den Schülern selbst möglich ist, dies im Vorfeld einzuschätzen und sich auf diese Weise darauf einzustellen.

Neben Mitleid und Verständnis werden von den Lehrern jedoch auch Gedanken der Bewunderung für die Kinder genannt, die zwar im Verhalten schwierig sind, ihre Lebensfreude jedoch bewahren können und den Alltag bewältigen.

Die eigenen Möglichkeiten der Unterstützung der Kinder werden von den Lehrern aufgrund des Bewusstseins, selber an Grenzen zu stoßen und auf die elterliche Erkrankung und die familiäre Situation keinen Einfluss nehmen zu können, gedanklich reflektiert. Daran knüpfen sich Vorstellungen über eine Gefährdung der Kinder, die sich insbesondere durch eine Überforderung der Eltern ergeben können und sich nachteilig auf die schulische Entwicklung auswirken. Hier sehen die Lehrer ihre Aufgabe darin, den Handlungsbedarf zu erkennen und notwendige Schritte einzuleiten.

Auch in Bezug auf das elterliche Verhalten finden die Lehrer in den Informationen zur Erkrankung eine Erklärung für die teils schwierige Zusammenarbeit. Die Eltern versuchen nach Ansicht der Lehrer in stabilen Phasen das, was den Kindern in instabilen Phasen an elterlicher Unterstützung in schulischen Belangen fehlt, durch ein erhöhtes Engagement auszugleichen. Daher kommt es zu Schwankungen in der Intensität der Kooperation mit dem psychisch kranken Elternteil.

Die Lehrer bekennen Unsicherheiten, die sie bezüglich der Zusammenarbeit mit den Eltern empfinden. Sie sind sich unsicher, wie sich die Erkrankung auf die Kooperation auswirkt, und zudem ihrer Grenzen, den Eltern beizustehen, bewusst. So sehen sie sich nicht in der Lage, die Eltern adäquat zu unterstützen, spüren aber zugleich deren Erwartungshaltung.

Erstaunt sind die Lehrer über die Leistung der Eltern, die eigene Erkrankung und deren Auswirkungen auf den familiären Alltag zu bewältigen, sich zugleich für die Kinder einzusetzen und die Zusammenarbeit mit der Schule konstruktiv gestalten zu wollen. Achtung und Respekt zollen die Lehrer den Eltern zudem für den Mut, offen über die Erkrankung zu sprechen. Sie sehen diese Offenheit als Vertrauensbeweis der Eltern, wenngleich die Lehrer hervorheben, dass sie die Einblicke in schwierige familiäre Verhältnisse als belastend erleben.

Um mehr *Sicherheit in der weiteren Zusammenarbeit mit den Eltern* zu gewinnen, wünschen die Lehrer, *Vereinbarungen miteinander zu treffen:*

Einige Lehrer nutzen die Enttabuisierung daher dazu, Absprachen bezüglich des Umgangs mit Verhaltensauffälligkeiten zu treffen. Sie vereinbaren somit nicht nur Vorgehensweisen, die sich auf die elterliche Erkrankung beziehen – wie beispielsweise die zukünftige Informationsvermittlung bei einem erneuten Klinikaufenthalt – sondern auch auf den Umgang mit Auseinandersetzungen im Unterricht sowie die Umsetzung von Konsequenzen.

Die fehlenden Absprachen im Hinblick auf Möglichkeiten, mit den Eltern in Kontakt zu treten, wirken sich erschwerend auf die Arbeit der Lehrer aus. Da die Lehrer nicht wissen, zu welchen Zeiten und auf welchen Wegen sie die Eltern erreichen können, bleiben ihre Kontaktversuche oftmals erfolglos. Die geringen zeitlichen Möglichkeiten im Schulalltag sind zusätzlich ein Hindernis für die Lehrer, die Zusammenarbeit mit dem Elternteil zu intensivieren. Zugleich machen die Lehrer die Erfahrung, dass von Seiten einiger Eltern kaum Bemühungen zu erkennen sind, die Zusammenarbeit weiter zu fördern und die Lehrer durch aktuelle Informationen über die familiäre Situation in Kenntnis zu setzen und sie in ihrer Arbeit mit dem Kind zu unterstützen.

Darüber hinaus sehen es einige Lehrer als schwierig an, dass sie phasenweise Veränderungen im Verhalten einiger Schüler erleben, die sie auf eine Verschlechterung des elterlichen Gesundheitszustandes zurückführen, ohne die Eltern selbst dazu befragen zu können. Sie schildern, wie sich negative Verhaltensweisen verstärken, Unsicherheiten und Strukturierungsprobleme gehäuft auftreten, so dass sie den schulischen Alltag beeinträchtigen. Durch ihre Schwierigkeit, mit den Eltern zu kommunizieren, können sie die möglichen Gründe dafür jedoch nicht mit den Eltern selbst thematisieren. Im folgenden Zitat beschreibt ein Lehrer eine auffällige Veränderung im Benehmen eines Schülers, die auf die familiäre Situation zu verweisen scheint:

L (Lehrer an einer Hauptschule): »Ja, es fehlen einfach Bücher, Hefte. Er hat seine Hausaufgaben nicht dabei oder er hat auch das ganze Hausaufgabenheft nicht dabei. Hat acht Stunden Unterricht, kommt mit dem Rucksack mit einer Trinkflasche drin und einer leeren Butterbrotdose, fertig. Ende.«

Andere Lehrer erleben die Eltern der von ihnen unterrichteten Kinder als sehr kooperativ und offen. Sie heben hervor, dass Absprachen nicht notwendig sind, da die Eltern bereits Wege der Kommunikation gefunden haben, wie schriftliche Kurzmitteilungen oder die Weitergabe von Telefonnummern und Kontaktadressen bei erneuten Klinikaufenthalten, und als Ansprechpartner sofort zur Verfügung stehen. Folgender Interviewausschnitt bietet hierfür ein Beispiel:

L (Lehrerin an einer Förderschule): »Also das muss ich schon sagen, die Mutter ist da echt sehr korrekt, die gibt dann auch immer die Telefonnummer von der Oma und sagt auch so: ›I. ist wieder bei der Oma, jetzt nicht mehr mich anrufen, sondern die Oma anrufen‹. Okay (lacht). So.«

Zudem finden regelmäßig persönliche oder telefonische Gespräche statt, die von den Lehrern als Arbeitserleichterung angesehen werden, da die Eltern aus eigener Initiative heraus den Kontakt aufnehmen und über aktuelle Entwicklungen berichten.

Trotz der bisherigen guten Zusammenarbeit stoßen die Lehrer an die Grenzen der Kooperation, wenn sich die Eltern in akuten Krankheitsphasen befinden. Es wird beschrieben, dass Vereinbarungen von einigen Eltern nicht mehr eingehalten und umgesetzt werden können, Kontakte nur noch unregelmäßig stattfinden bzw. abbrechen und die Lehrer mit sprunghaften Verhaltensweisen und Gedanken der Eltern konfrontiert werden. In dieser Situation versuchen die Lehrer nicht, neue Absprachen zu treffen oder Zeit in die Umsetzung getroffener Vereinbarungen zu investieren, sondern unterbreiten den Elternteilen aktuell Lösungsvorschläge, wenn es zu Problemen mit den Kindern in der Schule gekommen ist.

Alle Lehrer würden daher für akute Krankheitsphasen konkretere Absprachen befürworten, die gemeinsam mit dem Kind, dem erkrankten Elternteil und wenn möglich dem gesunden Elternteil getroffen werden, um eine hohe Akzeptanz und Praktikabilität zu erreichen. Insbesondere die Möglichkeiten der Unterstützung durch die Lehrer sollen dabei thematisiert werden. Auch erleben es die Lehrer als Bereicherung und Erleichterung für ihre Arbeit, wenn es Verabredungen mit den Eltern zum Austausch mit anderen Fachkräften gibt, die ihre Erfahrungen mit den Kindern schildern oder Hilfestellungen geben könnten.

Auswirkungen der Enttabuisierung auf den Schulalltag

Eine der wesentlichen Fragen, die sich bei der Auswertung der Interviews mit den Lehrern stellt, lautet: Wie werden die *Auswirkungen der Enttabuisierung auf den Schüler* aus Sicht der Lehrpersonen eingeschätzt? Alle Lehrer berichten, dass sich das erste Gespräch, in dem die Erkrankung enttabuisiert wurde, auf die Beziehung zwischen ihnen und den betroffenen Schülern positiv ausgewirkt habe. So wird die Kommunikation als entspannter erlebt und festgestellt, dass man seitdem als Lehrer seltener von den Schülern persönlich angefeindet wird.

Die Schüler haben Vertrauen gefasst und durch das Gespräch in den Lehrern eine Beziehungsperson gefunden, die sie annimmt und ihnen nicht das Gefühl gibt, die Belastungen zu bagatellisieren oder die Hilfegesuche zu ignorieren. Bestand bereits vor der Enttabuisierung eine positive Lehrer-Schüler-Beziehung, fordern die Kinder nach Ansicht der Lehrer diese nun stärker ein, indem sie häufiger den Kontakt und das Gespräch mit ihnen suchen und sie verstärkt als Bezugsperson beanspruchen.

Diese Veränderungen wirken sich deutlich auf das Arbeitsverhalten der Schüler aus. Die Schüler sind motivierter, beachten vermehrt bestehende Regeln und befolgen Anweisungen. Sie sind häufiger dazu bereit, sich anzupassen und die Vorgaben der Lehrer nicht stetig in Frage zu stellen oder zu verweigern. Zudem erkennen die Lehrer sowohl ein gesteigertes Interesse an Unterrichtsinhalten als auch eine Verbesserung der Selbstorganisation, wie Vollständigkeit der Materialien oder Hausaufgaben, wie folgendes Interviewzitat eines Realschullehrers bezeugt:

> L (Lehrer an einer Realschule): »Sie hat ihre Hausaufgaben, sie hat ihre Hefte dabei, also sie war vorher, ich sage mal schluderig, was jetzt ihr Material anging. Die Arbeitshaltung hat sich geändert. Wir beginnen Unterricht immer mit, so wie aktuell also nach der Frage. Und da ist sie, und ist, ich glaube zumindest oder ich bin fast überzeugt fest[zu]stellen, das macht ihr wesentlich mehr Freude.«

Einschränkend merken die Lehrer jedoch an, dass sich diese Veränderungen nur bei ihnen zeigen, jedoch keine generell positive Entwicklung darstellen, die sich auch auf den Unterricht der anderen Lehrer und die Beziehung zu diesen erstrecken. Die Auswirkungen der Enttabuisierung erfährt nur der Lehrer, an den sich die Eltern oder Schüler gewandt haben.

Neben den Auswirkungen der Enttabuisierung auf die Schüler zeigen sich in den Interviewergebnissen zudem die *Auswirkungen auf den Lehrer in Bezug auf das Kind und seine Wahrnehmung des Kindes*. Die Lehrer verknüpfen die

Kinder mit der elterlichen Erkrankung, da sie, wenn sie ihnen begegnen, an diese erinnert werden, was insbesondere bei problematischen Verhaltensweisen der Schüler verstärkt wird. Sie betonen jedoch, dass sich diese Assoziation nicht zum Nachteil der Kinder auswirke, sondern sie – ganz im Gegenteil – eine gesteigerte Sympathie bewirke und sie Arbeitsverweigerungen oder negative Aussagen nicht mehr persönlich nehmen, sondern auf die schwierige familiäre Situation zurückführen würden. Das Wissen um die elterliche Erkrankung hilft den Lehrern also, das Verhalten der Kinder einzuordnen und bei Fehlverhalten toleranter und verständnisvoller zu reagieren, was eine Realschullehrerin in folgendem Beispiel folgendermaßen ausdrückt:

> L (Lehrerin an einer Realschule): »Und dann denke ich auch so/manchmal denke ich dann: ›Okay, ja, vielleicht kann es dann ja auch mal sein, dass sie dann auch wirklich dann bockt und vielleicht auch mal gar nicht mehr mitmachen will oder so.‹ Und dann weiß ich schon mal: Da ist was und dann bin ich auch nicht so streng zu ihr.«

Die Toleranz der Lehrer bezieht sich jedoch nicht nur auf Verhaltensauffälligkeiten, sondern auch auf die Investition von Zeit und Energien, die sie für die Unterstützung des Kindes aufbringen. Die wenigen zeitlichen Ressourcen, die den Lehrern zur Verfügung stehen, werden für die von der psychischen Erkrankung ihrer Eltern betroffenen Kinder eingesetzt.

Zudem bemühen sich die Lehrer um eine kontinuierliche Verstärkung positiver Verhaltensweisen, indem sie auch für geringe Fortschritte und kurzfristige Verhaltensänderungen Lob und Anerkennung aussprechen, denn den Lehrern ist bewusst, dass die Kinder je nach gesundheitlicher Verfassung der Elternteile wenig Bestätigung erhalten und in ihrem eigenen Verhalten stark verunsichert sind. Daher versuchen sie, die Kinder vermehrt in ihrem Handeln zu bestärken und eine Steigerung des Selbstwertgefühls herbeizuführen. Zugleich aber halten die Lehrer das Aufzeigen von Grenzen für unentbehrlich. Sie zeigen den Schülern klare Grenzen und Konsequenzen auf, um ihnen die verlässliche Struktur zu geben, die sie im familiären Umfeld so kaum bekommen können. Die Lehrer verstehen sich diesbezüglich als Korrektiv für eventuell mangelnde Strukturen in der Erziehung der Kinder durch die Eltern.

Auch erwähnen die Lehrer eine erhöhte Rücksichtnahme bei Defiziten in den schulischen Leistungen, wie bei unvollständigen Hausaufgaben oder mangelnder Vorbereitung auf die Unterrichtsstunde. Das Wissen um die familiäre Situation und den damit verbundenen Belastungen der Kinder, wie die Übernahme häuslicher Pflichten, führt dazu, dass die Lehrer die unzureichende Erfüllung der Leistungsanforderungen zur Kenntnis nehmen, diese jedoch nicht weiter während des Unterrichts thematisieren.

Die Lehrer heben aber gleichzeitig ihre Grenzen in der Berücksichtigung der familiären Situation hervor, die sich insbesondere in der Benotung der Schüler niederschlagen. Einerseits können sie die Schwierigkeiten der Kinder verstehen, haben aber andererseits aufgrund der Gleichbehandlung der Schüler zu den Mitschülern kaum Handlungsmöglichkeiten. Folgendes Zitat verdeutlicht das:

> L (Lehrerin an einer Hauptschule): »Ja, mit dem Benoten, das ist halt, ja, das Problem ist immer, so, da ist einfach, wenn ich ein Kind habe, was nie seine Mappe oder nie seine Hausaufgaben/und ich weiß aber ganz genau: Zu Hause herrscht das absolute Chaos, wie soll ich von dem Kind erwarten, dass es die Mappe mitbringt? Andererseits habe ich da auch noch 25 andere Kinder sitzen, die kriegen jedes Mal einen Strich oder eine Sechs, wenn sie das und das/wenn sie keine Hausaufgaben haben.«

Auch hinsichtlich der *Auswirkungen auf den Lehrer in Bezug auf die Eltern* und wie sie diese nach der Enttabuisierung wahrnehmen, sind die Interviews aufschlussreich. Das enttabuisierende Gespräch hat dazu geführt, dass die Lehrer einen sehr hohen Respekt für das, was die Eltern leisten, entwickelt haben. Die Bewältigung der alltäglichen Aufgaben und die Erziehung der Kinder begreifen sie als große Aufgabe, der die Eltern zusätzlich zur Behandlung ihrer Erkrankung nachgehen müssen. Daher ist es für die Lehrer umso beachtenswerter, wenn die Zusammenarbeit mit den Eltern konstruktiv gelingt, Termine eingehalten und Absprachen umgesetzt werden. Sehen sie dies bei gesunden Eltern als Selbstverständlichkeit an, empfinden sie es bei den psychisch erkrankten Eltern als eine wertzuschätzende Leistung.

Den Lehrern wird bewusst, dass die Eltern sich bemühen, den Kindern trotz der Erkrankung eine positive Alltagsgestaltung zu ermöglichen, indem sie neben gemeinsamen Familienaktivitäten den Kontakt zu Gleichaltrigen und altersentsprechende Freizeitgestaltungen fördern. Zudem sind die Lehrer erstaunt, in welchen Netzwerken einige Familien eingebunden sind und dass es den Eltern auch in instabilen Phasen gelingt, diese Netzwerke zu aktivieren und bedarfsgenau einzusetzen, so dass beispielsweise bei Klinikaufenthalten die Betreuung der Kinder durch ihnen bekannte Personen, denen sie vertrauen und die sich auch um die schulischen Belange der Kinder sorgen, gewährleistet ist.

Die positive Einstellung gegenüber den Versuchen der Elternteile, den Kindern einen für diese günstig gestalteten Alltag sowie eine gesicherte Versorgung zu ermöglichen, sowie das Wissen über die Erkrankung verhindern jedoch nicht, dass bei den Lehrern in einigen Situationen der Zusammenarbeit mit den Eltern Frustrationen auftreten. So berichten die Lehrer, dass sie für die Unterstützung der Kinder und die Verbesserung der Kooperation mit den Eltern viel Zeit und Energien aufbringen. Wenn sie jedoch Absprachen zu weiteren Vorgehensweisen treffen, können diese krankheitsbedingt nicht immer eingehalten werden, weil sich zum Beispiel die offene Haltung der Eltern in eine abwehrende und isolierte Haltung verwandelt. Die Eltern lehnen in solchen Fällen die weitere Zusammenarbeit ab. Die Enttäuschung und die Verärgerung, die dadurch bei den Lehrern ausgelöst werden, führen zu einer verringerten Bereitschaft der Lehrer, sich zu späteren Zeitpunkten erneut derart intensiv zu engagieren.

Hinzu kommt, dass die Verhaltensweisen der Eltern nach wie vor auf die Lehrer befremdlich wirken, was einerseits die Verunsicherung der Lehrer verstärkt, ihnen aber andererseits auch den dringenden Hilfebedarf der Familie verdeutlicht.

Förderlich für eine offene Thematisierung der elterlichen Erkrankung zwischen Lehrern und Schülern ist aus der Perspektive der Lehrer vor allem das Vertrauen der Kinder in ihre Person. Daher ist es wichtig, dass die Schüler sich darauf verlassen können, dass sie als Lehrer angemessen reagieren werden, Informationen nicht weitergeben, keine abwertenden Aussagen über die Schüler machen und dass die Schüler insgesamt keine negativen Konsequenzen zu befürchten haben.

Gleichzeitig bezeugen die Lehrer ihr eigenes Vertrauen zu den Schülern. Sie sind sich sicher, dass diese die elterliche Erkrankung nicht nutzen, um Fehlverhalten zu rechtfertigen oder erforderliche Leistungen nicht erbringen zu müssen.

Für eine fortwährende Thematisierung ist es hilfreich, wenn die Lehrer motiviert sind, sich in ihrer Arbeit mit den Kindern auf deren familiäre Hintergründe einzustellen. Die Lehrer möchten einschätzen können, mit welchen Belastungen die Kinder gerade und zukünftig konfrontiert sind, welche Veränderungen sich daraus ergeben und wie sich diese auf das Verhalten der Kinder auswirken. Nur so fühlen sie sich in der Lage, in der jeweiligen Situation adäquat reagieren zu können.

Je nach Ausbildung berichten einige Lehrer, dass sie bereits während des Studiums mit dem Themenkomplex der psychischen Erkrankungen konfrontiert wurden, ihnen daher die Problematik sowie der Umgang mit erkrankten Personen und ihren Angehörigen nicht unbekannt ist und dies ihre Hemmschwelle, auf die Eltern und Kinder zuzugehen, senkt. Zudem sind die Lehrer bereit, sich außerhalb der Unterrichtszeit näher mit der Thematik zu befassen, indem sie Informationen über die Situation von Familien mit einem psychisch erkrankten Elternteil einholen und Literatur zum Umgang mit den betroffenen Kindern lesen.

Doch auch zu den *hinderlichen Aspekten für eine Thematisierung* äußern sich die Lehrer. Diejenigen, bei denen es im Kontakt zu Schülern und Eltern nicht zu einem erneuten Austausch über die Erkrankung gekommen ist, nennen dafür unterschiedliche Gründe, einer ist der *fehlende Bedarf*. Sie sehen eine Verbesserung des Verhaltens der Schüler, so dass ihrer Ansicht nach zurzeit kein Bedarf besteht. Ein Gespräch wird nur dann als notwendig erachtet, wenn Verhaltensauffälligkeiten wieder vermehrt auftreten. Auch würden sie ein solches mit den Schülern führen, wenn diese es einfordern würden, also sie um einen Termin bitten würden.

Die Bedeutung, die die Gespräche mit den Lehrern über die elterliche Erkrankung für einzelne Schüler einnehmen, ist den Lehrern also nicht bewusst. Die Lehrer geben zu verstehen, dass die Gespräche aufgrund ihrer anderen Aufgaben und Tätigkeiten im schulischen Alltag für sie keine so entscheidende Relevanz eingenommen haben. So wird die Relevanz der Enttabuisierung von den Lehrern als geringer wahrgenommen als von den betroffenen Schülern.

Neben dem fehlenden Handlungsbedarf aufgrund positiver Veränderungen beim Schüler und dem geringen Stellenwert, den die Lehrer den Gesprächen beimessen, stellt die ausreichende Versorgung der Kinder einen weiteren Hinderungsgrund dar. Die Lehrer sehen dann einen Bedarf zur erneuten Thematisierung, wenn sie in der Versorgung und Betreuung der Kinder eklatante Missstände erkennen, die auf kindeswohlgefährdendes Elternverhalten schließen lassen könnten. Dies macht folgendes Zitat deutlich:

> L (Lehrer an einer Hauptschule): »Kindeswohlgefährdung scheidet für uns ja aus, weil er im Moment ist regelmäßig im Unterricht, er ist immer witterungsgemäß gekleidet. Mehr oder weniger oft seine Schulsachen, jedenfalls nicht öfter als andere Schüler.«

Ein weiterer Grund ist die Vorstellung der *Schule als Schutzraum*. Die Lehrer möchten es den Schülern ermöglichen, die Schule als Freiraum zu erleben, in dem die elterliche Erkrankung in den Hintergrund tritt. Eine erneute Thematisierung würde die Schüler hingegen auch in der Schule mit den familiären Problemen konfrontieren. Da die Kinder nach Unterrichtsschluss in den familiären Kontext zurückkehren, können sie sich nur in der Schule von der Erkrankung des Elternteils gedanklich lösen. Dies drück eine Hauptschullehrerin folgendermaßen in ihren eigenen Worten aus:

> L (Lehrerin an einer Hauptschule): »Ne, sobald er die Tür zuhause zumacht, ist das ja alles wieder da. Warum soll er da nicht auch mal sich davon lösen können, ne?«

Darüber hinaus spüren die Lehrer, dass es den Schülern unangenehm ist, über die familiären Problematiken zu sprechen, weil sie sich für die Erkrankung, die Strukturverluste und Hilfebedarfe schämen.

Als hinderlicher Faktor werden von den Lehrern auch die *Grenzen der eigenen Kompetenzen und Zuständigkeiten* benannt. Sie können nicht abschätzen, wie die Schüler auf eine Thematisierung reagieren werden, ob sich ihre Verhaltensauffälligkeiten steigern oder sie als Lehrer im Gespräch Emotionen auslösen, in deren Bewältigung sie die Schüler kaum unterstützen können. Diese Unsicherheit hemmt die Lehrer, das Gespräch zu suchen.

Eng verbunden mit den Grenzen der Kompetenz sind die von den Lehrern zur Sprache gebrachten Abgrenzungen der Zuständigkeiten und Aufgabenbereiche. Ziel und Aufgabe der Lehrer ist die Durchführung fachlich qualifizierten Unterrichts. Die Thematisierung persönlicher Belastungen gehört demgemäß nicht zu ihrem Aufgabengebiet.

Als erschwerend erweist sich zudem, dass die *Strukturen des Schulalltages und Schulsystems* den Lehrern keine Möglichkeiten eröffnen, sich Freiräume für die Unterstützung der Schüler einzurichten. Die kurzen Pausen und der festgelegte Stundenrhythmus sowie die Vielzahl an zusätzlichen Aufgaben stehen dem Eingehen auf Probleme einzelner Schüler im Weg. Auch nach Unterrichtsende sind den Lehrern Grenzen gesetzt, Termine wahrzunehmen oder das Gespräch mit Eltern und Schülern zu suchen. Hinzu kommt die hohe Anzahl der Schüler, die mit belastenden familiären Verhältnissen konfrontiert sind, wie Armut, Trennung der Eltern und Suchtverhalten, oder die selbst unter psychischen Erkrankungen leiden.

Auch *persönliche Gründe* sprechen die Lehrer an, die familiäre Probleme nicht thematisieren. Dazu gehören eigene familiäre Belastungen, Angehörige, die selber von einer psychischen Erkrankung betroffen sind oder Stress durch mangelnde zeitliche Freiräume.

Schulinterne Kooperationen

Die Informationen über die elterliche Erkrankung geben die Lehrer an Kollegen weiter, damit auch sie Verhaltensauffälligkeiten der Schüler nachvollziehen und entsprechend reagieren können. Diese Informationsweitergabe ermöglicht einen Erfahrungsaustausch unter den Lehrern sowie Absprachen zum Vorgehen bei Auffälligkeiten. Insbesondere für die Klassenlehrer sind die Rückmeldungen für die weitere Zusammenarbeit mit den Eltern von hoher Bedeutung.

Schulinterne Kooperationen bestehen außerdem zu den an den Schulen tätigen Sozialpädagogen. Die Lehrer beurteilen die Zusammenarbeit mit diesen

Fachkräften als sehr positiv, da den Schülern der Kontakt zu anderen Personen ermöglicht wird, die sich für das Gespräch Zeit nehmen können, weitere Hilfen vermitteln und die Zusammenarbeit mit den Eltern unterstützen.

Die Lehrer sehen die Schulsozialarbeiter als Entlastung, wenn es für sie zeitlich unmöglich ist, den Schüler zu unterstützen, oder sie an die Grenzen ihrer Kompetenzen und Zuständigkeiten stoßen. Wenngleich sie ihre eigene Arbeit und Beziehung mit dem Schüler nicht abgeben können, bedeutet die Zusammenarbeit mit den Sozialpädagogen eine Verlagerung der Zuständigkeiten, wie folgendes Zitat zeigt:

> L (Lehrerin an einer Realschule): »Aber bestimmte Situationen, wenn man sagt: Nee, das schaffe ich jetzt entweder zeitlich nicht oder emotional nicht oder ich habe die Geduld nicht mehr oder keinen Bock mehr oder was auch immer oder wirklich: ›Ich bin nicht fähig dazu‹, dann könnte man es theoretisch dann/ abgeben kann man es nie wirklich, aber teilen.«

Die Lehrer, die nicht auf weitere schulinterne Fachkräfte zurückgreifen können, halten die Unterstützung durch Sozialpädagogen für dringend notwendig. Sie benennen den hohen Bedarf auf Seiten der Schüler und betonen zugleich die eigene hohe Arbeitsbelastung.

Thematisierung im Klassensetting

Bei der Thematisierung der Erkrankung im Klassensetting unterscheiden die Lehrer zwischen einer Enttabuisierung der persönlichen Situation der betroffenen Schüler im Kontakt mit Mitschülern aus der Klasse und einem Aufgreifen der Thematik als Unterrichtseinheit.

Die Schüler berichten nach Ansicht der Lehrer im Kontakt mit Mitschülern nur indirekt von der elterlichen Erkrankung. Bei Fragen oder Erzählungen zum Elternteil erwähnen die Kinder, dass der Elternteil krank sei, gehen aber nicht näher auf die Art der Erkrankung ein. Nur wenige Schüler erläutern die Erkrankung näher, indem sie Umschreibungen für den Begriff »psychisch« verwenden. Den Grund für diese Umschreibungen sehen die Lehrer in dem Wunsch der Kinder, nicht aus der Gruppe hervorzustehen, sondern von den Klassenkameraden gleichbehandelt wie andere Schüler zu werden. Zudem kann – in Abhängigkeit von der Klassengemeinschaft – eine Enttabuisierung zu Ausgrenzungen und Stigmatisierungen führen, die sich nicht nur auf die Kinder, sondern auch auf die Elternteile beziehen. Daher stehen die Lehrer einer Enttabuisierung in der Klassengruppe skeptisch gegenüber.

Die Lehrer stellen sich über die negativen Reaktionen der Mitschüler hinaus die Gefahr vor, dass die Kinder mit diesen Reaktionen nicht angemessen umgehen können und somit zusätzlich zu den familiären Belastungen weitere Belastungen im schulischen Kontext entstehen, die bewältigt werden müssen.

Die Thematik der psychischen Erkrankungen ist bisher nicht als Unterrichtseinheit aufgegriffen worden, Unterrichtsmaterialien dazu sind den Lehrern unbekannt. Gegen eine Thematisierung spricht nach Ansicht der Lehrer die Vielzahl relevanter schwieriger Themen, die sie in der Klasse ebenso wie psychische Erkrankungen besprechen müssten. Die kontinuierliche Thematisierung belastender Sachverhalte könne für alle Schüler zur Belastung werden. Statt die Thematik im Unterricht zu behandeln, nehmen die Lehrer daher bisher immer wieder einzelne Situationen zum Anlass, um Akzeptanz und Verständnis für psychische Erkrankungen herzustellen und einen offenen Umgang mit ihnen zu pflegen. Sie verdeutlichen den Schülern die Parallelen zu körperlichen Erkrankungen und die Bedeutung professioneller Hilfen und fordern sie zugleich auf, bei Bedarf entsprechende Hilfen in Anspruch zu nehmen, wie die Realschullehrerin in folgendem Interviewzitat:

> L (Lehrerin an einer Realschule): »Ja, ›Und wirklich dumm seid ihr nur, wenn ihr euch nicht helfen lasst. Ne, wenn ihr den Finger geschnitten habt, kriegt ihr auch ein Pflaster drüber, also bitte, dann geht man auch, wenn man psychisch krank ist, zum Arzt. Tut der Zahn weh, gehe ich zum Zahnarzt, wenn die Seele weh tut, gehe ich halt zum Seelenarzt.‹ Also so versuche ICH es zu verkaufen.«

Weitere Bedarfe und Wünsche der Lehrer

Auf die Frage nach eigenen Anliegen zum Thema »Kinder psychisch kranker Eltern« antworteten die Lehrer insbesondere mit dem Bedarf nach Hilfen zum adäquaten Umgang, um mehr Sicherheit im eigenen Verhalten gegenüber betroffenen Eltern und Schülern zu gewinnen und die Familien im Rahmen der eigenen Möglichkeiten gut unterstützen zu können. Sie würden gerne mehr über die Erkrankungen, Erscheinungsbilder, Auswirkungen auf den familiären Alltag und die Belastungen der Kinder erfahren. So auch folgende Lehrerin:

> L (Lehrerin an einer Gesamtschule): »Man weiß ja auch gar nicht, auf was man darauf achten muss, und vielleicht gibt es ja den einen oder anderen Tipp oder Hinweis, was man da noch so machen könnte, dass man da auch hilft.«

Auch den Bedarf an Fortbildungen zu dem Thema sehen die Lehrer, um ihr Verständnis für die Belastungen der Familien zu erhöhen und ein grundlegendes Wissen zu erhalten, damit die Unterstützung eines betroffenen Schülers nicht von ihren persönlichen Einstellungen abhängig ist. Vorschläge, die sie zur inhaltlichen Ausgestaltung der Fortbildungen machen, beziehen sich neben Hilfestellungen gegen Unsicherheiten im Umgang mit den psychisch erkrankten Eltern und Schülern insbesondere auf die Grenzen der eigenen Handlungsmöglichkeiten. Die Lehrer möchten erfahren, welche Hilfen notwendig und möglich sind und in welchen Bereichen oder Situationen sie keine Hilfe leisten können und die Kooperation mit anderen Diensten suchen müssen. In Bezug auf die Zusammenarbeit mit externen Diensten möchten die Lehrer erfahren, welche Hilfsmöglichkeiten es für psychisch erkrankte Eltern und ihre Kinder gibt, mit welchen Methoden dort gearbeitet wird und wie sie den positiven Verlauf von unterstützenden Maßnahmen fördern können.

Des Weiteren wünschen sich die Lehrer, dass ihr eigenes Handeln durch die Begleitung von externen Fachkräften, durch Angebote wie Supervision oder eine Ausweitung der an Schulen tätigen Sozialarbeiter unterstützt wird. Sie erhoffen sich dadurch eine Reflexion ihrer eigenen Profession mit den damit verbundenen Aufträgen und Grenzen. Auf diese Weise fällt es ihnen dann leichter, mit schwierigen Situationen oder der Durchsetzung von Konsequenzen trotz der familiären Belastungen des Schülers umzugehen – eine Erwartung, die folgendes Beispiel verdeutlicht:

> L (Lehrer an einer Realschule): »Durch jemanden, der von außen aber noch drauf guckt. Der dann noch sagt: ›Du guck mal hier. Da ist deine Profession jetzt zu Ende. Ja, du musst der trotzdem jetzt eine Fünf in dem Biotest geben. Du kannst empathisch sein. Ja und mit Empathie die Fünf geben. Das ist dann wieder professionell. Ja aber mehr musst du nicht machen.‹«

Außerdem besteht ein Bedürfnis, die Thematik als Unterrichtseinheit in den Lehrplan aufnehmen und in Verbindung mit körperlichen Erkrankungen bearbeiten zu können. Als hilfreich dazu erachten die Lehrer Unterrichtsmaterialien, die ihnen bei Bedarf zur Verfügung stehen.

Darüber hinaus wird die Ausbildung der Lehrer in dem Bereich der psychischen Erkrankung als nicht ausreichend betrachtet. Daher würden sie es befürworten, wenn bereits im Studium und Referendariat auf den Umgang mit schwierigen familiären Hintergründen vorbereitet würde.

Trotz der Betonung der Notwendigkeit von weitergehenden Informationen und Fortbildungen zu psychischen Erkrankungen sehen die Lehrer in diesen

Angeboten auch die Gefahr, die eigenen Grenzen zu überschreiten und sich aufgrund des erworbenen Wissens in fachfremde Aufgabengebiete einbinden zu lassen.

Was die Zusammenarbeit mit den Eltern betrifft, wünschen sich die Lehrer mehr Offenheit. Sie befürworten es, wenn Eltern auf familiäre Probleme hinweisen, damit sie als Lehrer die Verhaltensweisen der Kinder einordnen können. Für bedeutsam halten sie dabei Informationen, die sich auf die schulischen Leistungen der Kinder und deren Verhalten im Unterricht, gegenüber Mitschülern und Lehrern auswirken können und ihnen helfen auf Verhaltensauffälligkeiten einzugehen, das eigene Verhalten darauf auszurichten und die Kinder zu unterstützen. Daher motivieren die Lehrer die Eltern an Elternsprechtagen, Elternabenden oder in anderen Gesprächen zum einen dazu, relevante Auskünfte an sie weiterzugeben. Sie betonen, dass sie keine Einzelheiten benötigen, sondern Hinweise auf Schwierigkeiten ausreichen. Zum anderen wünschen sich die Lehrer eine offene Kommunikation der Eltern mit den Kindern, so dass auch die Kinder davon erfahren, dass die Lehrer informiert sind und als Ansprechpartner genutzt werden können.

> **Subjektive Sichtweise der Lehrer – ein Ergebnisüberblick**
>
> Zum Abschluss hier noch einmal die wichtigsten Punkte der Ausführungen zur subjektiven Sicht der Lehrer auf das Verhalten der Schüler und ihrer erkrankten Eltern sowie auf die Enttabuisierung der elterlichen Erkrankung überblicksartig zusammengefasst:
> - Die Eltern zeigen oftmals eine offene und kooperative Haltung in der Zusammenarbeit. Wechselhaftes und kaum kalkulierbares Verhalten der Eltern empfinden die Lehrer jedoch als schwierig.
> - Die Lehrer möchten den Kindern Raum geben, um von Belastungen zu berichten.
> - Sie sprechen Mut zu, signalisieren Verständnis und weisen auf den professionellen Unterstützungsbedarf der Eltern hin.
> - Sie können durch Enttabuisierung Verhaltensauffälligkeiten der Kinder und Schwierigkeiten in der Kooperation mit den Eltern besser nachvollziehen.
> - Sie sind sich ihrer eigenen Handlungsgrenzen sehr wohl bewusst.
> - Schulinterne und -externe Fachkräfte werden als Entlastung gesehen.
> - Sie äußern den Wunsch nach Fortbildungen, einer Begleitung durch interne und externe Fachkräfte und einer offenen Zusammenarbeit mit den Eltern.

Konsequenzen für das Handeln im schulischen Kontext

In diesem Kapitel geht es um die Umsetzung der bisherigen Erkenntnisse, also um die Konsequenzen, die einmal auf der handlungsbezogenen Ebene der betroffenen Personen, das heißt Lehrer, Eltern und Schüler, und einmal auf der institutionellen Ebene aus den bisherigen Ausführungen zu ziehen sind. Zentrum der nachfolgenden Überlegungen zu den sich aus der Forschungslage und den geführten Interviews der Dissertations-Studie (Brockmann, 2014) ergebenden Schlüssen und Bedarfen ist das Handeln im schulischen Zusammenhang. Im nachfolgenden Kapitel werden dann ganz konkrete Handlungsempfehlungen für die schulische Praxis gegeben.

Handlungsbezogene Ebene

Erkrankung enttabuisieren, um Unterstützung zu erhalten:

Die Lehrer sehen ihre Rolle nicht nur in der Unterrichtung und Erziehung der Schüler, sondern auch in der persönlichen Begleitung. Sie verstehen sich als Ansprechpartner und Vertrauensperson, an die sich die Kinder wenden können, und empfinden den persönlichen Kontakt und eine vertrauensvolle Beziehung zu den Schülern als Bereicherung ihres Alltages und Bestätigung ihrer Arbeit. Wenngleich eine Enttabuisierung der Erkrankung bei den Lehrern Gefühle der Unsicherheit und Überforderung auslöst, stehen sie dennoch einem offenen Umgang positiv gegenüber, weil sie ihre Rolle als Unterstützungsperson adäquat auszufüllen wünschen. Nur durch die Information über die Belastungen, mit denen die Kinder konfrontiert sind, über die Ängste und Sorgen, die sie auch im Unterricht beschäftigen, und über Veränderungen in der Versorgung und Betreuung, die Auswirkungen auf die Zusammenarbeit zwischen Eltern und Lehrer haben, können die Lehrpersonen Verhaltensauffälligkeiten der Kinder verstehen und angemessen reagieren, um die Kinder zu unterstützen.

Insbesondere bei Verhaltensauffälligkeiten helfen die Auskünfte über die Erkrankung und ihre Folgen den Lehrern, sich ihrer »holding function« bewusst zu werden und bei Aggressionen und Anfeindungen der Schüler Sicherheit und psychische Stabilität auszustrahlen. Sie wissen um die von den Eltern erwartete Kompensation der Einschränkungen in der Eltern-Kind-Beziehung und sind bereit, diese im Rahmen ihrer Möglichkeiten zu erfüllen. Sie sehen somit in der Enttabuisierung – sowohl durch die Eltern als auch durch die Schüler – keine Strategie, um Leistungsanforderungen nicht erfüllen zu müssen oder bessere Bewertungen zu erhalten, sondern erkennen den Hilfebedarf der Schüler und die Notwendigkeit, alle Möglichkeiten der Unterstützung auszuschöpfen. Eine Enttabuisierung ist daher erforderlich, um die Unterstützung durch die Lehrer zu aktivieren und für das Kind nutzbar zu machen.

Entscheidend dafür ist jedoch nicht nur die offene Kommunikation mit den Lehrern, sondern auch die Information an die Kinder über das Wissen der Lehrer. Die Kinder müssen von den Eltern die Erlaubnis bekommen, das Gespräch mit den Lehrern zu suchen, über aktuelle familiäre Belastungen berichten und auf Fragen antworten zu dürfen. Nur so kann zum einen ermöglicht werden, dass die aktivierte Unterstützung durch die Lehrer für die Kinder nutzbar wird, und zum anderen die Kinder vor Loyalitätskonflikten geschützt werden.

Für die Lehrer stellt die offene Kommunikation oftmals eine große Hürde dar. Groß ist die Verunsicherung, das Gespräch zu suchen und passende Worte zu finden, ohne grenzüberschreitend zu wirken.

Unterstützung leisten, ohne eigene Grenzen zu überschreiten:
Die Enttabuisierung der elterlichen psychischen Erkrankung führt oftmals zu einer Verunsicherung auf Seiten der Lehrer. Einerseits sehen sie sich als Vertrauensperson und Ansprechpartner, möchten Unterstützung leisten und die Kinder in der Bewältigung der Belastungen stärken. Andererseits aber erleben sie, dass sie an die Grenzen ihrer Handlungsfähigkeit stoßen: Sie empfinden Zweifel im Umgang mit den Eltern und Kindern, sehen sich außerhalb ihrer Zuständigkeiten und fürchten eine eigene hohe emotionale Belastung. Zudem sehen sie keine zeitlichen Ressourcen, die Kinder adäquat zu unterstützen.

Die Lehrer gehen davon aus, dass die betroffenen Eltern und Kinder hohe Erwartungen an die Unterstützung durch die Lehrer stellen. Sie fühlen sich in ihrer professionellen Rolle angesprochen und sehen es als ihre Aufgabe an, Lösungswege aufzuzeigen. Da sie dazu in Bezug auf die psychische Erkrankung des Elternteils nicht in der Lage sind, besteht die Angst, den Erwartungen und Bedarfen der Eltern und Schüler nicht gerecht werden zu können.

Es zeigt sich jedoch, dass weder Schüler noch Eltern diese hohen Erwartungen an die Lehrer stellen. Für die Kinder sind kleine Signale der Rücksichtnahme und des Verständnisses von hoher Bedeutung, wie ein kurzes Erkundigen der Lehrer über die aktuelle familiäre Situation oder der Verzicht auf die Einforderung von Erklärungen für fehlende Hausaufgaben im Klassensetting. Sie möchten spüren, dass die Lehrer ihre Belastungen wahr- und ernst nehmen und bereit sind, sie bei Bedarf zu unterstützen. Kommt es zu einem ausführlicheren Gespräch, sind für die Kinder die Zeit und die ungeteilte Aufmerksamkeit der Lehrer entscheidend, weniger die Inhalte, die besprochen werden. Sie erwarten keine Lösungswege, da sie sich der Handlungsgrenzen der Lehrer bewusst sind. Um den Erwartungen der Kinder gerecht zu werden, sollte der Lehrer eine fürsorglich-lenkende Rolle einnehmen, dem Kind Zeit widmen und sich nicht zur Darstellung von Lösungswegen verpflichtet sehen.

Auch die Eltern erwarten von den Lehrern keine Lösungen oder Handlungsvorschläge. Für sie ist es von Bedeutung, in ihrer Rolle als Elternteil wahrgenommen und in Diskussionen und Entscheidungen eingebunden zu werden. Durch die Wertschätzung des offenen Umgangs mit der Erkrankung und der bisherigen Bemühungen der Eltern um professionelle Hilfe fühlen sich die Eltern in ihrem Handeln gestärkt. Den Lehrern kann es dadurch gelingen, Empowerment-Prozesse zu fördern und den Elternteil in seiner Selbstwirksamkeit zu fördern.

Neben einem wertschätzenden und respektvollen Umgang erwarten die Eltern insbesondere eine gute schulische Förderung ihrer Kinder. Sie möchten, dass die Kinder adäquat auf Prüfungen vorbereitet werden, Unterstützung bei schulischen Schwierigkeiten erhalten und Wissensdefizite aufgearbeitet werden.

Sowohl Eltern als auch Kindern fällt ein fortwährend offener Umgang mit der Erkrankung leichter, wenn die Lehrer aktiv auf sie zukommen, Fragen stellen und Hilfen anbieten. Für sie werden dadurch Interesse der Lehrer, Fürsorge und Unterstützungsbereitschaft signalisiert.

Die Ängste der Lehrer, den Ansprüchen der Eltern und Schüler nicht zu entsprechen, sind somit unnötig, da von ihnen keine Tätigkeiten erwartet werden, die außerhalb ihrer professionellen Rolle liegen. Allerdings kann sich bereits die verstärkte Aufmerksamkeit für die betroffenen Schüler und die Zeit für Gespräche aufgrund mangelnder Zeitressourcen für die Lehrer als schwierig erweisen.

Signale setzen, um Enttabuisierung zu erleichtern:
Die Eltern werden in einer Enttabuisierung gehemmt, da sie nicht einschätzen können, welche Haltung die Lehrer gegenüber psychisch erkrankten Menschen einnehmen, ob der offene Umgang Vorurteile und Stigmatisierungen zur Folge

hat und ob sie negative Konsequenzen für sich und ihre Kinder befürchten müssen. Sie versuchen daher die Erkrankung zu verbergen.

Diese Unsicherheiten und Ängste können reduziert werden, indem die Lehrer in Gesprächen mit Eltern ihre Unterstützungsbereitschaft bei familiären Belastungen frei zum Ausdruck bringen. Sie signalisieren dadurch Offenheit, Akzeptanz und Sensibilität für mögliche Hilfebedarfe. Durch die Thematisierung familiärer Problemlagen wird ein Rahmen gesetzt, der es den Eltern erleichtern kann, Probleme anzusprechen und Unterstützungsbedarfe offenzulegen.

Lenz (2010a) beschreibt eine ähnliche Rahmung, wenn er die Fragen zur familiären Situation in der Behandlung des erkrankten Elternteils darstellt. Durch die Fragen zur Familie und Kindern wird der Blick auf die Patienten in ihrer Elternrolle gelenkt und der Patient befähigt, Ängste, Sorgen und Belastungen, die mit seiner Rolle als Elternteil in Verbindung stehen, zur Sprache zu bringen.

Thematisiert der Lehrer familiäre Problemlagen und Möglichkeiten der Unterstützung, lenkt er den Blick auf die gesamte Lebenssituation des Schülers und seiner Familie, so dass Geschehnisse, wie Unterrichtsstörungen oder häufige Fehlzeiten, in einen anderen Rahmen gestellt werden und dadurch eine andere Bedeutung bekommen.

Institutionelle Ebene

Kooperationsbeziehungen gestalten, um wirksame Hilfen zu aktivieren:

Um wirksame Hilfen für Kinder psychisch kranker Eltern zu aktivieren, ist eine interdisziplinäre Zusammenarbeit notwendig (Lenz, 2010a). Lehrer haben die Möglichkeit zur Aktivierung dieser interdisziplinären Hilfen. Sie können die Kooperation sowohl mit schulinternen Fachkräften, wie Schulsozialarbeitern, als auch mit schulexternen Diensten, wie Beratungsstellen, in Gang setzen, da sie in ein psychosoziales Unterstützungsnetzwerk eingebunden sind (Nestmann, 2002).

Diese Kooperationen sind insbesondere dann effektiv, wenn sie nicht in einer strukturellen Ebene verhaftet bleiben, sondern wenn es stattdessen zu einer Gestaltung von Kooperationsbeziehungen kommt. So beschreiben es die Lehrer in der hier vorgestellten Interviewstudie (Brockmann, 2014) bereits im Hinblick auf die Zusammenarbeit mit den Schulsozialarbeitern: das persönliche Kennen des anderen und das Wissen um seine Handlungskompetenzen und Zuständigkeiten fördert den gemeinsamen Austausch und die Bereitschaft zur Zusammenarbeit, so dass den Familien aufeinander abgestimmte Hilfen zur Verfügung gestellt werden können.

Es zeigt sich jedoch deutlich, dass nicht nur die Gestaltung der Kooperationsbeziehungen auf der Ebene der Fachkräfte notwendig und von besonderer Bedeutung ist, sondern ebenso die der Kooperationsbeziehungen zu den Eltern. Besteht bereits ein persönlicher Kontakt der Eltern zu den Schulsozialarbeitern, konnten sie bereits Vertrauen aufbauen und sich über die Aufgabengebiete der Fachkräfte informieren, stehen sie der Unterstützung offen gegenüber. Ist es bisher jedoch nicht zu einem Kontakt gekommen und sind den Eltern die Zuständigkeiten und Aufgaben unbekannt, lehnen sie eine Unterstützung durch die Schulsozialarbeiter ab. Schrappe (2011) legt dar, dass psychisch erkrankte Eltern vermehrt reserviert gegenüber Fachdiensten reagieren, da sie vom Anzweifeln ihrer Erziehungskompetenz bis hin zur Herausnahme der Kinder aus ihrer Familie, weil sie als Eltern des kindeswohlgefährdenden Verhaltens verdächtigt werden, mit gegen sie gerichteten Einstellungen und Maßnahmen rechnen.

Diese Ängste können reduziert werden, wenn die Eltern die Schulsozialarbeiter und ihre Handlungsfelder kennen lernen können, ohne eine Thematisierung des eigenen Hilfebedarfes befürchten zu müssen. Haben sie Vertrauen gefasst, werden sie den Hilfen offener gegenüberstehen, so dass Lehrer, Schulsozialarbeiter und Eltern gemeinsam Möglichkeiten der Unterstützung finden und wirksame Hilfen aktivieren können.

**Fortbildungen und Materialien anbieten, um Lehrer
in ihrer Arbeit zu unterstützen:**

Aufgrund der oben beschriebenen Verunsicherung der Lehrer im Umgang mit den betroffenen Eltern und Kindern, aber auch im Umgang mit den eigenen Grenzen ist der Wunsch der Lehrer nach Fortbildungen zum Thema psychischer Erkrankungen und von solchen betroffener Eltern von Kindern nachzuvollziehen. Die Lehrer erhalten im Rahmen einer Fortbildung nicht nur die Möglichkeit, sich grundlegendes Wissen zur Thematik anzueignen und Sicherheit im Umgang mit den betroffenen Eltern und Schülern zu erlangen. Es besteht auch Raum, um einerseits die eigenen Unterstützungsmöglichkeiten und Handlungsgrenzen kritisch zu hinterfragen und andererseits die Vorbehalte gegenüber der Arbeit mit den Kindern und Eltern sowie die persönlichen Belastungsgrenzen zu reflektieren.

Neben Fortbildungen zur Förderung der Handlungskompetenz ist eine Unterstützung der Lehrer bei der Thematisierung psychischer Störungen im Klassensetting notwendig. Da eine Aufbereitung der Thematik für den schulischen Kontext bislang fehlt, können die Lehrpersonen nicht auf geeignete Unterrichtsmaterialien zurückgreifen. Sie nutzen daher angrenzende Themen, wie körperliche Erkrankungen oder psychische Belastungen durch Stress, Arbeitslosigkeit und Ähnliches, um psychische Störungen zu thematisieren und auf die Auswirkungen der Erkrankungen auf die Familien hinzuweisen. Das gezielte Aufgreifen der Thematik im Rahmen des Schulunterrichts erachten jedoch sowohl Lehrer als auch Eltern und Schüler als wesentlich, um Mitschüler für die besonderen Belastungen der Kinder zu sensibilisieren und zugleich Stigmatisierungen entgegenzuwirken. Eine Bereitstellung geeigneter Unterrichtsmaterialen scheint daher dringend erforderlich, um die Lehrer in ihrer Arbeit mit der Klassengemeinschaft zu unterstützen.

Fazit

Für die Unterstützung der Schüler mit einem psychisch erkrankten Elternteil durch die Lehrer bedarf es somit keiner neuen Strukturen, komplexer Interventionen oder eines bestimmten Methodenrepertoires. Wesentlich scheinen vielmehr die offene Kommunikation aller Beteiligten und das Vertrauen zueinander zu sein. Lehrer können – ohne Überschreitung ihrer Zuständigkeiten und Kompetenzen – wertvolle Unterstützung leisten, wenn es ihnen gelingt, kleine Signale der Rücksichtnahme, des Verständnisses, der Wertschätzung und der Hilfsbereitschaft zu setzen, um die Eltern und ihre Kinder in der Bewältigung ihres Alltages zu stärken und die Rolle einer bedeutsamen Bezugsperson im Leben der Kinder einzunehmen.

Darüber hinaus bedarf es der Gestaltung gelingender Kooperationsbeziehungen zwischen den betroffenen Schülern, Eltern und Lehrern und schulinternen sowie schulexternen Fachkräften.

Konkrete Handlungsempfehlungen für die schulische Praxis

Dieses Kapitel wendet sich direkt an Lehrer, indem es gemäß der in den vorherigen Kapiteln herausgearbeiteten Erkenntnisse konkrete Handlungsempfehlungen vermittelt. Wichtige, beachtenswerte Hinweise sind als Infokästen hervorgehoben und mit »Merke:« überschrieben (Lenz u. Brockmann, 2013).

Wie können sich Veränderungen im Verhalten und in den Gefühlsäußerungen bei den Kindern zeigen?
Kinder psychisch kranker Eltern sprechen ihre Belastungen und Probleme oftmals nicht offen an, sondern drücken sie über Verhaltensweisen und Gefühlsreaktionen aus. Veränderungen in ihren üblichen, dem Lehrer vertrauten Verhaltensweisen und Gefühlsäußerungen können Anzeichen für Überforderung und Stress sein. Besonders beachten sollten Sie als Lehrer Veränderungen im Verhalten der Kinder, die über einen längeren Zeitraum andauern, aber auch Veränderungen im Verhalten der Kinder, die sehr plötzlich, gewissermaßen von einem Tag auf den nächsten, auftreten.

Veränderungen können sich in sehr vielfältiger Art zeigen und sind so individuell wie jedes einzelne Kind. Die folgenden Beispiele zeigen häufig auftretende Verhaltensveränderungen bei den Kindern selbst, in ihrem Kontakt zu Gleichaltrigen sowie Veränderungen in der Versorgung des Kindes, die auf Probleme und Belastungen in der Familie im Zusammenhang mit einer psychischen Erkrankung der Eltern hinweisen können:

1. *Im Verhalten des Kindes*
   - Das Kind wirkt traurig, innerlich angespannt, nervös und beteiligt sich nicht bzw. deutlich weniger an gemeinsamen Aktivitäten in der Gruppe oder in der Klasse.
   - Es wirkt unkonzentriert, müde und kann den Abläufen und dem Unterrichtsgeschehen nur schwer folgen.
   - Das Kind zeigt aggressive Verhaltensweisen gegenüber anderen oder auch gegenüber den Lehrern, indem es verbal aggressiv reagiert oder auch kör-

perliche Aggressionen zeigt. Die körperlichen Aggressionen können sich auch gegen sich selbst richten und es kommt zu selbstverletzenden Verhaltensweisen.

2. *Im Kontakt des Kindes zu Gleichaltrigen*
   - Das Kind zieht sich aus dem Kontakt zu bisherigen Freundschaften zurück, es steht abseits der Gruppe oder beschäftigt sich in den Pausen oder im Gruppenraum allein.
   - Es weist anhaltend Freunde zurück und verhält sich ablehnend ihnen gegenüber oder es provoziert und ärgert andere und sucht Streit- und Angriffspunkte.
   - Es berichtet nicht mehr von gemeinsamen Unternehmungen mit seinen Freunden. Es lädt nicht mehr ein, zum Beispiel zur Geburtstagsfeier, oder wird auch selber nicht mehr zu solchen Gelegenheiten oder anderen gemeinsamen Aktivitäten von Klassenkameraden eingeladen.

3. *In der Versorgung des Kindes*
   - Das Kind fehlt in der Schule häufiger oder es wird nicht zu den üblichen Zeiten gebracht. Es erscheint also verspätet oder auch sehr verfrüht in der Schule. Das Kind wird häufiger ohne plausible Erklärung von den Eltern verspätet von der Schule abgeholt.
   - Das Kind ist längere Zeit weniger ordentlich oder der Jahreszeit nicht entsprechend gekleidet. Es kommt ohne Pausenbrot und Getränk zur Schule. Es werden also Probleme in der grundlegenden Versorgung des Kindes sichtbar.

Merke:

Selbstverständlich verbirgt sich nicht hinter jeder Veränderung im Verhalten eines Schülers eine psychische Erkrankung der Eltern. Auch andere Probleme und Konflikte in der Familie oder im engeren sozialen Umfeld des Kindes können Auslöser dafür sein. So können auch Streitigkeiten der Eltern untereinander oder mit engeren Verwandten, eine Trennung der Eltern oder familiäre Belastungen und Spannungen aufgrund finanzieller Probleme zu plötzlichen bzw. langfristigen Veränderungen im Verhalten des Schülers führen. Ganz abgesehen davon können insbesondere bei kleineren Kindern auch Auseinandersetzungen mit Gleichaltrigen, zum Beispiel die Erfahrung, nicht mitspielen zu dürfen bzw. von Aktivitäten ausgeschlossen zu werden, Rückzug oder aggressive Verhaltensäußerungen zur Folge haben. Wir wissen, dass Kinder oftmals auf solche alltäglichen Probleme sehr viel heftiger reagieren als Erwachsene. In jedem Falle ist es wichtig, Veränderungen im Verhalten der Kinder aufmerksam zu beobachten.

Wie können sich psychisch kranke Eltern in der Schule verhalten?

Wir wissen, dass psychisch kranke Eltern ihre Erkrankung aus Angst vor Stigmatisierung und Diskriminierung häufig verheimlichen. Sie möchten gute Eltern sein und werden daher zunächst gegenüber dem Lehrer ihre Belastungen und Probleme nicht ansprechen. Insbesondere bei einer Verschlechterung des Gesundheitszustandes oder in neuen Krankheitsphasen kommen aber oftmals die Belastungen und Schwierigkeiten im Umgang mit ihren Kindern und im Kontakt zu Ihnen indirekt zum Ausdruck. Die folgenden Beispiele sollen Sie auf mögliche Verhaltensänderungen psychisch kranker Eltern in solchen Phasen aufmerksam machen:

1. *Verhalten der Eltern gegenüber ihrem Kind*
   - Die Eltern sind dem Kind gegenüber über einen längeren Zeitraum plötzlich sehr distanziert: Sie sprechen wenig mit dem Kind, verabschieden sich bzw. begrüßen das Kind kaum oder wenig herzlich, schauen das Kind kaum an.
   - Sie zeigen wenig Interesse an dem, was das Kind berichtet oder dem Elternteil zeigen möchte. Gemalte Bilder oder zurückerhaltene Klassenarbeiten werden beispielsweise kaum beachtet oder gewürdigt.
   - Die Eltern verhalten sich dem Kind gegenüber ungeduldig, gereizt, teils sogar aggressiv.
   - Sie kritisieren lautstark das Kind und sprechen abwertend und abschätzend über seine Leistung.
   - Sie wirken überbehütend und ängstlich. Sie machen sich Sorgen darüber, was alles passieren könnte.
2. *Kontakt zu den Lehrern*
   - Die Eltern gehen den Lehrern lange Zeit aus dem Weg, um nicht mit ihnen ins Gespräch zu kommen. Daher vermeiden sie lange Aufenthalte in der Schule und wirken hektisch. Im Gespräch zeigen sie sich verunsichert, sprechen von sich aus kaum und können den Blickkontakt nur schwer aufrechterhalten.
   - In ihren Gefühlsäußerungen oder Erzählungen wirken sie bedrückt, emotionslos oder auch wenig strukturiert, verwirrt und unkonzentriert. Auch kann es vorkommen, dass der Elternteil auf die Fragen des Lehrers kaum eingeht, ihn unterbricht und nicht zu Wort kommen lässt, sondern nur seinerseits erzählt und das Gespräch nur schwer beenden kann.
   - Sie schildern das Kind als schwierig und auffällig, was Sie aus Ihrer Lehrersicht überhaupt nicht bestätigen können.

> **Merke:**
>
> Auch bei den Eltern gilt, dass sich hinter veränderten und auffälligen Verhaltensweisen dem Kind gegenüber oder im Kontakt zu Ihnen nicht immer eine psychische Erkrankung der Eltern verbirgt. Sie können auch in anderen Belastungssituationen zu beobachten sein, zum Beispiel bei Müttern mit einem frühgeborenen Kind oder einem entwicklungsverzögerten bzw. intellektuell beeinträchtigten Kind oder bei akuten Belastungserlebnissen wie Trennung und Scheidung.

Was können Sie als Lehrer tun, wenn sie Veränderungen im Verhalten des Kindes oder in den Verhaltensweisen der Eltern wahrgenommen haben?

Sprechen Sie Eltern am besten darauf an, wenn Sie bei ihnen und/oder bei ihren Kindern über längere Zeit Veränderungen im Verhalten und in ihren Gefühlsäußerungen bemerken. Indem Sie Eltern ansprechen, ihnen Ihre Wahrnehmungen und Eindrücke mitteilen, vermitteln Sie Einfühlung, Interesse und zugleich Gesprächsbereitschaft. Den Eltern wird signalisiert, dass über die mit der Krankheit verbundenen Probleme und Sorgen gesprochen werden kann. Wichtig ist dabei zu beachten, den Eltern nicht vorwurfsvoll zu begegnen und zu akzeptieren, wenn sie aufgrund ihrer Ängste vor Stigmatisierung vorsichtig reagieren und zunächst auf das Gesprächsangebot nicht eingehen.

Um den Eltern einen Weg aus der Tabuisierung, das heißt dem Schweigegebot zu ermöglichen, ist die Beachtung einiger Gesprächsregeln hilfreich, die daher im Folgenden zusammengestellt und näher erläutert sind.

Verwenden Sie Ich-Sätze:

Im Gespräch sollte den Eltern deutlich werden, dass es sich bei dem Gesagten um Ihre persönlichen Beobachtungen, Gedanken und Eindrücke handelt. Entscheidendes Kennzeichen dafür, dass von der eigenen Wahrnehmung und den eigenen Gefühlen gesprochen wird, ist der Gebrauch des Personalpronomens Ich. Durch den Ich-Gebrauch wird deutlich, dass der Sprecher den Zuhörer einlädt, an seinen subjektiven Gedanken teilzuhaben. Es ist ihm wichtig, dass der andere von seinen persönlichen Eindrücken und Gefühlen erfährt. Sprechen Sie im Gespräch mit den Eltern von Ihren eigenen Beobachtungen, von dem, was Ihnen aufgefallen ist und Ihnen Sorge bereitet:

»Mir ist aufgefallen, dass Sie in letzter Zeit sehr müde und abgeschlagen wirken.«

Durch die Schilderung Ihrer Eindrücke und Wahrnehmungen geben Sie dem Zuhörer einen Einblick in Ihre Sichtweise, ohne dabei in Vorwürfe oder Mutmaßungen zu geraten. Sie signalisieren ihm, dass Sie Interesse an seinem Wohlergehen haben und sich Sorgen machen. Dies lädt die Eltern ein, in das Gespräch mit Ihnen einzusteigen, denn Sie geben ihnen die Möglichkeit, auf Ihre Erzählungen zu reagieren und Ihnen ihre eigenen Sichtweisen zu schildern.

> **Merke:**
>
> Durch den Ich-Gebrauch wird deutlich, dass der Sprecher von seinen eigenen Wahrnehmungen berichtet. Dem Zuhörer wird dadurch ermöglicht, in das Gespräch einzusteigen, indem er seine eigene Sichtweise erläutert, ohne dass er das Gefühl erhält, sich gegen Vorwürfe des anderen wehren und sich verteidigen zu müssen.

Sprechen Sie von konkreten Situationen:

Schildern Sie im Gespräch mit den Eltern die Situation, in der Ihnen das veränderte Verhalten aufgefallen ist möglichst konkret. Vermeiden Sie Verallgemeinerungen wie »immer« oder »nie«, denn diese rufen beim Zuhörer negative Gefühle und Widerspruch hervor. Die Eltern könnten sich dadurch in eine Verteidigungs- und Abwehrhaltung gedrängt fühlen und das Gespräch blockieren. Den Elternteilen fällt es leichter, sich mit Ihren Wahrnehmungen auseinanderzusetzen, wenn Sie Ihnen die Situation, in der Sie die Beobachtung gemacht haben, möglichst direkt und anschaulich vergegenwärtigen können.

Beschreiben Sie ein konkretes Verhalten:

Neben der konkreten Situation sollte auch das beobachtete Verhalten möglichst konkret beschrieben werden. Indem Sie schildern, was genau Sie in der Situation beobachtet haben, machen Sie deutlich, dass Sie in dem Verhalten keine Persönlichkeitseigenschaft sehen, sondern eine Veränderung des elterlichen bzw. kindlichen Verhaltens. Daher sollten auch hier verallgemeinernde Zuschreibungen wie »typisch« oder »immer« vermieden werden, da ansonsten die Gefahr besteht, dass mehr oder weniger negative Persönlichkeitseigenschaften unterstellt werden. Dies wiederum würde zu Widerspruch und Rückzug führen und ein konstruktives Gespräch erschweren. Im Gegensatz zu fest zugeschriebenen Eigenschaften ermöglichen konkrete Beschreibungen eher die Entwicklung von Alternativen und stellen damit einen ersten Schritt zur Problemlösung dar.

> **Merke:**
>
> Die Beschreibung von konkretem Verhalten in konkreten Situationen verhindert das Zuschreiben von negativen Eigenschaften und macht deutlich, dass es Veränderungsmöglichkeiten gibt. Dadurch fällt es den Eltern leichter, in ein Gespräch mit Ihnen einzusteigen.

Bleiben Sie beim Thema:
Es geht darum, die Gegenwart und die Zukunft positiv zu verändern und gemeinsam mit den Eltern nach Wegen und Lösungen zu suchen. Bleiben Sie daher im Hier und Jetzt und vermeiden Sie es, auf vergangene Ereignisse oder frühere Beobachtungen zurückzugreifen. Lange zurückliegende Ereignisse können kaum noch konkret beschrieben werden, zudem besteht bei Rückgriffen auf die Vergangenheit die große Gefahr, vom eigentlichen Thema abzukommen.

Hier noch einmal eine *Zusammenfassung der zuvor aufgeführten Gesprächsregeln*:
- Sprechen Sie von Ihren Beobachtungen, Ihren eigenen Gedanken, Ihren Eindrücken und Gefühlen. Kennzeichen dafür ist der Ich-Gebrauch: »Ich sehe ...«, »Ich habe den Eindruck ...«
- Sprechen Sie von konkreten Situationen oder Anlässen und vermeiden Sie Verallgemeinerungen und verallgemeinernde Wörter wie »immer« und »nie«.
- Sprechen Sie von konkretem Verhalten in bestimmten Situationen und vermeiden Sie, den Eltern negative Eigenschaften zuzuschreiben.
- Bleiben Sie beim Thema, sprechen Sie vom Hier und Jetzt. Vermeiden Sie es, auf vergangene Ereignisse oder frühere Beobachtungen zurückzugreifen.

Wie können Sie auf die Aussagen der Eltern reagieren?
Kommunikation ist ein wechselseitiger Vorgang. Ein Gespräch wird sich erst dann entwickeln können, wenn Sie auf Äußerungen der Eltern positiv eingehen. Ansonsten besteht die Gefahr, dass das Gespräch nicht weitergeht und es bei einer ersten Äußerung der Eltern bleibt.

Nehmen die Eltern das Gesprächsangebot an und beginnen, von ihren Eindrücken und Wahrnehmungen und vielleicht sogar von ihren Schwierigkeiten und Sorgen zu berichten, kommt Ihnen als Zuhörer eine wichtige Rolle zu. Sie können durch die Einhaltung einiger Regeln den Eltern Ihr Interesse an einem

gemeinsamen Gespräch zeigen und den Austausch aufrechterhalten. Für ein positives Eingehen auf den Gesprächspartner haben sich folgende Gesprächsregeln als förderlich erwiesen:
- genau zu erfassen, was der andere meint,
- dem Gesprächspartner zurückzumelden, dass verstanden wurde, was er gesagt hat,
- dem Gesprächspartner positive Konsequenzen für seine direkten Äußerungen zu bieten.

Zeigen Sie durch aufnehmendes Zuhören Interesse:
Signalisieren Sie dem Sprecher durch Gesten wie Nicken, Blickkontakt und eine zugewandte Körperhaltung, dass sie aufmerksam zuhören. Es kann sein, dass es den Eltern unangenehm und fremd ist, mit jemandem über die familiäre Situation zu sprechen, daher sollte der Blickkontakt nicht ständig aufrechterhalten werden. Ein immer wieder unterbrochener Blickkontakt macht es den Eltern leichter, weiterzuerzählen und signalisiert gleichzeitig, dass Sie den Erzählungen folgen. Kurze Einwürfe, wie »mhm« oder »aha«, verstärken dies zusätzlich. Auch durch direkte Ermutigungen und positive Rückmeldungen können Eltern aufgefordert werden, weiter zu erzählen:

»Ich kann jetzt gut verstehen, was Sie meinen.« »Ich würde gerne Ihre Sorgen genauer verstehen wollen.«

> **Merke:**
>
> Aufnehmendes Zuhören praktizieren Sie meist automatisch und dennoch kann es in einigen Situationen hilfreich sein, gezielt darauf zu achten. Insbesondere bei psychisch kranken Eltern kann ein Gespräch mit dem Erzieher oder dem Lehrer eine große Unsicherheit auslösen. Durch ein gezieltes aufnehmendes Zuhören geben Sie den Eltern die Sicherheit, weitererzählen zu dürfen und gehört zu werden.

Klären Sie, ob Sie das Gesagte richtig verstanden haben:
Im gemeinsamen Gespräch besteht immer die Gefahr, dass der Zuhörer nicht das aufnimmt, was der Sprecher ihm mitteilen möchte, sondern seine Aussagen anders versteht. Um dies zu verhindern, ist es hilfreich, während des Gespräches einzelne Äußerungen nochmals zusammenzufassen und den Eltern zurückzumelden:

»Sie sagten gerade, dass es Ihnen in den letzten Tagen schwer gefallen ist, Sarah pünktlich zu wecken, weil sie selbst sehr müde sind. Habe ich Sie da richtig verstanden?«

Die Gesprächspartner erhalten dadurch die Möglichkeit, zu überprüfen, ob Sie sie als Zuhörer richtig verstanden haben. Darüber hinaus signalisiert eine solche Zusammenfassung Aufmerksamkeit und Wertschätzung.

Melden Sie den Eltern Ihr eigenes Gefühl zurück:

Die Erzählungen der psychisch kranken Eltern können auch für Sie als Zuhörer emotional sehr bewegend sein. Durch eine Rückmeldung dieser Gefühle drücken Sie als Zuhörer Ihre Wertschätzung und Anteilnahme an dem Gesagten aus und verdeutlichen, dass Sie die Situation und Schwierigkeiten nachvollziehen können:

»Ich stelle mir gerade vor, wie schwierig es für Sie ist, Ihre Tochter regelmäßig in den Kindergarten zu bringen, wenn es Ihnen schlecht geht und Sie sich morgens kaum aufraffen können.«

Anschließend sollten Sie eine Zusammenfassung über das Gesagte geben, um abzusichern, ob Sie die Eltern auch richtig verstanden haben.

Sprechen Sie am Ende des Gespräches Anerkennung für das Vertrauen aus:

Psychisch erkrankte Eltern unterscheiden sehr genau, mit wem sie über die familiäre Situation sprechen möchten, wem sie ihre Sorgen und Nöte anvertrauen. Es ist also ein großes Zeichen von Vertrauen, wenn sie sich Ihnen gegenüber öffnen. Dies sollte unbedingt wertgeschätzt werden. Indem Sie sich ausdrücklich für das Vertrauen und das Gespräch bedanken, signalisieren Sie, dass Sie wahrgenommen haben, welchen Mut und welche Überwindung das Gespräch eventuell gekostet hat:

»Das ist sicherlich nicht einfach, darüber zu sprechen. Ich bewundere Ihren Mut, so offen über die Krankheit und Ihre Sorgen, die Sie sich um Ihre Kinder machen, zu sprechen. Danke für das Vertrauen, das Sie mir damit entgegenbringen.«

Indem Sie sich für das Gespräch bedanken und deutlich machen, dass sie auch in Zukunft ein offenes Ohr für die Eltern und das Kind haben werden, kann das Gespräch gut beendet werden.

> **Merke:**
>
> Die Beachtung von Gesprächsregeln ist für die Rolle des Zuhörers sehr hilfreich. Sie helfen Ihnen dabei, Gesprächsbereitschaft und Interesse an dem Leben und der Entwicklung des Kindes zu vermitteln sowie deutlich zu machen, dass Sie sich sorgen und Hilfe anbieten möchten. Die Familie erhält dadurch das Gefühl, dass Ihre Sichtweisen gehört und wertgeschätzt werden und sie als gleichberechtigte Gesprächspartner angesehen wird.

Welche persönliche Einstellung haben Sie gegenüber psychischen Krankheiten?

Durch die Einhaltung der oben angeführten Gesprächsregeln lässt sich eine förderliche Gesprächsatmosphäre herstellen. Ob psychisch kranke Eltern wirklich den Mut fassen, über ihre Sorgen um die Kinder und über Erziehungsprobleme zu sprechen, hängt eng mit der Einstellung zusammen, die sie bei ihrem Gesprächspartner wahrnehmen. Psychisch kranke Menschen haben ein feines Gespür dafür, ob und inwieweit der Gesprächspartner zu Vorurteilen gegenüber psychischen Erkrankungen neigt. Um psychisch kranken Menschen echt, einfühlsam und wertschätzend beggenen zu können, ist auf Seiten der Erzieher und Lehrer eine Auseinandersetzung mit der eigenen Einstellung und Haltung gegenüber psychischer Erkrankung erforderlich.

Folgende Fragen können Ihnen bei dieser Auseinandersetzung helfen:
- Welche Vorurteile gegenüber psychisch kranken Menschen habe ich gelernt?
- Auf welche Vorurteile gegenüber psychisch kranken Menschen als Eltern stoße ich in meinem sozialen und beruflichen Umfeld?
- Ertappe ich mich dabei, dass ich:
  - psychisch kranke Eltern weniger wertschätze als psychisch gesunde Eltern,
  - psychisch kranken Eltern weniger glaube als psychisch gesunden Eltern,
  - die Erziehungskompetenz von psychisch kranken Eltern in Frage stelle bzw. sie ihnen manchmal sogar ganz abspreche?

Neben der Reflexion der eigenen Vorurteile gegenüber psychisch erkrankten Menschen sollten Sie sich als Erzieher und Lehrer auch damit auseinandersetzen, welche Auswirkungen es für den Umgang mit dem betroffenen Kind und seinen Eltern hätte, wenn Sie von der Erkrankung erführen:
- Was würde es für mich und die Arbeit mit dem Kind bedeuten, wenn ich von der Krankheit erfahren würde?
- Was wäre dann anders in meinem Arbeitsalltag?

- Würde ich dann anders mit dem Kind umgehen? Ihm vielleicht mehr Unterstützung und Hilfe zusichern?
- Würde sich der Umgang mit den Elternteilen verändern?

Auch Lehrer sind, wie auch andere professionell Tätige, mit den gesellschaftlichen Vorurteilen gegenüber psychischen Krankheiten aufgewachsen und können diese nicht einfach ablegen. Bleiben sie unreflektiert, verbauen Sie sich einen Zugang zu den Sorgen und Nöten psychisch kranker Eltern. Es besteht die Gefahr, dass dann Unterstützungsmöglichkeiten und Hilfen für die Erkrankten selber, für die Kinder und die ganze Familie nicht genutzt werden.

Was können Sie tun, wenn die Eltern nicht oder abweisend reagieren?

Es kann passieren, dass Eltern, wenn Sie ihnen Ihre Wahrnehmungen und Eindrücke von den Verhaltensänderungen oder Gefühlsäußerungen ihres Kindes mitteilen, nicht oder vielleicht sogar abweisend reagieren und Ihnen in der Folgezeit aus dem Weg gehen. Die Gründe für derartige Reaktionen können bei psychisch kranken Eltern vielfältig sein:
- Die Eltern sind schon öfter auf Vorurteile, Ablehnungen und Diskriminierungen gestoßen und reagieren deshalb sehr reserviert bzw. abweisend. Dies dient letztendlich zum Selbstschutz vor möglicherweise weiteren negativen Erfahrungen.
- Die Eltern haben die negative Beurteilung aus dem Umfeld übernommen und empfinden sich selbst als schlechte Mutter oder schlechter Vater. Sie befürchten, dass ihnen genau dies zum Vorwurf gemacht wird.
- Die Eltern befürchten, dass der Erzieher oder der Lehrer das Jugendamt einschaltet, das ihnen dann aufgrund ihrer Erkrankung die Kinder wegnimmt oder sich zumindest gegen ihren Willen in die Erziehung einmischt.

Ablehnende oder abweisende Reaktionen der Eltern auf Ihr Gesprächsangebot richten sich daher nicht gegen Sie als Person, sondern sind in der Angst vor Stigmatisierung und Diskriminierung sowie der häufig vorhandenen Selbststigmatisierung begründet. Sie sollten die Ablehnung des Gesprächsangebotes akzeptieren und die Eltern nicht bedrängen. Ein Bedrängen würde sich negativ auf die Beziehung zu den Eltern auswirken und die Verweigerungs- und Rückzugstendenzen nur noch verstärken. Sie sollten in einer solchen Situation lediglich nochmals Ihre Eindrücke und Wahrnehmung schildern, die Sie veranlasst haben, die Eltern anzusprechen:

»Wie gesagt, ich habe den Eindruck, dass sich Thomas in den letzten Wochen sehr zurückzieht und schnell aggressiv wird, wenn etwas nicht so läuft, wie er sich das vorstellt. Wenn Ihnen etwas auffällt, können wir gerne darüber sprechen.«

Durch solche Äußerungen signalisieren Sie den Eltern Ihr Interesse am Kind und an ihnen als Person. Zugleich zeigen Sie sich offen für ein Gespräch. Sie erneuern quasi Ihr Gesprächsangebot, dass bei Bedarf von den Eltern in Anspruch genommen werden kann.

Es kann notwendig werden, nach einiger Zeit den Eltern nochmals Ihre Eindrücke und Wahrnehmungen mitzuteilen. Wichtig ist dabei, nicht vorwurfsvoll zu werden und sich weiter an die Gesprächsregeln zu halten. Möglicherweise ist es in einer solchen Situation auch sinnvoll, sich an andere pädagogische oder psychologische Fachkräfte zu wenden, um die eigenen Wahrnehmungen zu überprüfen.

Wo können Lehrer fachliche Unterstützung bekommen?

Bei Unsicherheiten bezüglich der eigenen Wahrnehmungen, Einschätzungen sowie Reaktions- und Handlungsmöglichkeiten können andere pädagogische und psychologische Fachkräfte fachliche Unterstützung leisten. Ein fachlicher Austausch ermöglicht eine Überprüfung der eigenen Wahrnehmungen und Bewertungen, die eine größere Sicherheit im Umgang mit den Eltern gibt. Es werden Wege deutlicher, wie den Eltern begegnet werden kann und welche Hilfen für das Kind und die Familie angemessen sind.

> **Merke:**
>
> Ein Austausch mit anderen Fachkräften erfordert keine Entbindung von der Schweigepflicht durch die Eltern. Sie verletzen nicht Ihre Schweigepflicht, wenn Sie Ihre Beobachtungen, Vermutungen, aber auch familiäre und soziale Hintergründe darstellen, ohne dabei persönliche Daten zu nennen, die eine Identifikation der betreffenden Person ermöglichen.

An welche Fachkräfte bzw. professionelle Einrichtungen sich Lehrer wenden können, um sich selber Unterstützung und Beratung zum Umgang mit psychisch erkrankten Eltern und ihren Kindern zu holen, ist von Region zu Region und Ort zu Ort unterschiedlich. Oftmals bestehen bereits Kontakte zu qualifizierten Fachkräften, die sich für dieses Anliegen aktivieren lassen.

Es ist hilfreich, mit der Einrichtung oder der jeweiligen Fachkraft eine feste Vereinbarung zu treffen, damit bei Bedarf ein fachlicher Austausch und eine Beratung möglichst zeitnah erfolgen können. Besonders bewährt haben sich Vereinbarungen mit Erziehungsberatungsstellen. Die Mitarbeiter sind Psychologen, Sozialpädagogen, Psychotherapeuten und manchmal auch Kinder- und Jugendpsychiater, die über breitgefächerte psychologische, familientherapeutische und pädagogische Kompetenzen verfügen. Aufgabe dieser Beratungsstellen ist neben den therapeutischen und pädagogischen Hilfen für Kinder und ihre Familien auch die Kooperation mit anderen Institutionen wie Kindertagesstätten und Schulen.

Da die Kooperation mit anderen Einrichtungen zu ihren festen Aufgabenbereichen gehört, verfügen Erziehungsberatungsstellen in der Regel über zeitliche Kapazitäten für die Fachberatung in Kindertagesstätten und Schulen. Verknüpft werden kann die Fachberatung mit einer Vor-Ort-Präsenz der Beratungsstelle. Das heißt, der Mitarbeiter der Beratungsstelle steht nicht nur den Lehrern für Fragen zur Verfügung, sondern bietet in den Räumen der Schule für die Eltern in bestimmten zeitlichen Abständen regelmäßig Sprechstunden an. Der Vorteil solcher Sprechstunden vor Ort ist, dass dadurch die Eltern Mitarbeiter der Beratungsstelle kennen lernen und von Hilfsmöglichkeiten, zum Beispiel von Gruppenangeboten für Kinder, erfahren. Wie Erfahrungen mittlerweile vielfach zeigen, können dadurch Ängste und Hemmungen vor therapeutischen und pädagogischen Hilfen abgebaut werden.

Von der Kooperation zur Vernetzung:

Je besser die Eltern ihre Erkrankung bewältigen, umso geringer werden die Auswirkungen der elterlichen Krankheit auf das Kind und die Familie insgesamt sein. Aber auch dann, wenn sich die Erkrankung nur teilweise bessert, ist es möglich, negative Auswirkungen auf das Kind zu vermeiden oder zumindest zu begrenzen. Dazu ist eine ganze Reihe verschiedener Hilfen erforderlich:

- Der psychisch erkrankte Elternteil benötigt psychiatrische bzw. psychotherapeutische Unterstützung, die je nach Schwere der Krankheitsphase nicht immer ambulant durchgeführt werden kann. Ein teilstationärer bzw. vollstationärer Klinikaufenthalt in einem psychiatrischen Fachkrankenhaus ist in einigen Phasen unabdingbar.
- Für den psychisch gesunden Elternteil ist das Zusammenleben mit seinem erkrankten Partner nicht nur aufgrund der Übernahme von Aufgaben und Pflichten, sondern auch emotional sehr belastend: Zu den Sorgen um den Partner und die Kinder kommen Ängste und Zweifel bei dem gesunden Elternteil, wie lange er die Belastungen noch bewältigen kann. Daher werden in vielen Kliniken familien- bzw. paartherapeutische Gespräche und Angehörigengruppen durchgeführt, oftmals kann auch für die gesunden Elternteile psychotherapeutische Unterstützung hilfreich sein.
- Die Hilfebedarfe der Kinder richten sich nach dem Alter, Entwicklungsstand und der individuellen Lebenssituation. Während einige Kinder für Krisenzeiten einen festen Ansprechpartner (zum Beispiel einen Paten) brauchen, finden andere in einer Gruppe für Kinder psychisch erkrankter Eltern Unter-

stützung oder benötigen bei besonders schweren Belastungen die individuelle Hilfe durch einen Kinder- und Jugendlichenpsychotherapeuten.
- Nicht nur die einzelnen Familienmitglieder, sondern das Familiensystem als Ganzes benötigt häufig Unterstützung, zum Beispiel durch praktische Hilfen, wie sozialpädagogische Familienhilfe, Familienpflege, entlastende Kinderbetreuung oder Familientherapie.

Forschungen zur Kooperation zeigen, dass Hilfen umso wirksamer sind, je besser es den beteiligten Fachkräften gelingt, diese aufeinander abzustimmen. Die Abstimmungen werden erleichtert, wenn zwischen den Einrichtungen wechselseitige, fest vereinbarte Verbindungen bestehen, die Informationsaustausch, Absprachen und Vereinbarungen – natürlich unter Einbeziehung und Beteiligung der Familien – ermöglichen. Man spricht in diesem Zusammenhang von der Vernetzung der Fachkräfte und Einrichtungen.

In vielen Städten und Regionen haben sich mittlerweile solche Netzwerke »Kinder psychisch kranker Eltern« zusammengeschlossen. Mitglieder dieser Netzwerke sind in aller Regel Vertreter des Jugendamtes, Mitarbeiter der Erziehungs- und Familienberatungsstellen und anderer Jugendhilfedienste, zum Beispiel des Kinderschutzbundes und von Frühförderstellen, Mitarbeiter der psychiatrischen Kliniken für Erwachsene und von kinder- und jugendpsychiatrischen Einrichtungen, Vertreter des Gesundheitsamtes sowie Ärzte und Psychotherapeuten.

Ziel dieser Netzwerke ist es, dass sich die Fachkräfte und Einrichtungen kennen lernen, sich gegenseitig über ihre Hilfsangebote für die Zielgruppe Kinder psychisch kranker Eltern informieren und in kollegialen Fortbildungen den anderen Teilnehmern ihre speziellen fachlichen Kompetenzen vermitteln. Einen Schwerpunkt nehmen Absprachen und Vereinbarungen ein, wie sich die einzelnen Fachkräfte bei ihren Fragen gegenseitig durch Beratung unterstützen und Hilfen für Kinder und ihre psychisch erkrankten Eltern besser und wirksamer aufeinander abgestimmt werden können.

Durch die Teilnahme am Arbeitskreis erhalten Lehrer:
- *Informationen über die Aufgaben der verschiedenen Einrichtungen vor Ort:* Die Hilfen im Gesundheitsbereich und in der Kinder- und Jugendhilfe sind sehr vielfältig und regional verschieden. Neben den vertrauten Einrichtungen wie Jugendamt, Erziehungsberatung, Frühförderstelle oder Fachkräften, wie Psychotherapeuten und Fachärzten, gibt es mittlerweile zum Beispiel im Bereich der frühen Hilfen auch spezialisierte Einrichtungen und Beratungsstellen. Dies erschwert es oftmals, den Überblick über die inhaltliche und fachliche Ausrichtung und die Schwerpunkte der einzelnen Einrichtungen zu behalten. Das Netzwerk »Kinder psychisch kranker Eltern« ermöglicht es

Ihnen, die Aufgaben und Zuständigkeiten der Einrichtungen sowie die Mitarbeiter kennen zu lernen. Im Netzwerk nehmen in der Regel die Mitarbeiter teil, die innerhalb der jeweiligen Einrichtung für das Thema »Kinder psychisch kranker Eltern« zuständig sind bzw. sich mit diesem Themenfeld intensiver beschäftigen. Sie haben auf diese Weise Ansprechpartner für Anfragen kennen gelernt. Das Wissen über die Aufgaben und Zuständigkeiten ist ebenso wichtig wie Kenntnisse über die Grenzen und vielleicht auch über gesetzlich festgelegte Handlungsmöglichkeiten einer Einrichtung, da nur so falschen Erwartungen vorgebeugt werden kann und realistische Einschätzungen geschaffen werden.

- *Wissen über Angebote der Einrichtungen:*
  Mit dem Wissen über bestehende Angebote in der Stadt bzw. der Region können Sie den Eltern konkrete Hilfsmöglichkeiten aufzeigen. Sie können psychisch kranke Eltern besser motivieren, Hilfen für ihre Kinder in Anspruch zu nehmen, wenn sie den Eltern nicht nur die Einrichtung, sondern auch einen Ansprechpartner nennen sowie Arbeitsweisen, interne Abläufe, Vorgehensweisen bei der Anmeldung, Wartezeiten etc. beschreiben können. Dadurch können Ängste und Bedenken der Eltern reduziert werden. Zudem sind Sie in der Lage, auf Fragen der Eltern bezüglich der Einrichtungen und der Hilfen für ihre Kinder konkret einzugehen.

- *Spezielles und vertieftes Wissen zum Thema »Kinder psychisch kranker Eltern«:*
  Durch den gegenseitigen Austausch von fachlichen Informationen, die Behandlung einzelner Themen sowie die kollegialen Fortbildungen im Netzwerk haben Sie als Lehrer die Gelegenheit, spezielles und vertieftes Wissen zu erwerben. Sie eignen sich Kenntnisse über die Situation von Kindern psychisch kranker Eltern, über die Belastungen der Kinder und Eltern, über Frühwarnzeichen sowie über psychische Erkrankungen und deren Behandlung an. Ein solches Hintergrundwissen macht Sie sicherer in der Einschätzung und Bewertung Ihrer Wahrnehmungen von Verhaltensänderungen bei den Kindern. Es ermutigt Sie, die Eltern auf Ihre Wahrnehmungen hin anzusprechen, weil Sie eine bessere Vorstellung von psychischen Krankheiten und möglichen Verhaltensweisen entwickelt haben.
  Häufig werden in den Netzwerken sogenannte anonyme Fallbesprechungen durchgeführt, um konkret anhand eines Beispiels Schwierigkeiten im Umgang mit den Kindern und ihren psychisch kranken Eltern zu diskutieren und an Verbesserungsmöglichkeiten bei der Kooperation zu arbeiten.

- *Ermutigung, fachliche Kontakte in Anspruch zu nehmen:*
  Aus der Forschung wissen wir, dass das persönliche Kennen von Fachkräften aus anderen Einrichtungen die Hemmschwelle senkt, bei Fragen und Unsicherheiten auf deren Einschätzung zurückzugreifen. Wenn im Netzwerk ein

Mitarbeiter des Jugendamtes oder der Beratungsstelle, ein Arzt aus der Klinik oder ein Psychotherapeut bekannt ist, fällt es leichter, Kontakt aufzunehmen, um eine Frage zu stellen, um eine Einschätzung zu bitten oder einen konkreten Rat einzuholen. Die Erfahrungen zeigen, dass aus der Zusammenarbeit im Netzwerk heraus feste Vereinbarungen und Absprachen zwischen einzelnen Einrichtungen getroffen werden. Ein Beispiel dafür wären die Vereinbarungen zwischen einer Schule und einer Beratungsstelle mit dem Ziel einer regelmäßigen Fachberatung für Lehrer sowie der Einrichtung einer Sprechstunde vor Ort für die Familien.

Die Empfehlung an Schulen kann daher nur lauten, sich am Netzwerk »Kinder psychisch kranker Eltern« aktiv zu beteiligen. Ein Gewinn wird sich erst dann einstellen, wenn ein Mitarbeiter als Vertreter regelmäßig an den Netzwerktreffen teilnimmt. Es zeigt sich, dass eine personelle Beständigkeit eine wichtige Voraussetzung dafür darstellt, dass offene, vertrauensvolle Beziehungen im Netzwerk entstehen können. Es hat sich bewährt, wenn sich ein Lehrer dem Thema »Kinder psychisch kranker Eltern« besonders annimmt und als Experte die Informationen aus dem Netzwerk weitergibt sowie das spezielle Wissen an seine Kollegen vermittelt und darüber hinaus die Brücke zu den Ansprechpartnern in anderen Einrichtungen darstellt. Als vorteilhaft hat sich zudem erwiesen, wenn er auch den Mitarbeitern aus den Einrichtungen der Jugendhilfe und des Gesundheitsbereichs zur Verfügung steht.

Informationen über bestehende Netzwerke in den Regionen liegen dem Jugendamt oder dem Gesundheitsamt vor.

Fazit:
Es ergeben sich folgende drei Empfehlungen für die schulische Praxis der Kooperation und Vernetzung:
- Holen Sie sich im konkreten Einzelfall Fachberatung, um Ihre eigenen Wahrnehmungen zu überprüfen und den Eltern passenden Rat geben zu können.
- Durch feste Vereinbarungen wird nicht nur die Fachberatung im Einzelfall erleichtert, sondern darüber hinaus lassen sich auch leichter regelmäßige Angebote für die Eltern, wie zum Beispiel eine offene Sprechstunde, einführen.
- Die Teilnahme am regionalen Netzwerk »Kinder psychisch kranker Eltern« ermöglicht den Erwerb eines vertieften Wissens über die Thematik, erleichtert die Abstimmung der erforderlichen Hilfen aufeinander und erweitert die Möglichkeiten, Absprachen zu treffen. Das persönliche Kennen der Fachkräfte untereinander eröffnet darüber hinaus neue Sichtweisen und erleichtert die Zusammenarbeit im Einzelfall.

Literaturempfehlungen und hilfreiche Links

Ratgeber

Lenz, A., Brockmann, E. (2013). Kinder psychisch kranker Eltern stärken. Informationen für Eltern, Erzieher und Lehrer. Göttingen: Hogrefe.

Informationsbroschüren

Familien-Selbsthilfe Psychiatrie BApK e. V. (Hrsg.) (2008). Jetzt bin ich dran ... Informationen für Kinder von 8 bis 12 Jahren mit psychisch kranken Eltern. Bonn: BApK.
Familien-Selbsthilfe Psychiatrie BApK e. V. (Hrsg.) (2009). It's my turn. Informationen für Jugendliche, die psychisch kranke Eltern haben. Bonn: BApK
Familien-Selbsthilfe Psychiatrie BApK e. V. (Hrsg.) (2009). Nicht von schlechten Eltern..: Informationen für psychisch kranke Eltern. Bonn: BApK.

Bücher für Grundschulkinder

Homeier, S. (2006). Sonnige Traurigtage. Frankfurt a. M.: Mabuse-Verlag.
Wunderer, S. (2010). Warum ist Mama traurig? Frankfurt a. M.: Mabuse-Verlag.

Fachbücher

Lenz, A. (2010). Ressourcen fördern. Materialien für die Arbeit mit Kindern und ihren psychisch kranken Eltern. Göttingen: Hogrefe.
Lenz, A. (2014). Kinder psychisch kranker Eltern (2., vollst. überarb. u. erw. Aufl.). Göttingen: Hogrefe.
Mattejat, F., Lisofsky, B. (Hrsg.) (2014). Nicht von schlechten Eltern. Kinder psychisch Kranker (4., korr. u. erw. Aufl.). Köln: Balance Buch und Medien Verlag.

Hilfreiche Links

www.bag-kipe.de: Auf der Internetseite der Bundesarbeitsgemeinschaft »Kinder psychisch kranker Eltern« erhalten Sie zahlreiche Informationen zu Einrichtungen in Deutschland, die spezielle Hilfen für betroffene Kinder und Familien anbieten, sowie Auskünfte zu Veranstaltungen, Literatur und Internetadressen zur Thematik. Auch erwachsene Kinder psychisch kranker Eltern finden hier Hinweise auf spezielle Angebote, wie Selbsthilfegruppen.

www.bke.de: Hier ist über die Homepage eine Beratungsstellen-Suche möglich, die Hilfsangebote für Kinder, Jugendliche und Eltern von qualifizierten Fachkräfte in über 1.000 Erziehungsberatungsstellen im gesamten Bundesgebiet bereitstellt. Die Bundeskonferenz für Erziehungsberatung (bke) bietet darüber hinaus Beratung für Jugendliche und Eltern über das Internet an. Die Jugendlichen und Eltern können sich auf diesem Weg anonym und kostenlos durch erfahrene Fachkräfte beraten lassen.

Literatur

Ader, S., Tölle, U. (2011). Beratung von Einzelnen und Gruppen im schulischen Kontext. Guter Rat ist teuer – schlechter auch! In F. Baier, U. Deinet (Hrsg.), Praxisbuch Schulsozialarbeit. Methoden, Haltungen und Handlungsorientierungen für eine professionelle Praxis (S. 201–222). Opladen u. Farmington Hills: Barbara Budrich.
Bauer, K.-O. (2008). Lehrer-Schüler-Interaktion im Kontext von Schulentwicklung. In M. K. W. Schweer (Hrsg.), Lehrer-Schüler-Interaktion. Inhaltsfelder, Forschungsperspektiven und methodische Zugänge (2., vollst. überarb. Aufl., S. 583–607). Wiesbaden: VS.
Beeck, K. (2004a). Kinder psychisch kranker Eltern. Ein Thema für die Schule. Berlin: Netz und Boden, Initiative für Kinder psychisch kranker Eltern.
Beeck, K. (2004b). Inkas Mutter ist in der Klapse. Wie Sie Kinder mit psychisch kranken Eltern unterstützen können. In Raabe Verlag (Hrsg.), Das Lehrerhandbuch. Der pädagogische Ratgeber für Lehrer und Lehrerinnen (S. 1–28). Loseblattausgabe. Stuttgart: Dr. Josef Raabe Verlags-GmbH.
Berger, M., van Calker, D., Brakemeier, E.-L., Schramm, E. (2009). Affektive Störungen. In M. Berger (Hrsg.), Psychische Erkrankungen. Klinik und Therapie (3., vollst. neu bearb. u. erw. Aufl. mit Online-Zugang (S. 491–592). München u. Jena: Urban und Fischer.
Bettge, S. (2005). Seelische Gesundheit von Kindern und Jugendlichen in Deutschland. Psychomed, 17, 214–222.
Beyer, A., Lohaus, A. (2006). Stressbewältigung im Jugendalter. Ein Trainingsprogramm. Göttingen: Hogrefe.
Beyer, A., Lohaus, A. (2007). Konzepte zur Stressentstehung und Stressbewältigung im Kindes- und Jugendalter. In I. Seiffge-Krenke, A. Lohaus (Hrsg.), Stress und Stressbewältigung im Kindes- und Jugendalter (S. 11–27). Göttingen: Hogrefe.
Bibou-Nakou, I. (2004). Helping Teachers to Help Children Living with a Mentally Ill Parent. Teachers' Perceptions on Identification and Policy Issues. School Psychology International, 25, 42–58.
Bilz, L. (2008). Schule und psychische Gesundheit. Risikobedingungen für emotionale Auffälligkeiten von Schülerinnen und Schülern. Schule und Gesellschaft, Bd. 42. Wiesbaden: VS.
Bilz, L. (2013). Die Bedeutung des Klassenklimas für internalisierende Auffälligkeiten von 11–15-Jährigen. Selbstkognitionen als Vermittlungsvariablen. Psychologie in Erziehung und Unterricht, 60, 282–294.
Blanz, B., Remschmidt, H., Schmidt, M. H., Warnke, A. (2006). Psychische Störungen im Kindes- und Jugendalter. Ein entwicklungspsychopathologisches Lehrbuch. Stuttgart u. New York: Schattauer.
Bohus, M., Schehr, K., Berger-Sallawitz, F., Novelli-Fischer, U., Stieglitz, R.-D., Berger, M. (1998). Kinder psychisch kranker Eltern. Eine Untersuchung zum Problembewusstsein im klinischen Alltag. Psychiatrische Praxis, 25, 134–138.
Bowlby, J. (2006). Bindung. Bindung und Verlust. Bd. 1. München: Ernst Reinhardt.
Brisch, K. H. (2012). Bindungsstörungen und ihre Therapie nach Gewalterfahrungen in der Kindheit. Kindesmisshandlung und -vernachlässigung, 15, 126–147.
Brisch, K. H. (2013). Bindungsstörungen. Von der Bindungstheorie zur Therapie (12. Aufl.). Stuttgart: Klett-Cotta.

Bröcher, J. (2005). Didaktische Variationen bei Schulverweigerung und Verhaltensproblemen. Impulse für Schul- und Unterrichtsentwicklung, sozialpädagogische Projekte und Coaching. Bd. 1. Beziehungsaufnahmen. Niebüll: Videel.

Brockmann, E. (2014). Kinder psychisch erkrankter Eltern in der Schule. Bedingungen und Konsequenzen der Enttabuisierung der elterlichen psychischen Erkrankung im schulischen Kontext auf die Beziehung zwischen Eltern, Schülern und Lehrern – eine qualitative Studie. Technische Universität Dresden: Dissertation.

Brockmann, E., Lenz, A. (2010). Beziehung gestalten. Eine Voraussetzung für wirksame interinstitutionelle Kooperation bei Hilfen für Kinder psychisch kranker Eltern. Praxis der Kinderpsychologie und Kinderpsychiatrie, 59, 687–703.

Brockmann, E., Lenz, A. (2011). Kinder und Jugendliche psychisch kranker Eltern. Psychoedukation als spezifischer Schutzfaktor zur Stärkung der individuellen und familiären Resilienz. In A. Lenz (Hrsg.), Empowerment. Handbuch für die ressourcenorientierte Praxis. Fortschritte der Gemeindepsychologie und Gesundheitsförderung. Bd. 22 (S. 101–120). Tübingen: dgvt.

Brunner, E. J. (2002). Von der Vision zum Konzept. Die Schlüsselstellung der Konzeptbildung in der Beratung. In F. Nestmann, F. Engel (Hrsg.), Die Zukunft der Beratung. Beratung. Bd. 4 (S. 201–208). Tübingen: dgvt-Verlag.

Christiansen, H., Mattejat, F., Röhrle, B. (2011). Wirksamkeitsbefunde von Interventionen bei Kindern und Familien psychisch kranker Eltern – ein metaanalytisch fundierter Überblick. In S. Wiegand-Grefe, F. Mattejat, A. Lenz (Hrsg.), Kinder mit psychisch kranken Eltern. Klinik und Forschung (S. 458–481). Göttingen: Vandenhoeck & Ruprecht.

Chur, D. (2002). Bausteine einer zeitgemäßen Konzeption von Beratung. In F. Nestmann, F. Engel (Hrsg.), Die Zukunft der Beratung. Beratung. Bd. 4 (S. 95–134). Tübingen: dgvt-Verlag.

Conen, M.-L. (2008). Aufsuchende Familientherapie. In M.-L. Conen (Hrsg.), Wo keine Hoffnung ist, muss man sie erfinden. Aufsuchende Familientherapie (4. Aufl., S. 41–163). Heidelberg: Carl-Auer.

Conrad, I., Heider, D., Schomerus, G., Angermeyer, M. C., Riedel-Heller, S. (2010). Präventiv und stigmareduzierend? Evaluation des Schulprojekts »Verrückt? Na und!«. Zeitschrift für Psychiatrie, Psychologie und Psychotherapie, 58, 257–264.

Dadaczynski, K., Paulus, P. (2011). Psychische Gesundheit aus Sicht von Schulleitungen. Erste Ergebnisse einer internationalen Onlinestudie für Deutschland. Psychologie in Erziehung und Unterricht, 58, 306–318.

Dahm-Mory, C. (2008). Belastungen, Bewältigungsstrategien und Hilfebedarf bei Partnern von Angstpatienten. In A. Lenz, J. Jungbauer (Hrsg.), Kinder und Partner psychisch kranker Menschen. Belastungen, Hilfebedarf, Interventionskonzepte (S. 257–284). Tübingen: dgvt-Verlag.

Daniel, A., Watermann, R. (2013). Zum Zusammenhang von Ängstlichkeit, Lernfreude und Zielorientierungen im schulischen Kontext. Psychologie in Erziehung und Unterricht, 60, 295–306.

Deegener, G., Körner, W. (2006). Risikoerfassung bei Kindesmisshandlung und Vernachlässigung. Theorie, Praxis, Materialien. Lengerich: Pabst Science Publishers.

Deneke, C. (2005). Misshandlung und Vernachlässigung durch psychisch kranke Eltern. In G. Deegener, W. Körner (Hrsg.), Kindesmisshandlung und Vernachlässigung. Ein Handbuch (S. 141–154). Göttingen: Hogrefe.

Deneke, C., Beckmann, O., Dierks, H. (2008). Präventive Gruppenarbeit mit Kindern psychisch kranker Eltern. In A. Lenz, J. Jungbauer (Hrsg.), Kinder und Partner psychisch kranker Menschen. Belastungen, Hilfebedarf, Interventionskonzepte (S. 63–79). Tübingen: dgvt.

Deneke, C., Lüders, B. (2003). Besonderheiten der Interaktion zwischen psychisch kranken Eltern und ihren kleinen Kindern. Praxis der Kinderpsychologie und Kinderpsychiatrie, 52, 172–181.

Destatis (2014). Statistisches Bundesamt. Haushalte & Familien. Zugriff am 02.02.2016 unter https://www.destatis.de/DE/ZahlenFakten/GesellschaftStaat/Bevoelkerung/HaushalteFamilien/HaushalteFamilien.html

Deutsches Komitee für Unicef e. V. (2012). Schule ist Vollzeitjob für Kinder. Zugriff am 02.02.2016 unter http://www.unicef.de/presse/2012/schule-ist-vollzeitjob-fuer-kinder/14834

Dresing, T., Pehl, T. (2011). Praxisbuch Transkription. Regelsysteme, Software und praktische Anleitungen für qualitative ForscherInnen. Marburg: Eigenverlag.

Dilling, H., Freyberger, H. J. (Hrsg.) (2011). Taschenführer zur ICD-10-Klassifikation psychischer Störungen. Mit Glossar und Diagnostischen Kriterien ICD-10. DCR-10 und Referenztabellen ICD-10 v. s. DSM-IV-TR. (5., überarb. Aufl. unter Berücksichtigung der German Modifikation (GM) der ICD-10). Bern: Hans Huber.

Düro, N. (2008). Lehrerin – Lehrer. Welche Rolle spielt das Geschlecht im Schulalltag? Eine Gruppendiskussionsstudie. Frauen- und Genderforschung in der Erziehungswissenschaft. Bd. 8. Opladen: Barbara Budrich Verlag.

Ecarius, J., Hößl, S. E., Berg, A. (2012). Peergroup – Ressource oder biographische Gefährdung? In J. Ecarius, M. Eulenbach (Hrsg.), Jugend und Differenz (S. 161–181). Wiesbaden: Springer.

Eickhoff, C., Zinnecker, J. (2000). Schutz oder Risiko? Familienumwelten im Spiegel der Kommunikation zwischen Eltern und ihren Kindern. Forschung und Praxis der Gesundheitsförderung. Bd. 11. Köln: BZgA.

Engel, F. (2007). Allgemeine Pädagogik, Erziehungswissenschaft und Beratung. In F. Nestmann, F. Engel, U. Sickendiek (Hrsg.), Das Handbuch der Beratung. Bd. 1. Disziplinen und Zugänge (2. Aufl., S. 103–114). Tübingen: dgvt.

Engel, F., Nestmann, F., Sickendiek, U. (2007). »Beratung« – ein Selbstverständnis in Bewegung. In F. Nestmann, F. Engel, U. Sickendiek (Hrsg.), Das Handbuch der Beratung. Bd. 1. Disziplinen und Zugänge (2. Aufl., S. 33–44). Tübingen: dgvt.

Eschenbeck, H. (2010). Bewältigung alltäglicher Stresssituationen von Kindern und Jugendlichen. Ein Überblick zum Einfluss von Belastungssituation, Alter und Geschlecht. Zeitschrift für Gesundheitspsychologie, 18, 103–118.

Flick, U. (2007). Triangulation in der qualitativen Forschung. In U. Flick (Hrsg.), Qualitative Forschung. Ein Handbuch (5. Aufl.). Reinbek: Rowohlt.

Franz, M. (2005). Die Belastungen von Kindern psychisch kranker Eltern. Eine Herausforderung zur interdisziplinären Zusammenarbeit von Jugendhilfe und Erwachsenenpsychiatrie. Kind Jugend Gesellschaft, 3, 82–86.

Fröhlich-Gildhoff, K., Rönnau-Böse, M. (2009). Resilienz. München: Ernst-Reinhard Verlag.

Gagarina, L., van Saldern, M. (2010). Professionalisierung der Lehrkräfte. In M. Demmer, M. van Saldern (Hrsg.), »Helden des Alltags«. Erste Ergebnisse der Schulleitungs- und Lehrkräftebefragung (TALIS) in Deutschland. Die Deutsche Schule. Zeitschrift für Erziehungswissenschaft, Bildungspolitik und pädagogische Praxis. 11. Beiheft (S. 49–63). Münster: Waxmann.

GBE (2014): Die Online-Datenbank der Gesundheitsberichterstattung des Bundes. Krankenhausstatistik. Diagnosedaten der Krankenhäuser ab 2000 (Fälle, Berechnungs- und Belegungstage, durchschnittliche Verweildauer). Gliederungsmerkmale: Jahre, Behandlungsort, Alter, Geschlecht, Fachabteilung mit der längsten Verweildauer. Zugriff am 02.02.2016 unter http://www.gbe-bund.de

Gehrmann, J., Söhle, M., Boida, E. (2009). Kinder psychisch kranker Eltern. Die »vergessenen« kleinen Angehörigen. Jugendhilfe, 47, 50–60.

Gerber, M., Pühse, U. (2007). Psychosomatische Beschwerden und psychisches Wohlbefinden. Eine Untersuchung bei Schülerinnen und Schülern der Sekundarstufe II. Psychologie in Erziehung und Unterricht, 54, 223–235.

Gläser, J., Laudel, G. (2010). Experteninterviews und qualitative Inhaltsanalyse als Instrumente rekonstruierender Untersuchungen (4. Aufl.). Wiesbaden: VS-Verlag.

Golemann, D. (2006). Soziale Intelligenz. Wer auf andere zugehen kann, hat mehr vom Leben. München: Droemer.

Göppel, R. (2011). Resilienzförderung als schulische Aufgabe? In M. Zander (Hrsg.), Handbuch Resilienzförderung (S. 383–406). Wiesbaden: VS-Verlag.
Graßhoff, G., Höblich, D., Stelmaszyk, B., Ullrich, H. (2006). Klassenlehrer-Schüler-Beziehungen als biographische Passungsverhältnisse. Fallstudien zum Verhältnis von Lehrer-Schüler-Interaktionen und Selbstverständnis der Lehrerschaft an Waldorfschulen. Zeitschrift für Pädagogik, 52, 571–590.
Grimm, M. A. (1996). Kognitive Landschaft von Lehrern. Berufszufriedenheit und Ursachenzuschreibungen angenehmer und belastender Unterrichtssituationen. Europäische Hochschulschriften. Reihe 6, Psychologie. Bd. 409 (2. Aufl.). Frankfurt a. M.: Peter Lang.
Groen, G., Pössel, P., Petermann, F. (2004). Depression im Kindes- und Jugendalter. In F. Petermann, K. Niebank, H. Scheithauer, Entwicklungswissenschaft. Entwicklungspsychologie-Genetik-Neuropsychologie (S. 437–481). Berlin u. Heidelberg: Springer.
Großmaß, R. (2007). Psychotherapie und Beratung. In F. Nestmann, F. Engel, U. Sickendiek (Hrsg.). Das Handbuch der Beratung. Bd. 1. Disziplinen und Zugänge (2. Aufl., S. 89–102). Tübingen: dgvt.
Großmaß, R. (2013). Beratung und sozialer Raum. In F. Nestmann, F. Engel, U. Sickendiek (Hrsg.). Das Handbuch der Beratung. Bd. 3. Neue Beratungswelten. Fortschritte und Kontroversen (S. 1509–1524). Tübingen: dgvt.
Grossmann, K., Grossmann, K. E. (2012). Bindungen – das Gefüge psychischer Sicherheit (5., vollst. überarb. Aufl.). Stuttgart: Klett-Cotta.
Grube, M. (2011). Psychische Erkrankung und Vaterschaft. Psychiatrische Praxis, 38, 16–22.
Grube, M., Dorn, A. (2007). Elternschaft bei psychisch Kranken. Psychiatrische Praxis, 34, 66–71.
Gurny, R., Cassée, K., Gavez, S., Los, B., Albermann, K. (2007). Kinder psychisch kranker Eltern. Winterthurer Studie. Wissenschaftlicher Bericht. Dübendorf: Fachhochschule Zürich.
Gutmann, R. (2008). Jugendliche mit einem psychisch kranken Elternteil. Welche Unterstützung brauchen sie? In A. Lenz, J. Jungbauer (Hrsg.), Kinder und Partner psychisch kranker Menschen. Belastungen, Hilfebedarf, Interventionskonzepte (S. 113–136). Tübingen: dgvt.
Habers, I., Stelling, K., Jungbauer, J. (2010). Zwischen Autonomie und Verantwortung. Jugendliche mit psychisch kranken Eltern. In J. Jungbauer (Hrsg.), Familien mit einem psychisch kranken Elternteil. Forschungsbefunde und Perspektiven für die Soziale Arbeit. Schriften der Katholischen Hochschule Nordrhein-Westfalen. Bd. 15 (S. 131–160). Opladen u. Farmington Hills: Barbara Budrich.
Hagen, C. von, Röper, G. (2007). Resilienz und Ressourcenorientierung. Eine Bestandsaufnahme. In I. Fooken, J. Zinnecker (Hrsg.), Trauma und Resilienz. Chancen und Risiken lebensgeschichtlicher Bewältigung von belasteten Kindheiten. Weinheim u. München: Juventa.
Hampel, P., Pössel, P. (2012). Psychische Auffälligkeiten und Stressverarbeitung im Jugendalter. Eine 2-Jahres-Kohorten-Sequenz-Studie. Zeitschrift für Gesundheitspsychologie, 20, 3–12.
Hamre, B. K., Pianta, R. C. (2005). Can Instructional and Emotional Support in the First-Grade Classroom Make a Difference for Children at Risk of School Failure? Child Development, 76, 949–967.
Hartmann, H.-P. (2001). Stationär-psychiatrische Behandlung von Müttern mit ihren Kindern. Praxis der Kinderpsychologie und Kinderpsychiatrie, 50, 537–551.
Hascher, T., Edlinger, H. (2009). Positive Emotionen und Wohlbefinden in der Schule – ein Überblick über Forschungszugänge und Erkenntnisse. Psychologie in Erziehung und Unterricht, 56, 105–122.
Hascher, T., Hagenauer, G. (2011). Schulisches Wohlbefinden im Jugendalter – Verläufe und Einflussfaktoren. In A. Ittel, H. Merkens, L. Stecher (Hrsg.), Jahrbuch Jugendforschung. 10. Ausgabe 2010 (S. 15–45). Wiesbaden: VS.
Hascher, T., Neuenschwander, M. (2011). Schule und soziales Selbstkonzept im Jugendalter. In A. Ittel, H. Merkens, L. Stecher (Hrsg.), Jahrbuch Jugendforschung. 10. Ausgabe 2010 (S. 207–232). Wiesbaden: VS.

Hearle, J., Plant, K., Jenner, L., Barkla, J., McGrath, J. (1999). A Survey of Contact With Offspring and Assistance With Child Care Among Parents With Psychotic Disorders. Psychiatric Services, 50, 1354–1356.
Heinrichs, N., Lohaus, A. (2011). Klinische Entwicklungspsychologie. Kompakt. Psychische Störungen im Kindes- und Jugendalter. Mit Online-Materialien. Weinheim u. Basel: Beltz.
Heitmann, D., Bauer, U. (2007). Kinder psychisch erkrankter Eltern – Forschungsdesiderata und psychiatrischer Interventionsbedarf. Zeitschrift für Pflegewissenschaft und psychische Gesundheit, 1, 5–16.
Helmken, K. (2011). Beratung in der Sekundarstufe II am Beispiel des »Offenen Ohrs«. In R. Haack-Wegner, K. Helmken, A. Grotrian, Beratung von Jugendlichen. Zur Psychodynamik von Beratungsprozessen in der Schule und der beruflichen Ausbildung (S. 11–88). Frankfurt a. M.: Peter Lang.
Hertel, S. (2009). Beratungskompetenz von Lehrern. Kompetenzdiagnostik, Kompetenzförderung, Kompetenzmodellierung. Pädagogische Psychologie und Entwicklungspsychologie. Bd. 74. Münster: Waxmann.
Hertel, S., Schmitz, B. (2010). Lehrer als Berater in Schule und Unterricht. Stuttgart: Kohlhammer.
Hildenbrand, B. (2011). Resilienz – auch eine Perspektive bei Kindeswohlgefährdung? In M. Zander (Hrsg.), Handbuch Resilienzförderung (S. 442–458). Wiesbaden: VS.
Hipp, M., Schatte, D., Altrogge, B. (2010). Multiinstitutionelles Kooperationsprojekt im Kreis Mettmann. Präventive Hilfen für psychisch kranke Eltern und ihre Kinder. Praxis der Kinderpsychologie und Kinderpsychiatrie, 59, 716–730.
Hofmann, H., Siebertz-Reckzeh, K. (2008). Sozialisationsinstanz Schule. Zwischen Erziehungsauftrag und Wissensvermittlung. In M. K. W. Schweer (Hrsg.), Lehrer-Schüler-Interaktion. Inhaltsfelder, Forschungsperspektiven und methodische Zugänge (2., vollst. überarb. Aufl., S. 13–38). Wiesbaden: VS.
Holzinger, A., Beck, M., Munk, I., Weithaas, S., Angermeyer, M. C. (2003). Das Stigma psychischer Krankheit aus der Sicht schizophren und depressiv Erkrankter. Psychiatrische Praxis, 30, 395–401.
Homeier, S. (2006). Sonnige Traurigtage (2. Aufl.). Frankfurt a. M.: Mabuse.
Howard, L. M., Underdown, H. (2011). Hilfebedarfe von Eltern mit psychischen Erkrankungen – eine Literaturübersicht. Psychiatrische Praxis, 38, 8–15.
Hubrig, C. (2010). Gehirn, Motivation, Beziehung – Ressourcen in der Schule. Systemisches Handeln in Unterricht und Beratung. Heidelberg: Auer.
Hubrig, C., Herrmann, P. (2010). Lösungen in der Schule. Systemisches Denken in Unterricht, Beratung und Schulentwicklung (3. Aufl.). Heidelberg: Auer.
Hurrelmann, K., Settertobulte, W. (2008). Gesundheitliche Ressourcen und Risikofaktoren von Kindern und Jugendlichen. In G. Brägger, N. Posse und G. Israel (Red.). Bildung und Gesundheit. Argumente für eine gute und gesunde Schule (S. 55–95). Bern: hep.
Hüther, G. (2007). Resilienz im Spiegel entwicklungsneurobiologischer Erkenntnisse. In G. Opp, M. Fingerle (Hrsg.), Was Kinder stärkt. Erziehung zwischen Risiko und Resilienz (2., völlig neu bearb. Aufl., S. 45–56). München: Ernst Reinhardt.
Ihle, W., Frenzel, T., Esser, G. (2011). Entwicklungspsychopathologie und Entwicklungsepidemiologie. In G. Esser (Hrsg.), Lehrbuch der Klinischen Psychologie und Psychotherapie bei Kindern und Jugendlichen (4., unveränd. Aufl., S. 13–30). Stuttgart: Thieme.
Irrsinnig menschlich e. V. (2010–2015). Verrückt? Na und! Seelisch fit in Schule und Ausbildung. Zugriff am 02.02.2016 unter http://www.verrueckt-na-und.de
Jacobi, F., Wittchen, H.-U., Hölting, C., Höfler, M., Pfister, H., Müller, N., Lieb, R. (2004). Prevalence, Co-Morbidity and Correlates of Mental Disorders in the General Population. Results from the German Health Interview and Examination Survey (GHS). Psychological Medicine, 34, 597–611.

Jaser, S. S., Champion, J. E., Reeslund, K. L., Keller, G., Merchant, M. J., Benson, M., Compas, B. E. (2007). Cross-Situational Coping with Peer and Family Stressors in Adolescent Offspring of Depressed Parents. Journal of Adolescence, 30, 917–932.

Jehkul, W. (2013). Schulgesetz für das Land Nordrhein-Westfalen. Schulgesetz NRW. SchulG. Kommentar für die Schulpraxis. Wingen: Verlag für Wirtschaft und Verwaltung.

Jeske, J., Bullinger, M., Wiegand-Grefe, S. (2010). Familien mit psychisch kranken Eltern. Zusammenhang von Familienfunktionalität und gesundheitsbezogener Lebensqualität der Kinder. Familiendynamik, 35, 338–347.

Jungbauer, J., Kuhn, J., Lenz, A. (2011). Zur Prävalenz von Elternschaft bei schizophrenen Patienten. Gesundheitswesen, 73, 286–289.

Jungbauer, J., Mory, C., Angermeyer, M. C. (2002). Finanzielle Belastungen von Eltern und Partnern schizophrener Patienten im Vergleich. Teil II. Qualitative Aspekte. Psychiatrische Praxis, 29, 181–185.

Jungbauer, J., Stelling, K., Kuhn, J., Lenz, A. (2010). Wie erleben schizophren erkrankte Mütter und Väter ihre Elternschaft? Ergebnisse einer qualitativen Interviewstudie. Psychiatrische Praxis, 37, 233–239.

Junge, J., Neumer, S.-P., Manz, R., Margraf, J. (2002). Gesundheit und Optimismus GO. Trainingsprogramm für Jugendliche. Weinheim: Beltz.

Kaluza, G., Lohaus, A. (2006). Psychologische Gesundheitsförderung im Kindes- und Jugendalter. Eine Sammlung empirisch evaluierter Interventionsprogramme. Zeitschrift für Gesundheitspsychologie, 14, 119–134.

Kaschta, C. (2008). Kinder psychisch kranker Eltern. Angemessene Unterstützungsformen unter dem Blickwinkel der Resilienzforschung. Saarbrücken: VDM Verlag Dr. Müller.

Klauer, T. (2005). Soziale Unterstützung. Social Support. In H. Weber, T. Rammsayer (Hrsg.), Handbuch der Persönlichkeitspsychologie und Differentiellen Psychologie. Göttingen: Hogrefe.

Klauer, T., Winkeler, M. (2005). Mobilisierung sozialer Unterstützung. Konzepte, Befunde und Interventionsansätze. In U. Otto, P. Bauer (Hrsg.), Mit Netzwerken professionell zusammenarbeiten. Bd. 1. Soziale Netzwerke in Lebenslauf- und Lebenslagenperspektive (S. 157–180). Tübingen: dgvt.

Klein, S., Jungbauer, J. (2010). Kindeswohlgefährdung und Sorgerechtsentzug in Familien mit psychisch kranken Eltern. Eine perspektivenvergleichende Studie. In J. Jungbauer (Hrsg.), Familien mit einem psychisch kranken Elternteil. Forschungsbefunde und Perspektiven für die Soziale Arbeit. Schriften der Katholischen Hochschule Nordrhein-Westfalen. Bd. 15 (S. 161–200). Opladen u. Farmington Hills: Barbara Budrich.

Klein-Heßling, J., Lohaus, A. (2000). Streßpräventionstraining für Kinder im Grundschulalter (2., erw. u. akt. Aufl.). Göttingen: Hogrefe.

Klein-Heßling, J., Lohaus, A. (2002). Zur situationalen Angemessenheit der Bewältigung von Alltagsbelastungen im Kindes- und Jugendalter. Kindheit und Entwicklung, 11, 29–37.

Knab, M. (2013). Beratung zwischen Tür und Angel. Professionelle Gestaltung von offenen Settings – ein Beitrag für mehr Gerechtigkeit. In F. Nestmann, F. Engel, U. Sickendiek (Hrsg.), Das Handbuch der Beratung. Bd. 3. Neue Beratungswelten. Fortschritte und Kontroversen (S. 1525–1537). Tübingen: dgvt.

Knapp, W. (2008). Die Inhaltsanalyse aus linguistischer Sicht. In P. Mayring, M. Gläser-Zikuda, Die Praxis der Qualitativen Inhaltsanalyse (2., neu ausgest. Aufl., S. 20–36). Weinheim u. Basel: Beltz.

Knuf, A. (2000). Mit meiner Mutter stimmt etwas nicht. Die vergessenen Kinder psychisch Kranker. Psychologie heute, 27, 34–39.

Knuf, A., Osterfeld, M., Seibert, U. (2007). Selbstbefähigung fördern. Empowerment und psychiatrische Arbeit (5., überarb. Aufl.). Bonn: Psychiatrie-Verlag.

Kölch, M., Schmid, M. (2008). Elterliche Belastung und Einstellungen zur Jugendhilfe bei psychisch kranken Eltern. Auswirkungen auf die Inanspruchnahme von Hilfen. Praxis der Kinderpsychologie und Kinderpsychiatrie, 57, 774–788.

Kölch, M. (2010). Versorgung von Kindern aus Sicht ihrer psychisch kranken Eltern. In Sachverständigenkommission Dreizehnter Kinder- und Jugendbericht (Hrsg.), Materialien zum Dreizehnten Kinder- und Jugendbericht. Mehr Chancen für gesundes Aufwachsen. München: Verlag Deutsches Jugendinstitut.

König, J. (2010). Schulkarriere – erfolgreich oder schwierig? In A. Ittel, H. Merkens, L. Stecher, J. Zinnecker (Hrsg.), Jahrbuch Jugendforschung. 8. Ausg. 2008/2009 (S. 157–186). Wiesbaden: VS.

Könnecke, R., Ropeter, D., Wening, U., Häfner, H. (2005). Sozialer Entwicklungsstand und subjektives Belastungserleben bei Kindern schizophrener PatientInnen. Beiträge zur qualitativen Inhaltsanalyse des Instituts für Psychologie der Alpen-Adria-Universität Klagenfurt. Bd. 7. 1–14.

Kormann, G. (2011). Dialogische Erziehung im Heim – das Beispiel SOS Kinderdorf. In M. Zander (Hrsg.), Handbuch Resilienzförderung (S. 482–512). Wiesbaden: VS.

Krack-Roberg, E., Krieger, S., Weinmann, J. (2011). Familie, Lebensformen und Kinder. In Statistisches Bundesamt (Destatis) und Wissenschaftszentrum Berlin für Sozialforschung (WZB), Zentrales Datenmanagement (Hrsg.), Datenreport 2011. Ein Sozialbericht für die Bundesrepublik Deutschland. Bd. 1 (S. 25–47). Bonn: Bundeszentrale für politische Bildung.

Krumm, S., Becker, T. (2011). Elternschaft als (neue) Herausforderung für die Psychiatrie. Psychiatrische Praxis, 38, 1–3.

Krumm, S., Ziegenhain, U., Fegert, J. M., Becker, T. (2005). Familien mit einem psychisch kranken Elternteil. Probleme und Perspektiven. Kind, Jugend, Gesellschaft, 50, 77–81.

Kuck, R. (2013). Auf dem Weg vom Lehrenden zum Unterstützer. Recovery-Unterstützung in der Psychoedukation. Psych. Pflege Heute. Die Zeitschrift für Pflegepraxis und psychische Gesundheit, 19, 192–196.

Kuhn, J., Lenz, A. (2008). Coping bei Kindern schizophren erkrankter Eltern – eine täuschend gute Bewältigung. Praxis der Kinderpsychologie und Kinderpsychiatrie, 57, 735–756.

Kuhn, J., Lenz, A., Jungbauer, J. (2011). Stressbewältigung bei Kindern schizophren erkrankter Eltern. In S. Wiegand-Grefe, F. Mattejat, A. Lenz (Hrsg.), Kinder mit psychisch kranken Eltern. Klinik und Forschung (S. 299–314). Göttingen: Vandenhoeck & Ruprecht.

Landesverband der Beratungslehrerinnen und Beratungslehrer in NRW e. V. (1998): Beratungstätigkeit von Lehrerinnen und Lehrern in der Schule. Runderlass des Ministeriums für Schule und Weiterbildung vom 8.12.1997. Zugriff am 02.02.2016 unter http://www.beratungslehrer-nrw.de/downloads

Lange, B. (2008). Imagination aus der Sicht von Grundschulkindern. Datenerhebung, Auswertung und Ertrag für die Schulpädagogik. In P. Mayring, M. Gläser-Zikuda, Die Praxis der Qualitativen Inhaltsanalyse (2., neu ausgest. Aufl., S. 37–62). Weinheim u. Basel: Beltz.

Laucht, M., Esser, G., Schmidt, M. H. (2000). Längsschnittforschung zur Entwicklungsepidemiologie psychischer Störungen. Zielsetzung, Konzeption und zentrale Befunde der Mannheimer Risikokinderstudie. Zeitschrift für klinische Psychologie und Psychotherapie, 29, 246–262.

Laucht, M. (2012). Resilienz im Entwicklungsverlauf von der frühen Kindheit bis zum Erwachsenenalter. Ergebnisse der Mannheimer Risikokinderstudie. Frühförderung interdisziplinär. Zeitschrift für Frühe Hilfen und frühe Förderung benachteiligter, entwicklungsauffälliger und behinderter Kinder, 31, 111–119.

Lazarus, H. (2003). Zum Wohle des Kindes? Psychisch erkrankte Eltern und die Sorgerechtsfrage. Soziale Psychiatrie, 3, 22–26.

Lenz, A. (2005). Kinder psychisch kranker Eltern. Göttingen: Hogrefe.

Lenz, A. (2008a). Interventionen bei Kindern psychisch kranker Eltern. Grundlagen, Diagnostik und therapeutische Maßnahmen. Göttingen: Hogrefe.

Lenz, A. (2008b). Kinder und ihre Familien gezielt unterstützen. In F. Mattejat, B. Lisofsky (Hrsg.), Nicht von schlechten Eltern. Kinder psychisch Kranker (S. 96–106). Bonn: Balance.

Lenz, A. (2010a). Ressourcen fördern. Materialien für die Arbeit mit Kindern und ihren psychisch kranken Eltern. Göttingen: Hogrefe.

Lenz; A. (2010b). Riskante Lebensbedingungen von Kindern psychisch und suchtkranker Eltern – Stärkung ihrer Ressourcen durch Angebote der Jugendhilfe. In Sachverständigenkommission Dreizehnter Kinder- und Jugendbericht (Hrsg.), Materialien zum Dreizehnten Kinder- und Jugendbericht. Mehr Chancen für gesundes Aufwachsen. München: Verlag Deutsches Jugendinstitut.

Lenz, A. (2014). Kinder psychisch kranker Eltern (2., vollst. Überarb. u. erw. Aufl.). Göttingen: Hogrefe.

Lenz, A., Brockmann, E. (2012). Kinder als Angehörige psychisch kranker Eltern – Ein Interventionsprogramm zur Ressourcenförderung. In S. Wortmann-Fleischer, R. von Einsiedel, G. Downing (Hrsg.), Stationäre Eltern-Kind-Behandlung. Ein interdisziplinärer Leitfaden (S. 99–118). Stuttgart: Kohlhammer.

Lenz, A., Brockmann, E. (2013). Kinder psychisch kranker Eltern stärken. Informationen für Eltern, Erzieher und Lehrer. Göttingen: Hogrefe.

Lenz, A., Kuhn, J. (2011). Was stärkt Kinder psychisch kranker Eltern und fördert ihre Entwicklung? Überblick über Ergebnisse der Resilienz- und Copingforschung. In S. Wiegand-Grefe, F. Mattejat, A. Lenz (Hrsg.), Kinder mit psychisch kranken Eltern. Klinik und Forschung (S. 269–298). Göttingen: Vandenhoeck & Ruprecht.

Lenz, A., Kuhn, J., Walther, S., Jungbauer, J. (2011). Individuelles und gemeinsames Coping in Familien mit schizophren erkrankten Eltern. Praxis der Kinderpsychologie und Kinderpsychiatrie, 60, 171–191.

Lexow, A., Wiese, M., Hahlweg, K. (2008). Kinder psychisch kranker Eltern. Ihre Chancen, im Rahmen einer ambulanten Psychotherapie der Eltern zu profitieren. In A. Lenz, J. Jungbauer (Hrsg.), Kinder und Partner psychisch kranker Menschen. Belastungen, Hilfebedarf, Interventionskonzepte (S. 91–112). Tübingen: dgvt.

Liebel, M. (2011). Eigensinnige Wege – Kinder in Straßensituationen. In M. Zander (Hrsg.), Handbuch Resilienzförderung (S. 532–554). Wiesbaden: VS.

Lieberz, K., Spies, M., Schepank, H. (1998). Seelische Störungen. Stabile Gesundheit und chronische Erkrankungen in der Allgemeinbevölkerung im 10-Jahres-Verlauf. Nervenarzt, 69, 769–775.

Lisofsky, B. (2010). Brauchen Kinder psychisch kranker und Kinder suchtkranker Eltern genau das Gleiche? Psychosoziale Umschau, 25, 7–8.

Lohaus, A., Domsch, H., Klein-Heßling, J. (2008). Gesundheitsförderung im Unterricht. In M. K. W. Schweer (Hrsg.), Lehrer-Schüler-Interaktion. Inhaltsfelder, Forschungsperspektiven und methodische Zugänge (2., vollst. überarb. Aufl., S. 499–516). Wiesbaden: VS.

Lösel, F., Bender, D. (2007). Von generellen Schutzfaktoren zu spezifischen protektiven Prozessen. Konzeptuelle Grundlagen und Ergebnisse der Resilienzforschung. In G. Opp, M. Fingerle (Hrsg.). Was Kinder stärkt. Erziehung zwischen Risiko und Resilienz (2., völlig neu bearb. Aufl., S. 57–78). München: Ernst Reinhardt.

Maihorn, C., Ellesat, P. (2009). Kindeswohlgefährdung. Erkennen und Helfen (11., überarb. Aufl.). Berlin: Kinderschutz-Zentrum.

Mattejat, F. (2002). Kinder depressiver Eltern. In H. Braun-Scharm (Hrsg.), Depressionen und komorbide Störungen bei Kindern und Jugendlichen (S. 231–245). Stuttgart: Wissenschaftliche Verlagsgesellschaft.

Mattejat, F. (2008). Kinder mit psychisch kranken Eltern. Was wir wissen und was zu tun ist. In F. Mattejat, B. Lisofsky (Hrsg.), Nicht von schlechten Eltern. Kinder psychisch Kranker (S. 68–95). Bonn: Balance.

Mattejat, F., Lenz, A., Wiegand-Grefe, S. (2011). Kinder psychisch kranker Eltern – Eine Einführung in die Thematik. In S. Wiegand-Grefe, F. Mattejat, A. Lenz (Hrsg.), Kinder mit psychisch kranken Eltern. Klinik und Forschung (S. 13–24). Göttingen: Vandenhoeck & Ruprecht.

Mattejat, F., Remschmidt, H. (2008). Kinder psychisch kranker Eltern. Deutsches Ärzteblatt, 105, 413–418.
Mattejat, F., Wüthrich, C., Remschmidt, H. (2000). Kinder psychisch kranker Eltern. Forschungsperspektiven am Beispiel von Kindern depressiver Eltern. Nervenarzt, 71, 164–172.
Melfsen, S., Walitza, S. (2013). Soziale Angst und Schulangst. Entwicklungsrisiken erkennen und behandeln. Weinheim u. Basel: Beltz.
Melzer, C., Methner, A. (2012). Gespräche führen mit Kindern und Jugendlichen. Methoden schulischer Beratung. Stuttgart: Kohlhammer.
Methner, A., Melzer, C., Popp, K. (2013). Kooperative Beratung. Stuttgart: Kohlhammer.
Meyer, C., Mattejat, F., König, U., Wehmeier, P. M., Remschmidt, H. (2001). Psychische Erkrankung unter mehrgenerationaler Perspektive. Ergebnisse aus einer Längsschnittstudie mit Kindern und Enkeln von stationär behandelten depressiven Patienten. Praxis der Kinderpsychologie und Kinderpsychiatrie, 50, 525–536.
Michaelsen-Gärtner, B., Franze, M., Paulus, P. (2009). Mit Stress umgehen – im Gleichgewicht bleiben. Förderung der Resilienz in der Schule. Eine Ressource für die Sekundarstufe I, Unterrichtsheft für die 7.–10. Klasse (2. Aufl.). Lüneburg: MindMatters.
Ministerium für Schule und Weiterbildung des Landes Nordrhein-Westfalen (2012). Allgemeine Dienstordnung für Lehrerinnen und Lehrer, Schulleiterinnen und Schulleiter an öffentlichen Schulen (ADO). Runderlass des Ministeriums für Schule und Weiterbildung vom 18.6.2012. Zugriff am 02.02.2016 unter http://www.schulministerium.nrw.de/docs/Recht/Dienstrecht/Grundlegend/ADO.pdf
Mohler, B. (2006). Störungen des Sozialverhaltens. In H.-C. Steinhausen (Hrsg.), Schule und psychische Störungen (S. 236–249). Stuttgart: Kohlhammer.
Mosch, E. von (2008). Mamas Monster. Bonn: Balance.
Müller, B. (2008). Familien mit einem psychisch erkrankten Elternteil. Systemische Perspektive. In A. Lenz, J. Jungbauer (Hrsg.), Kinder und Partner psychisch kranker Menschen. Belastungen, Hilfebedarfe, Interventionskonzepte (S. 137–155). Tübingen: dgvt.
Münder, J., Mutke, B., Schone, R. (2000). Kindeswohl zwischen Jugendhilfe und Justiz. Professionelles Handeln in Kindeswohlverfahren. Münster: Votum Verlag.
Nestmann, F. (2002). Ressourcenförderung in der Studien- und Studentenberatung – Das Dresdner Netzwerk Studienbegleitender Hilfen. In F. Nestmann, F. Engel (Hrsg.), Die Zukunft der Beratung (S. 297–322). Tübingen: dgvt.
Nestmann, F. (2007). Beratung zwischen alltäglicher Hilfe und Profession. In F. Nestmann, F. Engel, U. Sickendiek (Hrsg.), Das Handbuch der Beratung. Bd. 1. Disziplinen und Zugänge (2. Aufl., S. 547–558). Tübingen: dgvt.
Nestmann, F. (2008). Die Zukunft der Beratung in der Sozialen Arbeit. Beratung Aktuell. Fachzeitschrift für Theorie und Praxis der Beratung, 9, 72–97.
Nestmann, F. (2010). Soziale Unterstützung – Social Support. In W. Schröer, C. Schweppe (Hrsg.), Enzyklopädie Erziehungswissenschaft Online. Fachgebiet Soziale Arbeit. Grundbegriffe (S. 1–39). Weinheim u. München: Juventa.
Nestmann, F., Engel, F. (2002). Beratung – Markierungspunkte für eine Weiterentwicklung. In F. Nestmann, F. Engel (Hrsg.), Die Zukunft der Beratung (S. 11–50). Tübingen: dgvt.
Nestmann, F., Sickendiek, U. (2002). Macht und Beratung. Fragen an eine Empowermentorientierung. In F. Nestmann, F. Engel (Hrsg.), Die Zukunft der Beratung (S. 165–186). Tübingen: dgvt.
Niemi, L. T., Suvisaari, J. M., Haukka, J. K., Lönnqvist, J. K. (2005). Childhood Predictors of Future Psychiatric Morbidity in Offspring of Mothers with Psychotic Disorder. Results from the Helsinki High-Risk Study. British Journal of Psychiatry, 186, 108–114.
Noeker, M., Petermann, F. (2008). Resilienz. Funktionale Adaptation an widrige Umgebungsbedingungen. Zeitschrift für Psychiatrie, Psychologie und Psychotherapie, 56, 255–263.

Nussbaum, L. A., Nussbaum, L. M., Mircea, T. (2010). The Family and Psychosocial Background of Children with Endogen Depressive Parents. Journal of Experimental Medical and Surgical Research, 17, 311–315.
OECD (2013). Bildung auf einen Blick 2013. OECD-Indikatoren. Bielefeld: Bertelsmann.
Ohntrup, J. M., Pollak, E., Plass, A., Wiegand-Grefe, S. (2011). Parentifizierung. Elternbefragung zur destruktiven Parentifizierung von Kindern psychisch erkrankter Eltern. In S. Wiegand-Grefe, F. Mattejat, A. Lenz (Hrsg), Kinder mit psychisch kranken Eltern. Klinik und Forschung (S. 375–398). Göttingen: Vandenhoeck & Ruprecht.
Omer, H., Schlippe, A. von (2015). Autorität durch Beziehung. Die Praxis des gewaltlosen Widerstands in der Erziehung (8. Aufl.). Göttingen: Vandenhoeck & Ruprecht.
Ophuysen, S. van (2009). Die Einschätzung sozialer Beziehungen der Schüler nach dem Grundschulübergang durch den Klassenlehrer. Unterrichtswissenschaft, 37, 330–346.
Opp, G. (2007). Schule – Chance oder Risiko? In G. Opp, M. Fingerle (Hrsg.), Was Kinder stärkt. Erziehung zwischen Risiko und Resilienz (2. Aufl., S. 227–244). München: Ernst Reinhardt.
Opp, G., Brosch, A. (2012). Resilienz in der Jugendhilfe. Jugendhilfe, 50, 313–316.
Paulus, P. (2004). Psychische Gesundheit – auch ein Problem von Schulen? In Landesunfallkasse Nordrhein-Westfalen, Rheinischer Gemeindeunfallversicherungsverband und Gemeindeunfallversicherungsverband Westfalen-Lippe (Hrsg.), Gute und gesunde Schule. Dokumentation (S. 76–99). Düsseldorf u. Münster.
Petermann, F., Niebank, K., Scheithauer, H. (2004). Entwicklungswissenschaft. Entwicklungspsychologie – Genetik – Neuropsychologie. Berlin u. Heidelberg: Springer.
Petermann, F. (2011). Depressive Kinder und Jugendliche. Monatszeitschrift Kinderheilkunde, 159, 985–994.
Pitschel-Walz, G., Gsottenschneider, A., Froböse, T., Kraemer, S., Bäuml, J., Jahn, T. (2013). Neuropsychologie der Psychoedukation bei Schizophrenie. Ergebnisse der Münchner COGPIP-Studie. Nervenarzt, 84, 79–90.
Pollak, E., Bullinger, M., Jeske, J., Wiegand-Grefe, S. (2008). Wie beurteilen psychisch kranke Eltern die gesundheitsbezogene Lebensqualität ihrer Kinder? Zusammenhänge zur elterlichen Erkrankung und zur Funktionalität der Familie. Praxis der Kinderpsychologie und Kinderpsychiatrie, 57, 301–314.
Pollak, E., Bullinger, M., Wiegand-Grefe, S. (2011). Psychisch kranke Eltern und ihre Kinder – die Familienperspektive. In S. Wiegand-Grefe, F. Mattejat, A. Lenz (Hrsg.), Kinder mit psychisch kranken Eltern. Klinik und Forschung (S. 357–398). Göttingen: Vandenhoeck & Ruprecht.
Pössel, P., Horn, A. B., Seemann, S., Hautzinger, M. (2004). Trainingsprogramm zur Prävention von Depressionen bei Jugendlichen. LARS&LISA: Lust an realistischer Sicht und Leichtigkeit im sozialen Alltag. Göttingen: Hogrefe.
Raufelder, D. (2010). Soziale Beziehungen in der Schule – Luxus oder Notwendigkeit? In A. Ittel, H. Merkens, L. Stecher, J. Zinnecker (Hrsg.), Jahrbuch Jugendforschung. 8. Ausgabe 2008/2009 (S. 187–202). Wiesbaden: VS.
Raufelder, D., Mohr, S. (2011). Zur Bedeutung sozio-emotionaler Faktoren im Kontext Schule unter Berücksichtigung neurowissenschaftlicher Aspekte. In A. Ittel, H. Merkens, L. Stecher (Hrsg.), Jahrbuch Jugendforschung. 10. Ausgabe 2010 (S. 74–96). Wiesbaden: VS.
Ravens-Sieberer, U., Wille, N., Bettge, S., Erhart, M. (2007). Psychische Gesundheit von Kindern und Jugendlichen in Deutschland. Ergebnisse aus der BELLA-Studie im Kinder- und Jugendgesundheitssurvey (KiGGS). Bundesgesundheitsblatt, Gesundheitsforschung, Gesundheitsschutz, 50, 871–878.
Reinhoffer, B. (2008). Lehrkräfte geben Auskunft über ihren Unterricht. Ein systematisierender Vorschlag zur deduktiven und induktiven Kategorienbildung in der Unterrichtsforschung. In P. Mayring, M. Gläser-Zikuda (Hrsg.), Die Praxis der Qualitativen Inhaltsanalyse (2., neu ausgest. Aufl., S. 123–141). Weinheim u. Basel: Beltz.

Reininghaus, K., Jungbauer, J. (2010). Entwicklungsstörungen bei Kindern psychisch kranker Eltern. Ergebnisse einer klinischen Einzelfallstudie. In J. Jungbauer (Hrsg.), Familien mit einem psychisch kranken Elternteil. Forschungsbefunde und Perspektiven für die Soziale Arbeit. Schriften der Katholischen Hochschule Nordrhein-Westfalen. Bd. 15 (S. 94–130). Opladen u. Farmington Hills: Barbara Budrich.

Remschmidt, H., Theisen, F. M. (2011). Schizophrenie. Berlin u. Heidelberg: Springer.

Retzlaff, R., Eickhorst, A., Cierpka, M. (2011). Familienforschung in der Prävention belasteter Kinder – ein Überblick. In S. Wiegand-Grefe, F. Mattejat, A. Lenz (Hrsg.), Kinder mit psychisch kranken Eltern. Klinik und Forschung (S. 333–356). Göttingen: Vandenhoeck & Ruprecht.

Reupert, A., Maybery, D. (2010). Families Affected by Parental Mental Illness. Australian Programs, Strategies and Issues. The (Missing) Role of Schools. International Journal for School-Based Familiy Counseling, 2, 1–16.

Richter-Kornweitz, A. (2011). Gleichheit und Differenz – die Relation zwischen Resilienz, Geschlecht und Gesundheit. In M. Zander (Hrsg.), Handbuch Resilienzförderung (S. 240–274). Wiesbaden: VS.

Riedel, K. (2008). Empathie bei Kindern psychisch kranker Eltern. Köln: GwG.

Roemer, M. (2011). Nachwort. Vom Zauber statt vom Zauberwort. In M. Zander (Hrsg.), Handbuch Resilienzförderung (S. 663–676). Wiesbaden: VS.

Roos, S., Grünke, M. (2011). Auf dem Weg zur »resilienten« Schule – Resilienz in Förderschulen. In M. Zander (Hrsg.), Handbuch Resilienzförderung (S. 407–433). Wiesbaden: VS.

Rutter, M., Quinton, D. (1984). Parental Psychiatric Disorder. Effects on Children. Psychological Medicine, 14, 853–880.

Sameroff, A. J., Seifer, R., Zax, M., Barocas, R. (1987). Early Indicators of Developmental Risk. Rochester Longitudinal Study. Schizophrenia Bulletin, 13, 383–394.

Sann, U., Preiser, S. (2008). Emotionale und motivationale Aspekte der Lehrer-Schüler-Interaktion. In M. K. W. Schweer (Hrsg.), Lehrer-Schüler-Interaktion. Inhaltsfelder, Forschungsperspektiven und methodische Zugänge (2., vollst. überarb. Aufl., S. 209–226). Wiesbaden: VS.

Schaub, A., Frank, R. (2010). Sprechstunde für Kinder psychisch kranker Eltern. Monatszeitschrift Kinderheilkunde, 158, 858–867.

Schier, K., Egle, U., Nickel, R., Kappis, B., Herke, M., Hardt, J. (2011). Parentifizierung in der Kindheit und psychische Störungen im Erwachsenenalter. Psychotherapie, Psychosomatik, medizinische Psychologie, 61, 364–371.

Schiff, M., Tatar, M. (2003). Significant Teachers as Perceived by Preadolescents. Do Boys and Girls Perceive Them Alike? Journal of Educational Research, 96, 269–276.

Scheufler, S. (2010). Psychologie. Wenn Eltern psychisch krank sind. Focus online. Zugriff am 02.02.2016 unter www.focus.de/familie/schule/psychologie/wenn-eltern-psychisch-krank-sind-psychologie_id_1942364.html

Schmid, M., Grieb, J., Kölch, M. (2011). Die psychosoziale Versorgung von Kindern stationär behandelter psychiatrischer Patienten. Realität und Wünsche. In S. Wiegand-Grefe, F. Mattejat, A. Lenz (Hrsg.), Kinder mit psychisch kranken Eltern. Klinik und Forschung (S. 180–205). Göttingen: Vandenhoeck & Ruprecht.

Schmidt-Denter, U. (2005). Soziale Beziehungen im Lebenslauf (4., vollst. überarb. Aufl.). Weinheim u. Basel: Beltz.

Schmutz, E. (2010). Kinder psychisch kranker Eltern. Prävention und Kooperation von Jugendhilfe und Erwachsenenpsychiatrie. Eine Arbeitshilfe auf der Basis von Ergebnissen des gleichnamigen Landesmodellprojektes. Mainz: ism.

Schnebel, S. (2007). Professionell beraten. Beratungskompetenz in der Schule. Weinheim u. Basel: Beltz.

Schone, R. (2008). Sorgen um das Sorgerecht? In F. Mattejat, B. Lisofsky (Hrsg.), Nicht von schlechten Eltern. Kinder psychisch Kranker (S. 129–138). Bonn: Balance.

Schosser, A., Kindler, J., Mossaheb, N., Aschauer, H. N. (2006). Genetische Aspekte affektiver Erkrankungen und der Schizophrenie. Journal für Neurologie, Neurochirurgie und Psychiatrie. Zeitschrift für Erkrankungen des Nervensystems, 7, 19–24.

Schrappe, A. (2011). Die Leistungen der Jugendhilfe für Familien mit einem psychisch erkrankten Elternteil. In S. Wiegand-Grefe, F. Mattejat, A. Lenz (Hrsg.), Kinder mit psychisch kranken Eltern. Klinik und Forschung (S. 96–121). Göttingen: Vandenhoeck & Ruprecht.

Schreier, M., Wagenblass, S. (2013). Anwendung der Methode der Aktenanalyse, der teilnehmenden Beobachtung und der Inhaltsanalyse nach Mayring und wichtige Ergebnisse der qualitativen Evaluation des Bremer Patenschaftsmodells. In S. Wiegand-Grefe, S. Wagenblass (Hrsg.), Qualitative Forschungen in Familien mit psychisch erkrankten Eltern (S. 15–40). Weinheim u. Basel: Beltz.

Schulministerium NRW (2015). Allgemeine Dienstordnung für Lehrerinnen und Lehrer, Schulleiterinnen und Schulleiter an öffentlichen Schulen (ADO). Zugriff am 02.02.2016 unter http://www.schulministerium.nrw.de/docs/Recht/Dienstrecht/Grundlegend/ADO.pdf

Schulz, H., Barghaan, D., Harfst, T., Koch, U. (2008). Psychotherapeutische Versorgung. In Robert Koch-Institut (Hrsg.), Gesundheitsberichterstattung des Bundes, Heft 41. Berlin: Robert-Koch-Institut.

Schwarzer, C., Posse, N. (2007). Pädagogische Psychologie und Beratung. In F. Nestmann, F. Engel, U. Sickendiek (Hrsg.), Das Handbuch der Beratung. Bd. 1. Disziplinen und Zugänge (2. Aufl., S. 73–87). Tübingen: dgvt.

Schweer, M. K. W. (2004). Vertrauen und soziale Unterstützung in der pädagogischen Beziehung. Bildung und Erziehung, 57, 279–288.

Schweer, M. K. W. (2008). Vertrauen im Klassenzimmer. In M. K. W. Schweer (Hrsg.), Lehrer-Schüler-Interaktion. Inhaltsfelder, Forschungsperspektiven und methodische Zugänge (2., vollst. überarb. Aufl., S. 547–564). Wiesbaden: VS.

Seiffge-Krenke. I. (2000). »Annäherer« und »Vermeider«. Die langfristigen Auswirkungen bestimmter Coping-Stile auf depressive Symptome. Zeitschrift für Medizinische Psychologie, 9, 53–61.

Seiffge-Krenke, I., Becker-Stoll, F. (2004). Bindungsrepräsentation und Coping im Jugend- und jungen Erwachsenenalter. Kindheit und Entwicklung, 13, 235–247.

Settertobulte, W. (2000). Zur gesundheitlichen Belastung von Schulkindern. In D. Hänsel, H.-J. Schwager (Hrsg.), Hilfesysteme bei gesundheitlichen Belastungen von Schülern. Schule im Netz medizinischer, sozialer und sonderpädagogischer Institutionen (S. 49–72). Weinheim u. München: Juventa.

Sickendiek, U., Engel, F., Nestmann, F. (2008). Beratung. Eine Einführung in sozialpädagogische und psychosoziale Beratungsansätze (3. Aufl.). Weinheim u. München: Juventa.

Silkenbeumer, M. (2011). Resilienz aufspüren – Biografiearbeit mit delinquenten Jugendlichen. In M. Zander (Hrsg.), Handbuch Resilienzförderung (S. 611–636). Wiesbaden: VS.

Sollberger, D. (2002). Kinder psychosekranker Eltern. Qualitative Biografieforschung als Forschungsdesiderat. Psychiatrische Praxis, 29, 119–124.

Sollberger, D., Byland, M., Widmer, G. (2008). Erwachsene Kinder psychisch kranker Eltern. Belastungen, Bewältigung und biographische Identität. In A. Lenz, J. Jungbauer (Hrsg.), Kinder und Partner psychisch kranker Menschen. Belastungen, Hilfebedarf, Interventionskonzepte (S. 157–194). Tübingen: dgvt.

Sommer, R., Zoller, P., Felder, W. (2001). Elternschaft und psychiatrische Hospitalisation. Praxis der Kinderpsychologie und Kinderpsychiatrie, 50, 498–512.

Stadelmann, S., Perren, S., Kölch, M., Groeben, M., Schmid, M. (2010). Psychisch kranke und unbelastete Eltern. Elterliche Stressbelastung und psychische Symptomatik der Kinder. Kindheit und Entwicklung, 19, 72–81.

Stark, W. (2007). Beratung und Empowerment – empowerment-orientierte Beratung. In F. Nestmann, F. Engel, U. Sickendiek (Hrsg.), Das Handbuch der Beratung. Bd. 1. Disziplinen und Zugänge (2. Aufl., S. 535–546). Tübingen: dgvt.
Statista (o. J.): Anzahl der Schüler/innen an allgemeinbildenden Schulen in Deutschland im Schuljahr 2013/2014 nach Bundesländern. Zugriff am 14.06.2014 unter http://de.statista.com/statistik/daten/studie/1321/umfrage/anzahl-der-schueler-an-allgemeinbildenden-schulen
Steigleder, S. (2008). Die strukturierende qualitative Inhaltsanalyse im Praxistest. Eine konstruktiv kritische Studie zur Auswertungsmethodik von Philipp Mayring. Marburg: Tectum.
Suhr-Dachs, L. (2006). Schule und Leistungsängste. In H.-C. Steinhausen (Hrsg.), Schule und psychische Störungen (S. 52–67). Stuttgart: Kohlhammer.
Tausch, R. (2008). Personenzentriertes Verhalten von Lehrern in Unterricht und Erziehung. In M. K. W. Schweer (Hrsg.), Lehrer-Schüler-Interaktion. Inhaltsfelder, Forschungsperspektiven und methodische Zugänge (2., vollst. überarb. Aufl., S. 155–176). Wiesbaden: VS.
Theis-Scholz, M. (2012). Resilienzförderung in der Schule. Jugendhilfe, 50, 343–346.
Thiersch, H. (2002). Beratung, von unten gesehen. Einige Fragen und Mutmaßungen. In F. Nestmann, F. Engel (Hrsg.), Die Zukunft der Beratung (S. 155–163). Tübingen: dgvt.
Thies, B. (2005). Dyadisches Vertrauen zwischen Lehrern und Schülern. Psychologie in Erziehung und Unterricht, 52, 85–99.
Tilly, C., Offermann, A. (2012). Mama, Mia und das Schleuderprogramm. Kindern Borderline erklären. Bonn: Balance.
Todt, E. (2008). Auffälliges Verhalten im Klassenzimmer. In M. K. W. Schweer (Hrsg.), Lehrer-Schüler-Interaktion. Inhaltsfelder, Forschungsperspektiven und methodische Zugänge (2., vollst. überarb. Aufl., S. 361–394). Wiesbaden: VS.
Trepte, H.-V. (2008). Patenschaften und Psychoedukation für Kinder psychisch kranker Eltern. In A. Lenz, J. Jungbauer (Hrsg.), Kinder und Partner psychisch kranker Menschen. Belastungen, Hilfebedarf, Interventionskonzepte (S. 81–90). Tübingen: dgvt.
Ungar, M. (2011). Theorie in die Tat umsetzen. Fünf Prinzipien der Intervention. In M. Zander (Hrsg.), Handbuch Resilienzförderung (S. 157–178). Wiesbaden: VS Verlag.
Uslucan, H.-H. (2011). Resilienzpotenziale bei Jugendlichen mit Migrationshintergrund. In M. Zander (Hrsg.), Handbuch Resilienzförderung (S. 555–574). Wiesbaden: VS Verlag.
van Santen, E., Seckinger, M. (2003). Kooperation. Mythos und Realität einer Praxis. München: DJI.
Vierhaus, M. (2012). Facetten der Entwicklung des Bewältigungsverhaltens im Kindes- und Jugendalter. Editorial. Zeitschrift für Gesundheitspsychologie, 20, 1–2.
Vries, U. de, Lehmkuhl, G., Petermann, F. (2011). Risiken und Chancen für Kinder in belasteten Familien. Praxis der Kinderpsychologie und Kinderpsychiatrie, 60, 576–588.
Wagenblass, S. (2001). Biographische Erfahrungen von Kindern psychisch kranker Eltern. Praxis der Kinderpsychologie und Kinderpsychiatrie, 50, 513–524.
Wagenblass, S. (2003). Wenn Eltern in ver-rückten Welten leben. Kinder psychisch kranker Eltern. Dr. med. Mabuse, 28, 24–27.
Wagenblass, S. (2012). Herausforderungen für den Kinderschutz in psychisch belasteten Familien. In W. Thole, A. Retkowski, B. Schäuble (Hrsg.), Sorgende Arrangements. Kinderschutz zwischen Organisation und Familie (S. 71–82). Wiesbaden: VS.
Wagenblass, S., Schone, R. (2001). Zwischen Psychiatrie und Jugendhilfe. Hilfe- und Unterstützungsangebote für Kinder psychisch kranker Eltern im Spannungsfeld der Disziplinen. Praxis der Kinderpsychologie und Kinderpsychiatrie, 50, 513–524.
Wahl, M., Patak, M., Hautzinger, M. (2012). Lehrer als Trainer von Präventionsprogrammen für sozial benachteiligte Jugendliche. Erfahrungen mit einem Programm zur Förderung von Lebenskompetenzen und Emotionsregulation. Prävention und Gesundheitsförderung, 7, 107–114.
Walsh, F. (1996). Special Section. Family Resilience. A Concept and Its Application. The Concept of Family Resilience. Crises and Challenge. Family Process, 35, 261–281.

Walsh, F. (2003). Family Resilience. A Framework for Clinical Practice. Familiy Process, 42, 1–18.
Werner, E. E. (2011). Risiko und Resilienz im Leben von Kindern aus multiethnischen Familien. Ein Forschungsbericht. In M. Zander (Hrsg.), Handbuch Resilienzförderung (S. 32–46). Wiesbaden: VS.
Wieczerkowski, W., Nickel, H., Janowski, A., Fittkau, B., Rauer, W. (1998). Angstfragebogen für Schüler. Göttingen: Hogrefe.
Wiedemann, G., Klingberg, S., Pitschel-Walz, G., Arbeitsgruppe Psychoedukation (2003). Psychoedukative Interventionen in der Behandlung von Patienten mit schizophrenen Störungen. Nervenarzt, 74, 789–808.
Wiegand-Grefe, S., Geers, P., Plass, A., Petermann, F., Riedesser, P. (2009). Kinder psychisch kranker Eltern. Zusammenhänge zwischen subjektiver elterlicher Beeinträchtigung und psychischer Auffälligkeit der Kinder aus Elternsicht. Kindheit und Entwicklung, 18, 111–121.
Wiegand-Grefe, S., Geers, P., Petermann, F. (2011a). Entwicklungsrisiken von Kindern psychisch kranker Eltern – ein Überblick. In S. Wiegand-Grefe, F. Mattejat, A. Lenz (Hrsg.), Kinder mit psychisch kranken Eltern. Klinik und Forschung (S. 145–170). Göttingen: Vandenhoeck & Ruprecht.
Wiegand-Grefe, S., Geers, P., Petermann, F., Plass, A. (2011b). Elterliche Erkrankung und Gesundheit der Kinder. In S. Wiegand-Grefe, F. Mattejat, A. Lenz (Hrsg.), Kinder mit psychisch kranken Eltern. Klinik und Forschung (S. 206–234). Göttingen: Vandenhoeck und Ruprecht.
Wiegand-Grefe, S., Halverscheid, S., Plass, A. (2011c). Kinder und ihre psychisch kranken Eltern. Familienorientierte Prävention. Der CHIMPs-Beratungsansatz. Göttingen: Hogrefe.
Wiegand-Grefe, S., Halverscheid, S., Geers, P., Petermann, F., Plass, A. (2011d). Krankheitsbewältigung in Familien mit psychisch kranken Eltern und Gesundheit der Kinder. In S. Wiegand-Grefe, F. Mattejat, A. Lenz (Hrsg.), Kinder mit psychisch kranken Eltern. Klinik und Forschung (S. 315–330). Göttingen: Vandenhoeck & Ruprecht.
Wieland, N. (2011). Resilienz und Resilienzförderung – eine begriffliche Systematisierung. In M. Zander (Hrsg.), Handbuch Resilienzförderung (S. 180–207). Wiesbaden: VS.
Wilbert, J., Gerdes, H. (2007). Lehrerbild von Schülern und Lehrern. Eine empirische Studie zum Vergleich der Vorstellungen vom idealen und vom typischen Lehrer. Psychologie in Erziehung und Unterricht, 54, 208–222.
Winkler Metzke, C., Steinhausen, H.-C. (2002). Bewältigungsstrategien im Jugendalter. Zeitschrift für Entwicklungspsychologie und Pädagogische Psychologie, 34, 216–226.
Wortmann-Fleischer, S., Einsiedel, R. von, Downing, G. (2012). Stationäre Eltern-Kind-Behandlung. Ein interdisziplinärer Leitfaden. Stuttgart: Kohlhammer.
Wunderer, S. (2008). Kindgerechte Aufklärung bei psychischer Erkrankung eines Elternteils. In F. Mattejat, B. Lisofsky (Hrsg.), Nicht von schlechten Eltern. Kinder psychisch Kranker (S. 123–128). Bonn: Balance.
Wunderer, S. (2010). Warum ist Mama traurig? Frankfurt a. M.: Mabuse.
Wustmann Seiler, C. (2012). Resilienz. Widerstandsfähigkeit von Kindern in Tageseinrichtungen fördern (4. Aufl.). Berlin: Cornelsen.
Zander, M., Alfert, N., Kruth, B. (2011). »Lichtpunkte« – für benachteiligte Kinder und Jugendliche. In M. Zander (Hrsg.), Handbuch Resilienzförderung (S. 513–531). Wiesbaden: VS.